歴史の中のジェンダー

M・ペロー　G・デュビィ　A・コルバン
網野善彦　河野信子　五味文彦　三枝和子
佐佐木幸綱　鶴見和子　波平恵美子
宮田　登　若桑みどり　脇田晴子　ほか

藤原書店

刊行にあたって

本書は、G・デュビィ／M・ペロー監修『女の歴史』（杉村和子・志賀亮一監訳、全五巻10分冊別巻二、一九九四年四月〜二〇〇一年三月）および鶴見和子他監修・河野信子編集代表『女と男の時空——日本女性史再考』（全六巻別巻一、一九九五年九月〜一九九六年七月、藤原セレクション版全13巻、二〇〇〇年三月〜二〇〇一年一月）の刊行に並行してさまざまな場に寄せられた「女と男の関係史」についての論考を、一書にまとめたものである。

アナール派の泰斗ジョルジュ・デュビィと女性史の第一人者ミシェル・ペローの監修のもと、『女の歴史』の原書が完結したのは一九九二年であった。

『女の歴史』の提起した問題は何であったか。

ひとつは、初めて「女と男の関係」を歴史学の対象に据えたことである。これまで歴史と名指されてきたものが、「男から見た歴史」であることが暴かれ、「女性史」の掘り起こしが始まってから、フランスでは約三〇年が経過した。そのなかで見えてきたことは、歴史とは「男から見た歴史」であってはならないのと同時に、「女から見た歴史」だけで描けるものでもないということであった。この人間の世界が「女と男の関係」によって成り立っているとすれば、歴史記述の対象とすべきなのは、まさにその関係なのである。

もうひとつ、『女の歴史』は西洋史のなかで描かれたものであったが、デュビィとペローは繰り返し「世界の各地域の『女の歴史』が必要である」ことを訴えている。たとえば日本の読者に向けたメッセージのなかでも、

この仕事は、西欧以外の国々の女性と男性の歴史家たちに対する呼びかけでもあります。これら男女の歴史家たちは、女性と男性との関係という角度から、自分たち自身の歴史をつくることに着手しなければなりません。（本書二六頁）

とアピールしている。ここには男女の関係のみならず、西洋と非西洋との関係あるいは非西洋と非西洋との関係からも歴史を捉えなおすという意図が込められている。

このふたつの問題提起は、世界各国の歴史学・女性史学に新鮮な衝撃をあたえ、刊行約一〇年を経た現在、『女の歴史』は仏、伊、英、独、西、葡、伯、蘭、日、露、希など十数ヵ国で刊行されている。

ひるがえって、日本のわれわれは、このメッセージをどのように受け止めたか。

日本の「女の歴史」を想起したときに見落としてはならないのが、女性史家・高群逸枝《たかむれいつえ》（一八九四—一九六四）の存在である。六〇年以上前に完成された大著『母系制の研究』（一九三八年）をはじめ、『招婿婚の研究』（一九五三年）『女性の歴史』（一九五四〜五八年）などの女性史研究の金字塔をうち立てている。日本における女性史研究は、けっして蓄積の浅いものではない。高群逸枝の豊かな業績に、『女の歴史』の問題意識を

ぶつけてみたらどうなるか。そこで生まれたのが『女と男の時空——日本女性史再考』である。

監修者代表に社会学者・鶴見和子氏、編者代表に女性史家の河野信子氏を迎え、一九九二年に始動したこのプロジェクトは、歴史学、文学、民俗学、社会学、生物学、宗教学、人類学、教育学、経済学、建築学など総勢八十名を超える執筆陣により九五～九六年に全六巻を刊行、九八年には「女と男の関係」による初の日本通史年表として『年表・女と男の日本史』を世に送り出した。また二〇〇〇年から二〇〇一年にかけては、ソフトカバーで手にとりやすくした〈藤原セレクション〉版（全13巻）を刊行し、各界で活躍する方々から、『女と男の時空』の問題意識を受けたエッセイを寄せていただき、各巻末に収録することができた。この間、九七年三月パリで開かれた「フランスにおける日本年」で、「女性史を書くということ」をテーマに、M・ペロー女史と河野信子、永畑道子、丸山照雄氏らとのシンポジウムがもたれた。

『女の歴史』も『女と男の時空』も、尖鋭な問題意識にたって、まだ見えぬ対象をかたちにしようとする手探りの試みだった。「女と男の関係」とは何か、それはいつどのように変化してきたのか、また変わらぬものは何か……。それらを見いだすために、つねに方法そのものを問い直し続けた。

また、原始・古代から現代までを、時代ごとに区切りながらも、労働、家、ことば、表象など共通するテーマを立てて論じることにより、時代の違いによる変化と時代を超えて持続する共通性とを明らかにすることを目指した。

本書に収められた論考は、『女の歴史』『女と男の時空』の刊行や完結など、折に触れて開かれたシンポジウムにおける討論の記録、論文執筆後の各執筆者が自身のテーマをさらに掘り下げた論考、そして執筆者以外から寄せられたコメント、の三種類が中心になっている。それらを、女と男の関係史の「方法」をめぐるものと「諸相」を描くものに大きく二分し、前者は『女の歴史』『女と男の時空』のそれぞれに関するものとそれ以外の「関係史」全般に関する論考、後者は「地域と国家」「家・婚姻と労働」「生と性」「ことば・文字」「宗教と心性」「イマージュ」に分けて、それぞれ配列した。

これまでばらばらに存在していたものを、こうして一書にまとめることにより、「方法」についても「諸相」についても、きわめて豊かな議論がなされてきたことがあらためて見えてくると同時に、いまだ開かれたままの問いが数多く残されていることが明らかになった。

願わくば、本書を手にとられた読者が、「女と男の関係史」をより深めるための一歩を踏み出す糧になれば幸いである。

二〇〇一年六月

藤原書店編集部

歴史の中のジェンダー

目次

歴史の中のジェンダー

I

「女と男の関係史」の方法をめぐって

女性史を書くとは
【変革に参加すること】

ミシェル・ペロー

問題提起としての女性史

一九九一年から九二年にかけてといえば、すでに一〇年まえになりますが、このとき、『女の歴史』（フランス語版タイトル、*Histoire des femmes en Occident*）が、フランスとイタリアで出版されていました。一〇年後、同書は、世界の主要な言語のいくつか（一二ヵ国語）に翻訳されており、日本語版も完成しました。それは、藤原書店社長・藤原良雄氏と、女性の、そして男性の訳者の方々のおかげです。そしてまた、とくに、日本の女性読者のみなさんのおかげです。日本の女性読者たちは、この西ヨーロッパの女性史のなかに、自分たちの歴史を書く必要性と、それを書くための手段とをみいだしたのでした。この好奇心と共感からなる多大な努力に対して、この作業にかかわったすべての女性と男性に、ここで感謝の意を表します。

この一〇年間には、多くのできごとがありました。まず、ジョルジュ・デュビイが、一九九六年に他界しました。わたしは最初に、かれに讃辞を贈りたいと思います。かれは、わたしたちが生きていた「性の革命」の奥深さを確信して、その生涯と仕事の最後の一五年間を、中世の女性たちの歴史に捧げました。

一九八七年、イタリアの出版社ラテルツァが、『女の歴史』の出版計画を提案しました。この提案が具体化されたのは、まさにデュビィの熱烈な支持のおかげでした。かれは、わたしがこの作業のために組織したチームに協力してくれましたが、このことは、わたしがそのときまず指摘したいと思ったほど、幸福な出会いでした。

この一〇年間で、探究は大きく進展しました。フランスでも、世界中でも。女性史は、実り豊かな部門としてだけでなく、なによりも、ひとつの問題提起としても認められています。それは、歴史を物語ることと全体に対して、ますますふさわしい、欠くことさえできない問題提起となっています。しかも、私的生活や、家族や、性行動や、愛や、家や、身体に関してだけでなく、公的生活や、教育や、信仰や、知や、労働や、権力や、政治などなどに関しても。これらすべての領域で、問いが提出されています。女性たちはどこにいるのか、と。またとりわけ、性差はどのように機能しているのか、男性たちと女性たちとのあいだで、どのように分割がなされているのか、両者のあいだでは、境界線が移動しているのか、と。「ジェンダー」(文化と歴史によってつくられた性差)という概念は、すこしずつ、鍵となる考え方として認められてきました。ジョルジュ・デュビィとわたし自身が、『女の歴史』の序文(第I巻①、三―二四頁)で表明した願いどおりになったのです。

両性の出会いと衝突も探索

わたしたちは、女性たちを、その固有性において、かの女たち専用の場において、かの女たちの日常生活において記述(とはいえ、こうした記述もまだ必要です。女性たちに対する差別が、別個に、女性固有の世界、女性特有の文化を構築しているからです）しただけではありません。わたしたちは、両性の出会いと衝突の領域をも探索しました。すなわち、暴力、戦争、誘惑、創造といった領域です。権力の政治史、表象の文化史は、とりわけ活気に満ちていました。

また、わたしたちは次第しだいに、女性たち自身の行動を強調してきました。かの女たちを、犠牲者とのみ見ることを拒否したのです。それは、いく人かの女性の個別の行動ですが、かの女たちは、その伝記をつうじて、また、知られている度合いに差はあれ、作品や文書を公刊したことによって捕捉されたのです。また、この点に関しては、シモーヌ・ド・ボーヴォワールの『第二の性』刊行五〇周年がひき起こした反響も、強調しなければなりません。それは、一九九九年一月に、パリで行なわれました。そして、その際には、この女性史創生の書の、過去における、また現在におけるインパクトの強さを測ることができました。

さまざまな女性解放運動（複数で記すことが、これら運動の多様性に合致しています）が、集団として活動してきましたが、これに関しては、いまやフランス革命から今日まで連続した歴史があります。女性たちは、二度の世界大戦や、対独レジスタンスといったできごとのなかで活動しましたが、そこでは、（隠れた、眼にみえない）「受動的抵抗」という概念が、特別な重要性をもっていました。

続いて現れたいくつもの成果

これらすべての領域において、文献一覧はきわめて豊富であり、ここでそれらすべてに言及することなどできないほどです。ですから、総合的な著作（フランソワーズ・テボー『女性史を書く』ＥＮＳ、一九九八年、『批判的フェミニズム事典』PUF、二〇〇〇年（邦訳、小社近刊）、フランソワーズ・コラン他『デリダからプラトンまでの女性たち――批判的哲学思想アンソロジー』プロン社、二〇〇一年などなど）の重要性を指摘するにとどめたいと思います。それらが、おびただしい著作の生産のなかで、読者たちが自分の位置を知る手立てを提供してくれるからです。また、ひとつの雑誌の存在を指摘するにとどめたいと思います。すなわち、『クリオ――歴史・女性・社会』誌のことですが、同誌は、一九九五年以来、年に二度、テーマをもった号（「宗教」、「民族」、「少女たち」、「労働組合運動」など）を出し、さまざまな著作の書評やセミナー、会議、かず多くのシンポジウムに関する大量の情報を掲載しています。これらのセミナー、会議、シンポジウムは、フランスでも世界中でも、研究者たちを結集していますが、これらの研究者たちは、なんらかの側面で、女性史やジェンダーと関わっています。そしてそこでは、男性たちの歴史が、次第に大きな位置を占めつつ――このことは指摘しておかなければなりません――あります。

「数的対等《パリテ》」法

そういうわけで、フランスにおける女性史の発展は、両性の平等を求める運動と連動してきました。そしてこの運動は最近、思いがけないかたちをとり、研究者たちをおおいに驚かせることになりました。すなわち、おもに政治の領域において、「数的対等《パリテ》」法の成立をみたのです。この法以後（数的対等は、制度的原則となりますから）、各政党は、あらゆる性質の選挙（地方規模であれ、全国規模であれ、つまり地方自治体選挙であれ、国政選挙であれ）で、男女同数の候補者を立てなければならなくなります。この措置は、フランスという国にとって驚異だったはずです。この国は、普遍主義と個人主義の原則におおいに固執しているからです。けれどもこの措置は、政治という場での女性の存在に関して、フランスが恐ろしく立ち遅れていたことからきています。フランスの女性たちは、ようやく一九四四年になって投票権を獲得したにすぎません。また、一九九七年でもまだ、現行国民議会選挙の結果、女性議員は一〇パーセントしかおりません。こんな事態はおそらく、これが最後になるでしょう。とはいえ、数的対等の原則が採択されるには、女性たちの強力な活動と同じに、人々の精神の変化も必要でした。人々は、決定的にではないにしろ、「国家」から女性たちを排除することが、もはやできないと意識するにいたったのです。

けれども、政治という場をこえて、数的対等は、生存全体に関わっています。労働と職業、教育と創造など。そしてとくに、もしもそういうことができるなら、こうした領域の連鎖の両端に。まずは、家庭内という領域ですが、ここではまだ、両性間での役割分担がほとんど進んでいません（最新の統計が示すところでも、フランスでは、家内労働と家事の四分の三が女性たちによって遂行されています）。つぎに象徴体系ですが、ここでは依然として、男性という特性が女性という特性に優るものとみなされています。ジョルジュ・デュビイとわたし自身は、『女の歴史』の序文で、あの「未完の、しかし奥深い革命」を称えましたが、数的対等とは、この革命の一側面にすぎないのです。

わたしはここで、各巻を編集した人々――ポーリーヌ・シュミット＝パンテル（第Ⅰ巻「古代」）、クリスティアーヌ・クラピシュ＝ズュベール（第Ⅱ巻「中世」）、アルレット・ファルジュとナタリー・ゼモン＝デイヴィス（第Ⅲ巻「十六―十八世紀」）、ジュヌヴィエーヴ・フレス（第Ⅳ巻「十九世紀」）、フランソワーズ・テボー（第Ⅴ巻「二十世紀」）――と、七〇人の執筆者たちに、讃辞を贈りたいと思います。この『女の歴史』を書き、構築するにあたって、わたしたちは、みずからの時代の主要な変革のひとつに参加するのだという意識をもっていたのです。
ですから、わたしは、『女の歴史』の翻訳が日本で完成したのをみて、喜びにたえません。わたしが知るかぎり、日本でも、女性史がおおいに発展しているからです。

（志賀亮一訳）

（『機』二〇〇一年五月号、藤原書店）

女性史の画期をなした書

アラン・コルバン

女性史の出現と大学体制の沈黙

西ヨーロッパの女性史は、すでに確たる伝統となっている。この女性史は、一九六八年の事件〔いわゆる「五月革命」のこと〕の直後に出現したが、このときには、さまざまな社会的敵対関係に関する意識が、大きく変化していた。そして、社会のなかにおける女性たちの地位に関して、認識が高まる一方で、フェミニズムの権利要求が台頭していた。また、新たな分析のかずかずが、この領域における、さまざまな表象の重みを明らかにしていた。このときまで、いくつもの言説が、女性を従属的な地位に置きつづけてきていたが、そうした言説は、徹底的に解体された。この社会的劣位を支える論理のかずかずも、暴きだされた。そのうえ、さまざまなことが明らかになっていくにつれて、政治的行動も起こってきた。このとき、アメリカやヨーロッパで、女性史と名づけられたものが誕生したが、それを開拓したのは、女性たちであり、しかもその大部分は、闘う女性たちだった。フランスでは、アメリカ合衆国で確認されているのとはちがって、大学という体制が、この革新に対して、長いあいだ意図的に沈黙を守っていた。だから、トゥールーズや、ヴァンセンヌや、アヴィニョンで、大学に女性史の講座が創設されたのは、ごく最近のことにすぎない。

M・ペローと女性史の広がり

この意図的な沈黙に、女性研究者たちは奮いたった。そこで、かの女たちは、いく人かの稀少な男性歴史家に支援されて、いくつも務めをみずからに課した。じっさい、女性史は、当初から、複数の学問分野にまたがるものとして登場した。哲学者たちは、カトリック教会の教父たちから、十九世紀の思想家たちまで、理論家の著作を吟味した。このときまで、いくつかの職業が、長期にわたって女性固有のものとみなされ、しかもその数を増大させていたが、社会的事象の専門家たちは、ミシェル・ペローの庇護のもと、こうした職業の出現と増加の様子を検討した。ペローは、こうした調査の大部分で、その震源となっていたのである。身体文化の歴史家たちは、女性の身体に関するテクストと、女性の本性と称せられてきたステレオタイプについて、研究した。他のものたちは、女性たちの政治的闘争の跡をたどった。これらの闘争は、始まるとすぐに、実現性のないユートピア的運動だと決めつけられていたのである。すなわち、選挙権要求や、反売春闘争や、避妊の認知を目指す闘いのことである。

一九七〇年代をつうじて、さまざまなグループの内部で、歴史学を革新しようとする試みがなされてきた。右のように女性史が広がりをみせたのは、その専門家たちが、こうしたグループのすべてから輩出していたからである。

だが一九八〇年代になると、女性史は、これとはすこし違った展開をみせる。フェミニズムの権利要求のうち、そのいくつかには、部分的に世論が味方についた。たとえばフランスでは、政治権力がそれらを採択した（女性問題担当省の創設、避妊を認める法律、自発的妊娠中絶を認める立法、国際婦人デーの挙行）。この間に、アメリカ合衆国で、ジェンダー・ヒストリーが登場する。もはや、女性たちに課せられた条件を分析することではなく、性別をめぐる社会的・文化的構造のメカニズムと、両性間を結ぶ関係を理解することが問題となったのである。そしてここから、男らしさの歴史を構築することが可能になり、言語の問題が、なににもまして関わるようになった。

「女性史」から「性別《ジェンダー》の歴史」へ

『女の歴史』全五巻は、ジョルジュ・デュビィとミシェル・ペローの監修になるが、その重要性はまさに、このすばらしい業績の総体が、女性史の右の二つの段階の結節点に位置していることにある。ミシェル・ペローは、フランスという領域において、女性史研究を創始したが、そのペローは、久しい以前から、戦闘的すぎる歴史の危険性に気づいていた。女性を劣位に置く考え方を告発することにばかりとらわれて、男性という特性に、それ相当の地位を与えていなかったからである。ペローは、いくつかの著作を編纂してきたが、この全五巻が公刊されるすこしまえにも、そうした一冊を世に問うている（『新版　女性史は可能か』二〇〇一年、藤原書店）。同書には、将来性別《ジェンダー》の歴史となるべきものをフランスに導入したいという、ペローの関心が現れていた。

それは、女性史の領域を拡大したいという意図でもあるが、この意図は、『女の歴史』にみごとに結実している。そして『女の歴史』は、まさにそのことによって、世界的成功を収めている。女性史という歴史の領域が、これほど野心的な試みの対象となったことは、かつてなかった。この試みは、古代をその根としつつ、西ヨーロッパ史の全世紀を包含して、さまざまな共同体における女性たちの状況を、幅広く再検討するにいたっている。女性史という歴史探究の領域は、日本でもすでに実り多いものとなっている。ジョルジュ・デュビイとミシェル・ペロー監修の大著の出版により、比較研究という観点をえて、日本の女性史研究がさらに豊かなものになることを願わずにはいられない。

（志賀亮一訳）

（『機』二〇〇一年四月号、藤原書店）

抗争の歴史、愛の歴史

G・デュビィ＋M・ペロー

ジョルジュ・デュビィおよび『女の歴史』各巻の編者とすべての執筆者を代表して、今回のシンポジウムを実現されたみなさん、とりわけ主催者の藤原書店社長の藤原良雄さん、また杉村和子さん、志賀亮一さん他そこに集い協力された方々、そして、本日のシンポジウムに参加された聴衆のみなさまに、心からの友情のご挨拶を申し上げます。

わたくしはとくに、この『女の歴史』が、あなた方によって日本語に翻訳されたことに対して、心から悦びを表明いたしたく思います。本書は、イタリアの出版人ジョゼッペ・ラテルツァの発案から生まれ、今では世界中でフランス・スペイン・ポルトガル・オランダ・イギリス・アメリカ・ドイツ・日本の計八ヵ国語に翻訳されています。

わたくしはまた、『女の歴史』第Ⅱ巻「中世」と、別巻1『女のイマージュ』の日本語版の、みごとな出来映えを賞賛したいと思います。あなた方は、あなた方の国の人々に特有のエレガントな感覚を駆使して、見事な手際と体裁で、すばらしい書物をつくるすべを心得ておられます。それに、両書が原典に忠実につくられていることも、わたくしは確信しております。このお仕事に対して、またその仕事に対するあなた方の心配りに対して、心より感謝いたします。

この仕事はまた、日本とフランスのあいだの共同作業のあらわれでもあり、わたくしの望むところでは、もっと広く、東洋と西洋という世界の二大文化圏の協力のあらわれでもあります。

それに、もっといえば、それは男性たちと女性たちの共同作業でもあります。この両者の関係は、不動のものでも、普遍的なものでもなく、社会の構造のもたらす結果であり、この構造こそが、わたくしたちの書きたいと思った歴史の対象なのです。

わたくしたちが明らかにしたいと思ったのは、時間のながれをつうじて、権力関係がどのように変化してきたのか、理論と実践の両レヴェルにおいて、両性の役割分担がどのように変化してきたのか、公的な生活と私的な生活の、それぞれの構造と結びつき方とが、どのように変化してきたのかなのです。遅々とした、また困難に満ちたものであれ、女性たちが、どのようにして自分たちのアイデンティティと個を意識するにいたったのかなのです。

この歴史は、騒乱と憤激に満ちてもいますが、また愛と優しさにも満ちています。それは抗争の歴史であると同時に、愛の歴史でもあるのです。

この歴史をつくりあげるのは、容易なことではありません。史料が不足しているからです。

女性たちは、大部分の期間沈黙に包まれてきました。家族と家のなかに閉じ込められ、子孫の再生産と陽のあたらない無償の家事労働に従事してきたからです。

年代記作者や歴史家たちは、戦争や政治的事件という、喧噪に満ちた輝かしい歴史に関心を集中してきたため、他方では、私的なもののなかに、日々の平常のなかに、日常のしぐさのなかにこそ、人間同士の関係が織りなされ、それらの関係がさまざまな社会を構築してきたことを忘れています。

女性の歴史を書くとは、したがって、もう一つの歴史をつくろうとすることであり、社会の変動に対して新たな光をあてることなのです。女性たちは、これまであまりにもしばしば沈黙を強いられてきましたが、こうした女性たちに発言権《パロール》をあたえることでもあります。ただしそれはまた、男女すべての歴史をより明確にすることでもあるのです。

わたくしたちの仕事は、今日その最初の巻がみなさんのまえに現れたところですが、西欧では事態がどのように推移したのかを明らかにしようとしています。

西欧は、どんなふうに女性のイマージュをみてきたのか？　どんなふうに女性たちを表象してきたのか？　どんなふうに女性たちの役割を考え、その務めについて考察し、女性たちの権力を統制かつ制限してきたのか？

西欧はそれ自体多様なものではありますが、どんなふうにもうひとつの性との関係を構築してきたのか？

この仕事は、従うべきモデルを提供しようとするものではありませんし、教訓をもたらそうとするものでもありません。というのも、両性間の関係は、時代と文化によって、さらにいえば、民族という枠組みによって異なるものだからです。だからこそ、個々の民族と文化の経験の多様性を尊重することが重要なのです。

この仕事は、西欧以外の国々の女性と男性の歴史家たちに対する呼びかけでもあります。これら男女の歴史家たちは、女性と男性との関係という角度から、自分たち自身の歴史をつくることに着手しなければなりません。

本書の訳業にご関心のあるみなさま方は、きわめて積極的にその中心となって、うえのような探究を展開していかれるでしょうし、またこれから、独自の日本女性史も展開していかれることでしょう。わたくしたちの願いは、そうした営みの存在を知り、一日もはやく日本女性の歴史を読み、理解し、そして比較することによって、より完全な意味で、普遍へと到達したいということなのです。

藤原書店およびそこに集う方々の心遣いに感謝し、本日シンポジウムに参加されたみなさま方がわたくしたちの仕事を読んで得るもののあることを願いつつ、心からのご挨拶を送ります。

一九九四年七月十四日

フランス革命後二〇五年の日に

（志賀亮一訳）

（『女の歴史』発刊記念シンポジウムより。一九九四年七月十八日於・有楽町マリオン／『機』一九九四年一〇月号、藤原書店）

「女性」とは何か

G・デュビィ＋M・ペロー

表現手段を独占していた男たち

——あなた方はこの歴史の編纂でどんな障害にぶつかりましたか？

デュビィ　女性について、語ったり書いたりしている者が専ら男性ばかりであったこと。直接、女性たちが証言しているものは極めて稀であること。だから、男性と女性の関係の実態《レアリテ》をつかむために、男性たちの言説を検討しなければならなかったことです。

——どの時期に、女性は自分自身の歴史をひきうけるようになったのでしょうか？

ペロー　これは大問題です。キリスト教時代の初期にあれこれの変化がありました。何も起こっていないという印象を与えながら、実は変化の胎動期であったり、歴史上の断絶の時期と一致する裂け目もあります。何故なら、つまるところ、両性の関係は、社会全体の動きや政治的事象と切りはなせないものだからです。

——ルネサンス以来、女性の人物像《イマージュ》はどのように変化してきましたか？

デュビィ　このことについては、男性の視線を手がかりにせざるを得ません。女性の物質的なすがたがどんな風に変わっていくのかを見ることは、非常に興味深いことです。女性の肉体は、男性の視線によって造られた外被に被われており、しかし被われながらも窺い見ることが可能でもあるものなのです。女性のほとんどは、自分の性の具体的な画像《イマージュ》を表現することはありませんでした。視覚芸術は男性のものでした。しかし、芸術的なこの宇宙は少しずつながら女性で満たされるようになりました。そこにも中世とルネサンスの間に大きな断絶があるのです。裸体画は十四世紀にはじめて出現しました。それからこれは異常なほどの広まりを示すようになりますし、男性と女性の関係史が描けるようにもなります。それは、女性に向けられた視線が次第に変わっていくからなのです。

ヒステリーにされた女たち

――女性の身体に関して、啓蒙主義に反対する人々《オブスキュランティスト》の偏見は、時代と共に減少してきましたか？

ペロー　医学的言説《ディスクール》は、科学的であるという保証を与えられてきたので、長い間とくに強力なイデオロギーでした。女性の身体に関しては、古代の医者たちはほとんど同じことを繰り返しています。つまり、生物学的な女性の本性という観念を。女性たちは脆弱で、病的である。女性には子宮がある。この子宮が女性たちを神経症にする。もっと後になると、「ヒステリー」と呼ぶようになりますが。これを多神教のギリシア人やローマ人たちは、神々の意志だと言うのです。唯一神を信仰するユダヤ人やキリスト教徒は主の意志だと言います。男性支配が正当化されるのはここからであり、それはいわば、必然なのだと。女性たちは世界を統治する力も知力も持っていない。女性たちは、同様に自分たちの家をとりしきることもできないのだ。だから、女性たちは後見されるのが当然である、と言うのです。十八世紀になると、それまで不完全な男性と見做されていた女性の身体が、男性とは全く異質のものだと言われるようになります。さらにその後、言説は二つの点で変わります。一つは生殖です。一八五〇年に至るまでは、女性たちは、男たちが精液をためる器《うつわ》といわれます。それから状況が変化し、女性たちは家庭における母親という積極的な役割を持つといえました。第二の点は、ヒステリーに関してです。女性たちだけがヒステリー症状をもつのだと言われてきました。シャルコー〔一八二五〜九三、フロイトの師で神経病学者〕が現われて「男たちも同じだ」と言明するのです。その結果、もしヒステリーが子宮に由来するのでなければ、脳の内部を調べねばならない、と当時は取沙汰されました。このような馬鹿ばかしいことは少しずつなくなってきました。でも、それがどんなに遅々としていたか、そしてまた、科学的言説が、子宮を性の象徴と見なして、女性に数々の規範を押しつける考え方に、いかに凝り固まっていたかを、見るべきです！

政治を禁じられた女たち

——クレオパトラのような、歴史上、立役者であったヒロインたちがいますか？

デュビィ　女性たちの権力のことですね。これは、時代時代によって変化があるので、一本調子ではいきません。たとえば、帝政ローマでは、女性たちは、十二世紀あるいは十六世紀よりもはるかにずっと重要な政治的役割を果していました。一般的にいって、女性たちは、家のなかでは、つまり、私的領域では、権力がないわけではありませんでした。一方、男性たちは家の外、社会の中に参加させられているのですが。そこで、男たちの働きが発揮されるわけです。戦争とか裁判とか、あるいは国政の舵取りとか。

――そうすると女性たちは、対抗権力の立場を余儀なくされているというわけですか……？

デュビィ　それは、平行した権力なのです。ブランシュ・ドゥ・カスティーユ〔一一八八～一二五二、アリエノール・ダキテーヌの孫娘で、カスティリア王の娘、フランス王ルイ八世の妻〕は、自分の息子〔ルイ九世〕を堪え難くひどいやり方で管理した、怖ろしい姑的存在でした。彼女は息子の嫁にひどい精神的な一種の拷問を課していたのです。彼女は母親という地位によって、長男がまだ成年に達していなかった時に、長男の名において権力を行使することができました。女性は、ある時期に、思いがけない夫の死に遭遇して、男性と同じ地位を占めることがあります。未成年のこどもたちを持ったまま寡婦になった女性は、臨時に権力の座につきます。まだ権力を行使する状態に至っていない男たちの名において、彼女が権力を行使する権利を、不安を抱きながらも、周囲は承認するのです。しかし、これは摂政政治という現象なのです。

――どんな時期に、女性は個人としての「人格」になるのでしょう？

ペロー　たしかに、女性が個人として遇される歴史はあります。が、それだけを直線的に追う歴史を書くべきではありません。そうではなくて、対象とする一定の時代において、男性および女性たちがどのように扱われたか、その様態を比較検討しなければなりません。中世において、男性あるいは女性が農奴である場合、男と女で違った扱われ方があったのでしょうか？　だから、個人としての人格確立の問題は、真に、デモクラシーの問題と関わらせるのでなければ、提議されないのです。「人権宣言」が「人間はすべて……として生まれ、かつ生きつづける」と言う場合、この宣言は「男性たちと女性たち」を暗に意味していたのです。ところが、実践するに際して、いろいろな排除を考案したのです。政治の領域は女性たちには禁じられました。女性たちは、二流の人格とみなされているのです。ここに、一定のシステムの中で、個人の人格を完全に充たすことの困難さがあるのです。フェミニズムが展開されるのは、この裂け目があるからです。

女性史上のいくつかの断絶

――では、通史の場合、決定的な変化をどのように考えることができるのでしょう?

デュビィ　これは、私たちがぶつかった難問の一つです。伝統的な時代区分は、私たちが女性の条件の進化する過程で区別するようになった、大きな波動と一致してはいませんが、別の年代表を作成するに足るだけの明確な区分はできておりません。五巻各々のなかで、このことがどんな動きを示すか考察に努めました。いくつか断絶を示す切れ目は見分けられました。キリスト教で組織された領域内では、女性たちの地位に十二世紀末に一つの大きな変化が生まれています。突然に、教会の聖職者たちが、まさに女性的な霊性として一つの姿〔マリア像〕を思いつくのです。宗教生活の中で女性たちに、より大きな場をしつらえねばならなかったわけです。聖女像がその当時急増しているのです。男性たちに模範として与えられるべき、特有の霊性をあらわす人物像が出現したのです。そこに重要な変化があるのです。何故なら、キリスト教が男性よりむしろ女性の問題になったのがこの時代だからです。また、教会が男性よりもいっそう女性たちで満たされるようになったのもこの時代です。

ペロー　十九世紀には、女性の活動の面でより密度の濃い時期がいくつかあります。たとえば、フランス革命から一八三〇年に至るまでは節目の時期にあるわけです。一九〇〇年と一九一四年の間に、女性たちの活動がおどろくほど開花して、いろいろな職業への進出、創作活動への参加、イニシアティヴの発現がありました。けれども世界大戦の結果はいまわしい限りでした。その当時、女性たちは、伝統的な地位に再び戻されました。女性たちは新しいことをいろいろやってきたのに、以前の地位に戻れと言われたのです。これは、全く褒められたことではありませんでした。

——あなた方の女性史は白人女性だけに限られているのですか？

ペロー＋デュビィ　そうです。すなわち、西欧の女性たちの歴史です。私たちは、アジアあるいはアフリカの女性たちに、彼女たち自身の歴史を書くことをおまかせしているのです。

（『レヴェヌマン・デュ・ジュディ』一九九一年八月一～七日号
エリザベト・グスラン収録のインタヴューより抄録／
『機』一九九四年四月号、藤原書店）

「アナール」と女性史

福井憲彦

「アナール」の問題構成

「アナール」というのは雑誌の名前で、もともと「年報」という意味です。起こりは一九二九年でして、さきほど高群逸枝の話が出ましたけれども、ほぼ同じ時代になります。二九年にストラスブールというところで、リュシアン・フェーヴルとマルク・ブロックという二人の歴史家を中心に『アナール』と題された雑誌が出されます。いまでこそ、アナール派というのは、世界に非常に大きな影響力をもって、フランスでは主流派と言ってもいいわけですが、はじめは非常に少数派のものでして、つまり、その当時のアカデミズムのあり方にいわば異議を申し立てる運動として起こりました。

そこで問題となっていたのは何だろうか。いろいろ論点はありうるのですが、大きく括って二点ほど、ここでは指摘しておきたいと思います。

一つは、歴史学がどんどん専門化し細分化していくという流れのなかにあって、歴史学を細分化された個別の専門領域の狭い枠に閉じ込めるのではなくて、歴史を構成しているさまざまな要素の相互関係のなかで捉えていくべきだということを、非常にはっきりと打ち出した点です。それで「全体史」であるとかいう言い方を彼らはすることになるんですが、もちろん「全体史」と言っても、まるごと歴史をぽんと捉えるわけにはいきません。史料は必ず部分しか残っていないわけですから、接近していくのは各部分とか分野ごとの局所から、緻密に見ていかざるをえないわけです。けれども、そうした各部分とか分野に関する追究とか考察というのは、常に全体的、総体的な脈絡のなかに位置づける形で見ていかなければならないということです。言われてみれば、あたりまえのことなんですが、しかしこれは現在でも専門的な学問をしている人間がついつい陥りやすい、自分の専門はこれです、と言ってほかのことになかなか言及しないという問題性ともつながっています。

それから二点目は、歴史を考える場合の「問い」の重要性です。一見すると、歴史は何か非常に客観的に流れてあったというふうに思いがちですが、しかしわれわれが歴史を捉える場合には、必ずある部分についての残された史料を媒介としてしか捉えられないわけです。ですから、そういう意味で言いますと、歴史の過程（プロセス）を明らかにしようとする場合に、そもそも何を問うのかということのなかに、問う者の解釈とか思考の枠組が必ず入り込んでいる。われわれはなるたけ先入観なしに観ようというスタンスをとりますが、にもかかわらず、どうしてもわれわれの思考の枠組とか解釈が、すでに問題を立てる時点で入り込んでいる。なぜ女性史を取り上げるか、ということ自体に、そのスタンスが入っているわけです。ということは、逆に裏返してみますと、われわれが歴史を問う場合に、ものを考える枠組、考察の枠組を非常に自覚的に立てる必要があるんだということです。つまりこういう観点から、こういう枠組でものを考えた結果、こういう歴史像が捉えられたんだ、ということを明確に打ち出すべきだという、そういう姿勢です。そうである以上、ある問題を立てて、史料を媒介として解答を探していく。しかしそれはそこで終わらない。つぎの問いが開かれているということです。絶えず、われわれが生きているかぎりいろいろな問題が出てくる。それを歴史的に絶えず問い返していくという、そういうつぎの問いに開かれた歴史の考察ということを、非常に強く主張した。以上の二点をおさえておきましょう。

「アナール」と女性史

さて、「アナール」は女性史の研究とはどういう関係にあっただろうか。果たして『アナール』という雑誌、およびそれを中心として集まった歴史家たちは、女性史研究、あるいは両性間の関係についての歴史研究ということを、非常に強くポジティブに推進するような展開をしたかと言いますと、じつはなかなか答えは一筋縄ではいかないのです。そこは一つ大きな問題としてあります。

『女の歴史』の編者の一人であるミシェル・ペローさんは、現在でも口をすっぱくしてそういうことをおっしゃいます。つまり、けっしてフランスにおける女性研究、女性史研究、あるいは両性間の関係史研究というものはステータスを確立していない。確かに大学のなかにいくつか拠点はあります。ありますけれども、それはそこにたまたまそういう熱心な、たとえばペローさんみたいな方がいるから成り立つわけであって、それが学問体系として認知され、はっきり位置づいているとはまだ言えないということをおっしゃいます。

もう少し下の世代、私と同世代の研究者で、やはりこの分野での中心人物の一人であるアルレット・ファルジュという「近世」(Ⅲ　十六―十八世紀)の部分を扱っている編者の一人ですが、彼女もまたおなじようなことを言います。そういう意味では、彼女たちは非常に危機意識をもっているわけです。『アナール』という雑誌が制度的に拠点としてきた教育研究機関は、パリの社会科学高等研究院という機関で、これは日本で言えば大学院大学的な、非常にいろいろなジャンルを、それこそ超領域的に網羅した研究機関で、非常にすぐれた仕事をいろいろ出しております。そのなかでも女性史研究というのはなかなか認知されていない、ということをファルジュさんなどはとても明確に言うわけです。一九八六年に『アナール』誌が「女性の文化と権力」という小特集を組んだのですが、それを掲載すべきかどうかでひと悶着あったという話を、ファルジュさんから聞いています。

しかし、それではまったくそういう人たちばかりなのか。フランスの歴史学会でも男の歴史家が中心にいたわけですけれども、そういう冷たい態度で距離を置いて見ていただけかと言うと、もちろん必ずしもそうでもありません。なかには、たとえばペローさんと『女の歴史』の編者としてあがっているデュビィという中世史の、ずいぶん年配の男の研究者ですが、デュビィなどは非常に積極的に、女性史と言うよりもむしろ両性間の関係のあり方の研究を熱心に強く推進させようとしてきた。それは一つには、デュビィという人は、中世における家族のあり方、中世ヨーロッパでは民衆階層についてはなかなかわかりませんから、貴族階層、要するに支配階層しかわかりませんが、そのなかでどういう家族のシステムが存在していたのかというようなことをずっと研究なさっておりますから、あるいは騎士道精神に現れるような女性の位置、そういうことを取り上げていらっしゃいますから、そういうこととの関わりが大きいと思います。

個人的には「アナール」の中核にいたような方で、男女関係史、両性間の歴史の研究を推進させようという方はいらっしゃいましたけれども、総体として考えたときには、なかなかそう楽観的には言えないという状況があったことは確かです。

ブローデルの場合もそうでして、ブローデルの仕事、あるいは彼が『アナール』を中心的に編集していた時代というのは、一九五〇年代の後半から一九六〇年代なんですが、その間に女性史だとか、社会における両性の関係に関わる歴史研究を推進させるような動きがあったかと言うと、じつはないのです。ほとんど彼の視野のなかにそれはなかったと思います。あるいはあったとしても、非常に希薄だったと思います。

時空の多層性

しかし重要なことは、歴史的にものを考えていく場合の思考の枠組に関する提起が、ブローデルのなかに重要な提起としてあって、それが後の女性史の研究だとか、あるいは男女両性間の関係の研究を行なっていく場合に、非常に重要なポイントとしてあがってきている。このことは、じつは『女と男の時空』の第I巻の序でもって、河野信子さんが正しく指摘なさっている点であります。つまり、歴史を考えていく場合の、時空の多層性ということです。時間の多層性であり、空間の多層性です。しかも時間と空間というのは、こっちは時間こっちは空間と分けられるわけではなくて、時空という一つの表裏一体の概念と言うか、コンセプトとして認識していかなければいけないということです。もうちょっと平たく言えば、歴史の展開というのは、一年を追うごとにとんとんとんと同じようなリズムで進んでいるわけではないということです。われわれがもっている、たとえば着るものに関する習慣であるとか、それこそ男と女の関係性であるとかいうことは、もちろん、政治的出来事が起こり、首相が交替しというような速度で変わるのではないわけです。

ですから、人間社会を構成している時間には非常にいろいろなリズムがあり、層が幾重にも重なっているんだ、それを解きほぐしていかなければいけないという、こういう認識をブローデルは非常に的確に指摘したわけでして、それが後に、そして現在、女性史の問題を考えていく場合にも、大きなポイントになってきているということがあります。そしてもう一つは、最初にふれた「問い」の重要性という点で、「女性」という視点や「女と男の関係」という問いは、まさに現在の社会と不可分の問いとして出されている。

ですから、さきほど言いましたように、「アナール」というのはけっして女性史そのものをプッシュするということを意識的にやったわけではないんですけれども、『アナール』という雑誌を中心にした歴史家たちが打ち出してきた考察の枠組が、女性史だとか両性間の関係という問題を考える場合にも、非常に重要な前提を用意することになった、といえるでしょう。そういう意味で、確かに「アナール」の寄与した点というのは大きいというふうに言えるかと思います。

（『女と男の時空』発刊記念シンポジウム「女性史を問い直す——高群逸枝、そして『アナール』」より。一九九五年一一月二三日 アルカディア市ケ谷／『機』一九九六年四月号、藤原書店）

「女の歴史」の大転換

鶴見和子

「我感ずる故に我あり」の歴史

まず、この『女の歴史』を二冊（Ⅱ　中世1・2）読んで、歴史がおもしろくなった。これが感想です。どうしてかと言いますと、今までは男の歴史だったんです。女が書いても男の歴史だったんです。男って何でしょう。それはデカルトが、「コギト・エルゴ・スム」と言ったんですね。「我思う故に我あり」と言ったんです。思うとか考えるのは、言語体系をもっていなきゃ考えられない。論理的にものを考える、そういう歴史だったんですね。ところが、日本の今西錦司さんは、デカルトがまちがってると言ったんです、死ぬ前に。そしてコギト・エルゴ・スムではいけないのであって、「我感ずる故に我あり」といい直そうということを提案したんです。私は大賛成なんです。つまり、感覚ということですね。感性も含めて、考えるその底に感じるということがある。私は去年、オランダへ行ってきたんですが、オランダの気象学者がまったく同じことを言ったんです。「ダリオ・エルゴ・スム」と言ったんです。あ、痛い！　と感じた。だから「我ある」、つまり「我感じる」。今西さんと示し合わせたんじゃなくて、両方とも男なんですよ。

だけどおなじことを言ったんですね。

私はこれは大転換だと思うんです。『女の歴史』は、男の方も入って、男と女と両方が入って、これを書いていらっしゃいますけれども、頭で考えただけの歴史ではない。感性も情動も含めた歴史、男と女の関係の変化を調べる。そういうことですから、これはたいへんにおもしろいと思います。

ヨーロッパの女、日本の女

その次の感想なんですけれども、ちょうど「中世」が出版されたんですね。最初に「中世」が出ちゃったんです。どういう都合か知らないけど、「中世1・2」と出たんです。うーん、ヨーロッパの中世ってすごいんだなと思うんですよ。日本の女は抑圧されているというふうに言われているけどね、日本以上ではないかという、胸のひしげるような思いで私はこれを読みました。

というのは、一つ例を申し上げますと、ヨーロッパで、女の発言力が出てきたのは、十五世紀の初めである、と。この本の最後のところはとてもおもしろいですよ。クリスティーヌ・ド・ピザンという女の人が、これは哲学、宗教、政治に相わたる非常にたくさんの論文を書いて、とくに『女の都』というのが重要な本なんだそうです。ところが、この人がものを書く女になるためには何が必要だったかと言うと、自分が男になるという……。私は男になった、と自覚して始めて自信をもって書きはじめたんです。そういう夢を通っていくんです。お父さんが死に、夫が死んで、自分の家族を養っていかなくちゃならない。その時に、自分が男になった夢をみて、はじめて生きていく自信と、家族を養っていく自信と同時に、ものを書く自信をもったんです。

これはたいへんなことですよ。考えてみますと、この人は十五世紀の初めですが、ヨーロッパで女が小説を書くようになったのは、十七世紀だというんです。十九世紀でもたとえば、ジョルジュ・サンドとか、ジョージ・エリオットとかいうような、実際は女なんですけど、男装して、男名前を使って、男になったつもりで小説を書きはじめる。なんという違いでしょう。日本では、九世紀の終わりから十世紀の初め、女が物語を書くようになりましたね。女ことばができて、紫式部の『源氏物語』は一〇一一年に完成しております。紫式部は男になる必要はなかったんです。女の姿のままで小説を書いたんです。

そう考えてみますと、日本の女が十一世紀の初めになしえたことを、ヨーロッパの女は十五世紀の初めにやっとした。それも小説は十七世紀である。このずれ、このずれは何でしょう。私は、もし日本の女性史を書くのだったら、このずれがどこから来てるのか、ということをぜひ調べていただきたいと思います。

このことは一つには、宗教と関係がありはしないかと思います。たとえば、ヨーロッパはキリスト教ですね。その前にギリシャ・ローマの神々、とってもほがらかな、日本の八百万《やおよろず》の神みたいなほがらかな神々がいたんです。女神もいたんです。みんなキリスト教が追っ払ったんです。それに対して日本では、民間信仰としてのアニミズム、シャーマニズムというものがずっと底流に流れている。その上に仏教、儒教、そしてのちにキリスト教がやって来るわけです。この宗教の違いが、一つはありはしないか、というふうに思います。これは日本の女性史をお書きになる方にぜひ明らかにするようにお願いしたい。

両性のまなざしの交錯を

この『女の歴史』は、女だけの歴史ではなくて、男と女の関係の歴史であるということがこの本に書かれております。ところが、この本を読みますと、これは男が女を支配してきた歴史であるといわれて、その支配からどうやって女が発言権を得ていくかということが、さきほどのように出てくるんですが、女のまなざしから見た女のことがたくさん書いてあるんです。だけど、もし、男と女の関係の歴史を書くのだったら、男のまなざしによって見られている女の、その女のまなざしから見た男の姿と比べてみなきゃ関係の歴史にはならないではないか、ということに私は疑問をもちました。おそらく女のまなざしから見た男というのは、あまり現れてこないのかもしれませんね、ヨーロッパの中世には。しかし日本では、紫式部をはじめ王朝の女たちは、男たちをちゃんと見てたんですよ。ですから、女のまなざしから見た男と、男のまなざしから見た女とを比べるということが、日本の場合にはできるだろうと思います。

情動を歴史の中に取り込んでいくということは、これはたいへんな仕事だと思うんです。うれしいとか悲しいとか、羨ましいとか、恨めしいとか、そういう情念を歴史の中に取り入れるというのはすごくむずかしいんです。そしてこの中には夢の分析も入っています。それで、私は夢の分析を入れていくということが、日本の場合にも必要であろうと思います。最近、私が読みましたもののなかでは、河合隼雄さんの『明恵　夢を生きる』、これは日本の中世の仏教の坊さんです。その人が現実の自分が接している女にたいする考えと、夢の中の女にたいする考えが、非常にうまく交錯し、補強しあっているんです。そしてこの明恵の人格をつくっていくんです。こういったものを豊富に日本の女性史には取りいれていただきたいと思います。

（『女の歴史』発刊記念シンポジウムより。一九九四年七月十八日
於・有楽町マリオン／『機』一九九五年一月号、藤原書店）

日本の特異性捉えた女性史を

網野善彦

私は日本中世史を専攻しておりますが、不勉強なので今度の『女の歴史』の二冊をしっかり読んではおりません。一応目を通した程度のきわめて雑な読み方しかしていないのですが、ただ、これを読みながら、私の知っている日本の古代あるいは中世の女性のあり方と、ヨーロッパの女性のあり方がとにかく非常に違うという印象を、最初から終わりまで持ちつづけながら読んだというのが率直な感想でございます。これまでとかくヨーロッパの歴史に則して、それを基準に日本の歴史の問題を考えるという発想が、われわれ歴史家の場合にも強かったと思います。女性の歴史のみならず、すべての問題についてそうだったと思いますが、とくに『女の歴史』に関連して考えてみますと、日本の女性のあり方とヨーロッパの女性のあり方とが非常に違うことは間違いないように思われます。

女性と文字の世界

その一端を申し上げますと、鶴見さんのおっしゃったこと〔本書前項参照〕に関連しますが、まず文字の問題があります。日本の女性は、すでに九世紀に、自分自身の文字というべきかな文字（ひらがな）を持っており、それによって自らの感情を自由に表現するとしています。これは当初は、貴族の女性に限定されていますが、やがてかな文字は社会に浸透し、識字率はかなり高くなってきます。おそらく十三世紀、鎌倉時代には、侍はもちろん、平民＝百姓の上層までは、女性も文字を駆使できるようになっていたと考えられます。その点でヨーロッパの女性とはずいぶん違うというのが率直な印象でした。

そう考えてみると、世界のことをよく知っているわけではありませんが、日本の社会は、希有な条件におかれていたのかもしれないと思います。中国大陸の非常に整った硬質の制度が六、七世紀に入ってくるのですが、当時の日本の社会はまだきわめてやわらかい社会で、たとえば、男女の社会的な地位もさほど違わないし、近親婚などのタブーが非常に小さい。そういう社会に中国大陸の堅い家父長的な制度が入ってきます。文字も同様の経緯で入ってきたので、貴族・官人の女性は最初から文字を使ったのです。こうした非常に特異な条件が、日本の社会にはあったのではないかと思います。ヨーロッパと同じように、男性は「公」、女性は主として「私」という形は、制度の上では八世紀にできていますけれども、実態に即してみると、女性は「公」の分野にもまだ八世紀を通じて発言しております。九世紀に入り、こうした形が一応定着しますが、その時点で、女性は漢字を変形させた自らの文字をすでに持ち、それによって自分の感情を表現し、自らの文学を創造しているわけです。それは単に古代だけではありません。中世から江戸時代まで、女性によって書かれた文学、日記、あるいは書簡は非常に多いのです。そういうものを含めてみますと、日本においては文字の世界と女性の関わりはきわめて深いと言わざるをえないと思います。

自然、商業、宗教

それともう一つ、この本を読みながら感じたことを漠然と申しておきますと、男性が文明、女性が自然というとらえ方がヨーロッパにもあるようですが、日本の場合でも中国大陸の文明が公の世界で、それは男性の世界ということになっているのは明らかですが、その公は外から入ってきた要素が強いのです。しかもその公は、非常に農業中心であり、農本主義的な性格を持っています。これに対して、「私」の世界は「未開」であり、文明に対しては自然であり、それは女性の世界であると言うこともできると思うのですが、じつはその世界が商業や金融に早くから非常に深く関わりを持っているのです。人間の力を越えた世界と女性の結びつきという問題は、女性の性そのものについても言えますが、古い時代の商業、金融自体が神仏、呪術と結びついてとらえられています。通常、商品経済、貨幣信用経済が発達することは文明の発展を示す社会の歩みと考えられてきたのですが、じつはそのへんにかなり考えるべき問題があるようで、このようなとらえ方は、それ自体、非常に西欧的なとらえ方で、日本の場合、むしろ未開、自然の世界と商業、金融が結びついており、その世界に女性が早くから非常に深く関わりを持っているといってよいと思います。このへんのところも、『女の歴史』を読ませていただきながら、ヨーロッパの場合と日本の場合とではずいぶん違う、という印象を非常に強く持たざるをえなかった点で、この問題をこれからどういうふうに考えていったらよいのかは大きな問題だと思います。おそらく日本の「女の歴史」をお作りになる場合、これはやはり大きな問題になるだろうと思います。

それから、鶴見さんは宗教についてお話しになりました。これもたいへんに大きな問題だと思うのでありまして、日本の社会の場合、時代とともに女性の社会的な地位が低下した一面が明らかにあります。とくに十四世紀以降、穢れに対する忌避感が非常に社会の中に強くなってまいりますと、女性の社会的な地位が明らかに低下してきます。それに抵抗し、女性の救済につとめたのが鎌倉仏教であると私は思うのです。鎌倉仏教は女性を教団の中に積極的に迎え入れ、女性をその教団の重要な要素にするという動きをしておりますが、これもおそらくヨーロッパの世界のキリスト教のあり方とはかなり大きな差異があると思います。しかもそうした仏教およびのちに入って来たキリスト教の勢力が世俗権力に徹底的に叩きつぶされた上に立って、日本の近世、近代は形成されてくるのですが、こうした経緯の中で顕著になってくる女性の社会的立場の屈折、低下の問題は、今後やはり深く考えられる必要があると思っております。

「思い込み」を超えて

ヨーロッパのことについてはもともと全く無知と言ってもよいのですが、この二冊の本を読みながら、自分の専門の分野と引き比べて、とにかくずいぶん違うと思いました。そしてこの違いをどうしたら普遍的な女性の問題にまでひろげることができるかが、今後の非常に大きな問題になるのではないかと思いました。それとともに、これも私の専門ではないのですが、明治以後の日本の社会の問題についてもかなり考えてみる必要があると思います。私どもはいろいろな思い込みを歴史についてこれまでしてきてしまったような気がします。教育の力は非常におそろしいもので、たとえば、このごろどこでも言っていることですが、われわれは百姓といえば農民だと思い込まされてきました。日本人のほとんどすべてがみなそう思い込んでいますが、これも明治以後の教育の力が大きいと思います。そしてこの思い込みの中で歴史を見るということを、この百年間、われわれはやってきたと思うのですが、同じように古代から女性の立場は男性よりも低かった、日本の社会においては家父長制が古代から確立していたと言われ、そのように思い込まされてきた面があったと思います。これも明治以後の民法、あるいは教育の力によると、私はこのごろ考えております。この場合も、どこまで本当で、どこまでが思い込みであるかを綿密に考えることが、これからの女性の歴史、あるいは男性の歴史を考える場合、きわめて重要なのではないかと最近つくづく思っている次第です。(拍手)

(『女の歴史』発刊記念シンポジウムより。一九九四年七月十八日
於・有楽町マリオン/『機』一九九五年二月号、藤原書店)

女の本性、男の本性

宮田　登

柳田國男と「女の会」

私の専門は民俗学ということで、日常の生活風俗習慣とか、さまざまないとなみを民間伝承という形でとらえて、歴史的な再構成を図るという趣旨の学問領域です。

今回、『女の歴史』というような形で、アナール派が絡んで大きな書物が出てきたことを見ますと、私どもが本来やっておかなければいけないと思われることを、次々と大きな成果にまとめられてしまって、いささかジェラシーにかられるような状態になるわけでございます。本来、民俗学というのは、柳田國男自身がすでに、女の歴史をやらなければいけないけれども、男としての限界があるからと放棄してしまって、別に「女の会」を組織して、女性たちが民間伝承の資料を集めるべきである、という主張を昭和の初めに出しました。この「女の会」を中心とした女性民俗資料収集というのがずっと行われてきたわけであります。その時、柳田が提示したのは、庶民の女性の何でもない家の中の行事を調べてみるとそれは実は主婦の役割なんだ、ということです。それから次に、日本の文学は多く女性によって担われた。諸国に伝説が分布したのは、旅の女性によって運ばれたからなので、その関わりを調べるべきだ、と述べた。それから三番目に、女性は、とくに妹が兄さんにたいして、おそるべき霊的な規制力をもっている。これは沖縄のオナリ神であります。妹とか、あるいは姉さんが男の兄弟にたいする規制をもつということが特徴だと。こういうことを調べたいんだけれども、文献でははっきりしない。それから民間伝承を対象とするにしても、女性というのは一ヵ月に約一週間、男がわからない生活をおくっている。これは産小屋とか、月小屋という小屋で、隠れた生活をおくっていた女性社会のことを言っているわけです。約一週間、夫や子供から離れて、女性たちが合宿のような生活をおくっている中で、一体何を彼女たちは考えていたのか、うかがい知ることができないから、この一週間分の空白部の内実は、男にはとても太刀打ちできない世界だ、ということを前提にして、「女の会」というグループをつくり、『女性と経験』という資料の集成を図ろうとしたのです。ご本人は直接手を下さなかったことでもあります。

日本の歴史学者は、フランスよりアナール派が入ってまいりますと、一斉にアナール派的になるというふうに、西欧型の発想にたいしては、積極的に受けいれるところがあります。しかし国内で育ってきた、つまり柳田國男のような民間の国学者に流れてきた歴史認識というものは、このアナール派の考えていたことと非常に似ているわけですけれども、どういうわけか、その方法が十分に検討されないで来ていたという現実はあると思います。

しかし、今回、この『女の歴史』という、本来、日本の歴史学界が真正面からやるべきことの先手を打たれたわけでありまして、同時に民俗学のもっている、民間伝承のもっている資料のもつ意味を再構成できる可能性が開けているのではないかと思うわけなんです。

日本の山姥と西欧の魔女

たとえば女性のもっている霊的な力というものを表現するときに、一つのフォークロアとしては、日常生活の場面で「うちの女房は山の神」という語があります。山の神は、日本の伝統的なアニミズムの固まりのような神格でして、山の中に棲んでいるという意味ではなくて、山から里へ出て来て、お産に立ち会い、そして子供を助け、母を助ける。母と子を守護する霊的な存在としての山の神がある。生まれた子供を育てていくということは、この『女の歴史』の中にも、西欧の中の女の「イマージュ」という形で、男が一方的に描いている図像とか、言説の中に、表現されている一面であります。一方、宗教の中では極端に非日常的な女性のあり方を示している魔女の存在、キリスト教文化の中の魔女というものがある。この存在は日本には正確な意味では見あたらないのです。しかし、さきほどの山の神の系譜の中で描かれている女性像の中には、山姥のような姿をして現れて来る女性がいる。その山姥には二つイメージがあって、一つは鬼女とか、あるいは人喰い女であるとか、そういう姿をとっている。山姥が、新生児を次々食い殺すというのは、魔女と同じイメージです。しかしそういう恐ろしい女性像を描きながら、一方で山姥がお産で苦しんで里に下りて来て、里に住む男たちに助けを求めている、そしてそこで子供を産んだという。産んだ子供を村の人々が守ったことにより、その村は栄えることが保証される、というような昔話が語られるところをみますと、日本の山姥、あるいは山の神を原型とした山姥は、恐ろしいという存在のもっと基底に、あくまでも男たち、そして子供を守るという、そういうイメージを、男の側から一方的に描いているんだろうと思います。

女の本性、男の本性

男と女の関係というところに基準を置いて、この『女の歴史』の「Ⅱ中世1」の2章「女の本性について」を読むと、私には衝撃的でありました。印象深いのです。要するに月経というものにたいして、男がどういう恐怖心をいだいてイメージしたのかということ。それから性器の問題、とくに月経の血についてどのように考えたか、キリスト教の聖職者の発想、あるいは解剖学者、医学の立場からのとらえ方が一連の流れとしてあるわけですが、その基本にあるものは、日本の民俗信仰の中でも変わらない。これを穢れとみた時期が、日本の社会には、四百年から五百年間、常識化されていた。ところが、穢れでないと見ていた時代も日本の民俗社会にはあった。穢れでないと考えるかぎりでは、山の神は男と子供たちを守る守護霊としての意味を強くもったものだということが、民間伝承の中でははっきりと描かれている。

そういうことを考えますと、女の歴史の中には多様な側面がたくさんあるわけです。男自身の方で終生、女性の世界を不可知論に貶めるということで手をつけかねているなかで、民間伝承というものを男と女の関係で整理しなおして、男が描いてきたような性の問題を含めてでありますが、それらを再整理する時期にかかっていると思います。女の本性という問題は、これが男の本性というものとどう絡みつくかということは、明らかに『女の歴史』が提起した重要な問題であると、私は受けとめた次第です。（拍手）

（『女の歴史』発刊記念シンポジウムより。一九九四年七月十八日於・有楽町マリオン／『機』一九九五年三月号、藤原書店）

強いられた沈黙を超えて

永畑道子

男の視点ゆえの暗黒

今から十七年前、藤原良雄氏（当時新評論編集長）の示唆を受け、近・現代の女性史を書く仕事にふみだして、二年間の孤独な作業のあとにようやく書いたのが『明治女性生活史・野の女』、『大正女性生活史・炎の女』、この二冊でした。いま、デュビィとペロー監修の『女の歴史』を開きながら、ああ、もっと早くこの本に出あっていたら、と、悔しい思いがします。それでもあのとき、私の目に映ったことは、それまでの歴史がまったく落としてきたおびただしい真実です。いかにゆがんだものが私たちに語られていたか、おそらく、男の視点で書かれた歴史だけが存在していたのです。

たとえば、もっとも暗いと思っていた大衆が、貧しければ貧しいほど男女同権の生活、貧しいゆえに男と女は助けあって生きていた。むしろ暗いのは鹿鳴館の女、あの華やかなシャンデリアの下で舞い踊っている人たちが、一八七〇（明治三）年の「新律綱領」によって、妾と妻は同等とされて、一夫多妻の信じられないような〝未開社会〟に生きていた。これは、姦通罪の前身です。そのことで、妾に男の愛はそそがれる。妻は錯乱し、身を投げて死んだりしています。不倫のうわさを立てさせて、一刀のもとに正妻を斬り捨てることを、男は赦されていた……。

米騒動は、明治の一八七九年からはじまっています。沖に浮かぶ船に荷物を運ぶ、……これは男の労働だと思っていたのですが、実は、沖仲仕は女の仕事であり、重労働です。背中に担いだ米のざらざらとした感触によって、この米が他国へ行く、自分たちの土地の米は上がる、それを直感した。女の、生活感覚です。したがって、反乱はまず、女と子供によって起こされる。子連れの、土下座の反乱です。このようなことが次々に史料の上で出てきたのです。

女の精彩を、ふたたび――

私たち女には、長いあいだ沈黙が強いられていた。とくに、姦通罪ゆえに。たとえば文学のなかで、はっきりと、女歌、男歌が別れています。女はひそかに恋したとき、めったに相手の男を歌わない。これは、白蓮、晶子にも通じること、『青鞜』を繰ってみても、そうです。そして自分の悲しみを歌う。胸の思いを歌う。あるいは星や風や自然にことよせて歌う。それ以外に道がない。しかし男はそうではない。男は堂々と相手の女を歌う。「うすごろもひもとき裂けて待てる子にわれそむかめや夜となればゆく」――これは與謝野鉄幹の歌です。こういう歌を女が詠むでしょうか。あの十、十一世紀のけんらんとした王朝文学の時代に比べて、ずっとくだった十九、二十世紀ほぼ前半まで、「新律綱領」以降「姦通罪」下の文学は、女の精彩を欠いて、抑えた暗い時代に入っている。

いまの若い人たちに、黙らざるをえなかった女たちの時代があったということを知ってほしい。

一九二八年七月、『女人藝術』の巻頭に、長谷川時雨がまず刊行のことばを書き、山川菊栄が「フェミニズムの検討」を書いています。フェミニズムという言葉のみの、浅薄な世界の現況を衝いている。本当の女の解放をねがうならば、男性解放をまず、と提唱しています。女の参政権を必死で得ようと――これは市川房枝さんたちへの批判ですけれども――あらゆる手段をつくして努力している人たちがいる、しかし、現状のままでは、それは、何の中身もない女たちの愚かな一票をふやすことになる、と山川菊栄は断言する。女と男の歴史を書く上での、鋭い視点と思います。

デュビイの『女のイマージュ』のなかに、紀元前ほぼ五〇〇年の、フランス・ブルゴーニュ地方で発見された青銅の大杯があり、蓋の尖端に立つ巫女の姿が紹介されています。「かの部族の女たち、男どもと連れだちていくさに出しに、聖なる占い女どもこれに混じりぬ。占い女ども、……短剣《あいくち》たずさえて、……とりこを求む。……青銅の大杯に導き……おのおのがひとり、吊るされしとりこの喉をかき切りぬ。されば、血のおおいに大杯に注げば、占い女らこれをみて行く末を語れり。……」この文章の表現力に打たれます。

いま、すばらしい学者の方たちが多数寄り集まり、日本の女の歴史がまもなく上梓される。読者を魅了して、新しい史実を語る『女と男の時空――日本女性史再考』の誕生を、切に心待ちに致します。

（『女の歴史』発刊記念シンポジウムより。一九九四年七月十八日於・有楽町マリオン／『機』一九九五年七・八月号、藤原書店）

鮮やかに浮かび上がる古代の女性像

【『女の歴史Ⅰ　古代1』を読む】

沓掛良彦

的確な手法を駆使して古代の女性を生き生きと描出

「最大の婦人の徳とは、良きにつけ悪しきにつけ、人々の口の端に上らぬことである。」という古代ギリシアの歴史家トゥキュディデスの言葉は、古代における女性に関する意見を代表するものとして、広く知られているところである。こういう女性観が支配するところでは、その時代に生きた男性たちの姿が様々な形で叙述、描写され、その実態や生態がかなり正確に把握できるのに対して、女性というものの存在が、より曖昧で不鮮明になることは避けがたい。詩人サッフォーなどのわずかな例外を除いて、古代ギリシア・ローマ世界は女たちの発言を許してはおらず、女たちの姿もまた男性の視線を通して描かれることとなる。しかしそれら男性の側からの発言を資料として用いてもなお、的確な歴史学の手法を用いさえすれば、古代に生きた女性たちの姿を、生き生きと描出することができる。それに加えて、本書でフランソワ・リサラッグがおこなっているように壺絵などの図像学的研究を加えれば、古代における女性像はより鮮やかに浮かび上がってくる。今回『女の歴史Ⅰ　古代1』を読み、複眼でとらえられたギリシア・ローマ世界の女性の生態が、鮮やかに浮かび上がってくるのに接して、改めてその感を深くした次第であった。

女性の存在をトータルに捉える

ギリシア・ローマ世界における女性像は、これまでにも古くはC・セルトマン『古代の女たち』の邦訳によって紹介されたのをはじめ、桜井万理子『ギリシアの女たち』、あるいはクールズ『ファロスの王国』、グリマル『ローマの愛』などの書物の邦訳によって、わが国の読者にも部分的には知られてきた。しかしそれらは概説的であったり、描かれる対象が古典期アテナイの女性に限られたり、視点が恋愛や結婚にしぼられて書かれたものであったりして、古代において女性というものがいかなる存在であったかを、トータルにとらえたものではない。しかるに今回邦訳の出る『女の歴史I』は、古代史の専門家十二名が、神話、哲学における女性像を綿密に探り、結婚や生殖といった社会的儀式を通じて見た女性像を精細かつ具体的に描き出しており、また壺絵に描かれたさまざまな女性たちの姿から、その生態を実にみごとに浮き彫りにしてみせてくれる。

示唆に富む個々の論文

古代世界における女性像、女性観の反映にほかならない女神の本質を考察したロローの「女神とはなにか?」や、プラトン、アリストテレスにおける女性観を解明したシッサの「性別(ジェンダー)の哲学」などは、これまで神話学や哲学研究の上で盲点とされていたり、深くは考察されていなかった問題を、女性史という観点からとらえたものとして、極めて興味深い。また美術品としてのみならず、ギリシア人の生態を探る上で貴重な資料でもある壺絵に描かれた女性たちの図像を丹念に分析して、そこからギリシア世界において女たちがどんな存在であったかということを、目に見える形で明らかにしているリサラッグの仕事は貴重なものだ。既に邦訳の出ているクールズの『ファロスの王国』と比較して読めば、その意義はいっそう明らかになるだろう。さらには、娘の贈与という形を取った一種の売買婚がおこなわれていたギリシアの社会的儀式を綿密に分析、考察することによって、ホメロスの時代から古典期に至るギリシアの女性が、社会的にはどういう位置を占め、どういう機能を果たす存在であったかということを、明らかにしているルデュックの「どんなふうに、娘を結婚によって贈与するのか」という章は、文化史、女性史の観点から見て、実に多くの示唆に富んでいる。

本書『女の歴史Ｉ　古代１』は、古代の女性像を可能なかぎり多様な、複眼的視線でとらえて、それをトータルな形で提示しようとする壮大な企画のまだ半分にすぎない。しかしここには既に、これまでの古代史や女性史には見られなかった、斬新で幅広い視点がはっきりと出ており、古代世界に生きた女性たちとはなんであったのかということを知る上での、最良の書となっている。後半部が訳されるのが待ち遠しい。

（『機』二〇〇〇年三月号、藤原書店）

「女の歴史」はまだ続く

杉村和子

「conception」の訳語に「観念・着想」と並んで「受胎・妊娠」があることを不思議に思ったのはいつのことだったか……。ギリシアの哲人たちは自分たちの知の生産過程を、母性が懐胎・分娩する過程になぞらえ、思考の苦労と知を生み出す歓びを語った。人類は自然による性別をもとに本質的差違のある二種類が存在すると思われた。この視点は二十世紀の哲学的頭脳の中にまで生き続けた。このことの方がもっと不思議である。知の分野は男性のものとされ、そこから疎外されていた女性たちは、精子の受動者「産む性」として、それにまつわる日々の生活万般の中で延々と経験知の世界を培ってきた。その文化を女性の特性によるものとされ、女性たち自身もそれを内面化しもした。だが、フランス革命を節目に、民主的風潮と工業化社会への歩みが相俟《あいま》って、女性たちの状況も女性たちも徐々に変化を示す。また、自然の性の相違を優劣＝「支配と従属」の関係で見る「垂直」的視点も、男性的と女性的という、両性の特性と思われているものを、いわば平面的（但し、必ずしも水平とはいえない）に対置するジェンダー概念に衣更えする。

女性たちも「産む性」の難点から自己解放を求めて動き出す。避妊や中絶の自由化要求から一九六八年五月の事件を経て、女性たちは「自分たちに歴史はあるのか？」「女性史は可能か？」と自問し、九〇年代初め、男女の関係史として西欧の『女の歴史』を獲得した。G・デュビィ＋M・ペロー監修の *Histoire des femmes en Occident.* Paris, Plon. 1990-1992 がそれである。六年余かけてその日本語版が完成した。訳語のアルティザンヌ（職人）としての苛立ちや遅きに失するの声を懸念しつつ。だが、フランスで昨年五月に成立した「パリテ (Parité)」法*をめぐる論議を目にすると、この法もジェンダー概念と同じ「諸刃の刃」であり、その活用には『女の歴史』は必読の書であることを痛感する。「女の歴史」はまだ続いている。

＊パリテ法は選挙で比例代表制名簿式投票（市町村・地方・EU・元老院の選挙）を行なう場合、各政党に男女同数の候補を記載することを義務づけている。二〇〇一年の市町村の選挙から発効とされている。

（『機』二〇〇一年三月号、藤原書店）

「女性史は何のためにやるか」

【『女の歴史Ⅱ　中世1・2』を読む】

脇田晴子

ヨーロッパの女の歴史の現在での達成を示した『女の歴史』全五巻が翻訳されて、十冊となって刊行される。一九九一年に出版されたものが、二〜三年の後に、私たちが日本語で読めるというのは実に幸運だ。

構成の特徴

約千年間をあつかった中世の構成は、まず、「統制の規範」として、聖職者たちの女かくあるべしの規範が述べられ、次に「家族と社会の戦略のなかにおける女たち」で、その規範で行動するべく規制された女たちが、いかにしてそれから脱却しようと戦略を行使したかについて書かれている。三として、「女たちの痕跡と画像」で、考古学発掘の資料や画像からみる女の労働やイメージを出し、「女たちの発言」「女たちの肉声」という形になっている。

この構成に明らかなように、封建的な中世社会の規範のなかで、女性たちがいかに生きたか、微々たる表象のなかから、真実をくみ取り、その心情を明らかにしようと努力した、心性史的な試みが中心である。

女性の肉声　外皮を剥いだ女性史

したがって、権力者中心に残された史料のなかから、いかに女性の実態をみきわめるか、また女性の書いたものでも、男性のものを装ったり、変質させたりしていることを考慮しつつ、女性の肉声をきくことができるか、という姿勢に、私たちもそれに苦慮しているだけに、大きな共感を覚えた。広義には、史料批判という、歴史学では基礎的なことなのだが、女性史の場合には、ことさらに大きな問題となる。私なども男性が独占していた近代の歴史学に、足を踏み入れた時、無意識的に、私の内なる「女」を放り出し、男性（中性・無性の名のもとに）の思考、書き方を習得していた苦い思い出がある。女性にかぎらず、日本の学問・文化、美意識までも、前近代には中国に、近現代には欧米に規定されていて、その表現に媒介されない場合は、普遍性をもたないと考えられる実情であったのだ。

それから考えるとこの二〜三十年の間に、何と考え方の転換が行われたことか、と感慨を持つ。欧米における社会史や心性史、また女性史の進展は、欧米近代文明に基づく近代史観に対抗する意味合いをもっている。内なる抵抗として、それが欧米から出てきたことに私は敬意を表したい。

女性史は何のためにやるのか。もちろん歴史学の対象でなかった女性たちの歴史を明らかにするためにやるのだが、その上で、省みられなかった女の視点から歴史を見ることによって、今までの歴史学そのものをひっくり返すためにやるのである。「男＝文明・女＝自然」という二項対立の言葉がある。この男は西洋近代文明を造った男という意味であって、支配下の男や、アジア・アフリカの男、全ての女は自然という範疇に入れられた。女性史はその批判として出発している筈だから、当然のこととして、近代史学、その淵源の古典古代以来のヨーロッパの輝かしい優位性の歴史といかに訣別しているか、という点に興味をもった。

宗教と現実の母性評価

キリスト教による規範の具体像、聖母マリアと対置されるマグダラのマリア、堕地獄の恐怖の図像分析や中世の女性労働など、有名な絵がちりばめられ、その絵解きがされている。いかにキリスト教の規範が女性を規定したかは、仏教の比ではない。なぜ十六世紀の日本女性がこれを歓迎したのか、わからない程である。わが国の中世を規定していた仏教との、女性教化や女性観に関する異同は、彼我の文化の質を明快に浮かび上がらせるだろうと興味深かった。

一つの点についていえば、キリスト教では、母性を刑罰とみなす伝統的思考があり、性的快楽が原罪とみなされた。マリアが処女でなければならぬ理由である。わが国の仏教では、中世の「家」の成立の時期に天台教学を中心に、母性尊重思想が盛んになってゆく。もちろん一方で女性の堕地獄がいわれるから、諸宗派や異端の違いもあって一律には論じられないところもある。しかし、共通していえるところは、洋の東西を問わず、中世は「家」を社会基盤にした社会であるから、その後継者養成としての母性をどうみるかは、大きな課題だった。果して母性を刑罰とのみ貶めて済んだのかと疑問に感じるのである。わが国では、建前としての規範と、説話集などに滑り込ませてある本音とが大いに違うし、民間信仰の神々が、民衆の本音の要求を叶えるべく機能している。女人禁制の結界があれば、結界破りの説話や芸能も残っている。これらの説話には西洋の童話とよく似ているものもある。西洋にもキリスト教の建前とは違う、民衆の要求に応える説話がある。その発掘が必要ではなかろうか。

しかし、本書では、母性や、家事労働などを明らかにすることに満足していないとされている。そしてその役割の呪縛から脱却することが、中世の解放と思われている向きもある。しかしそれは一種の近代的発想である。画像に見られる女の手工業従事も、恐らくは家内工業としてなされていたのである。母性や家内労働の中世の時代にもつ意味を明らかにすることが、まず主眼に据えられるべきものと思う。

穢れのない聖処女のマリアと贖罪のマグダラのマリアというのは、聖職者による女性の理想像である。現実の中世の女性の基本的なあり方は、妻となって「家」に包含されていたのであり、「家」からはじき出されているか否かが、女性のあり方を決定した。社会組織は、現在の会社や役所に代わるものとして「家」を中心に廻っていた。性愛と出産・育児は社会存続のための最も重要な要件であった。なぜなら「家」が社会組織の基本であれば、家業を継いで、老後を見る後継者は会社のように公募できず、産み育てざるをえなかったからである。聖職者の規範とは異なる、母性尊重の表象がある筈である。むしろ中世の問題は、母とならぬ女を貶めるところにあると考える。それも含めて問題にしてほしい。

家内労働の位置をめぐって

もう一つの問題は、家内労働の評価である。「家」が手工業や商業の組織である時、社会的な生産や事業は、家内労働として行われるのである。中世では家内労働と社会労働の区別はない。会社や役所機能が肥大化して公私の区別がはっきりした近代の類推で中世は論じられないのである。女性が従属したのは、家事労働のみをして、社会労働をしなかったからだ、というのは、交換価値のみが評価される近代にあてはまる説なのである。前近代の家族経営の時代と現代とでは家内労働の中身が違うのである。ボーボワールでさえ、「女が従属したのは生命の神秘に従属していて、働く男と共存しなかったからだ」といった。これぞまさしく近代主義というものであろう。貴婦人を除いては、働かなかった女性が、古今東西あったであろうか。しかも女が生命の神秘＝出産をしてきたからこそ、人類は死滅せずに生き残っているのではないか。女は働きに働きつつ、その評価が時代とともに変わってきたのである。「家」の役割と家内労働は時代とともに矮小化してきて、女の役割も小さくなっていったのだ。中世を近代感覚で切るのではなく、時代変化による母性や家内労働のもつ意味の変化を考えるのが、女性史の課題だと私は思う。

もちろん、キリシタン宣教師の書いているように、十六世紀の日本と西洋では女の地位に大きな違いがあり、日本の貴婦人は書をよくしなければ恥であった。家政機関を取り仕切り、所領などの公文書作成の仕事があったからである。十世紀の紫式部を始めとする女性作家の存在する国と事情が違うこともあるかもしれないが、西洋にもかかる局面はあると思うのである。

本書は女性史独自の時代区分をしたいという願望をもたれている。それにはやはり規範からの自由と束縛という観点のみではなく、その時代の基本となる女性のあり方を基底に据えねばならぬと思う。私はその鍵は、「家」のあり方の変化、すなわち家内労働で財が生産された時代と、社会労働による時代の区分だと思うのである。

蛇足だが、本書の序文によれば、「いつの日か」アジアの女性史をアジアの男女が書くことが期待されている。アジアも、その中の日本にも、独自の問題意識による女性史が多く書かれ出版されている。それが欧米に知られていないのは残念だ。

（『機』一九九四年七・八月号、藤原書店）

思考法をめぐって
【『日本女性史』の問い直しと『女の歴史』】

河野信子

いくつかのキーワード

『「女の歴史」への誘い』（藤原書店、一九九四年）には、総序および各巻の編者の序論も集められている。このシリーズにかかわった各巻の編者たちがすべて、今回の『女の歴史』は〈男女関係史〉であると強調している。

私たちが現在進めている「『日本女性史』を問い直す」プロジェクトのほうも当然のこととして、〈男女関係史〉として展開することを、志している。

すでに数回の編集会議を経て、〈男女関係史〉の思考方法をめぐるキーワードのいくつかが浮上している。列記するならばつぎのとおりである。

①反証法　②差異性　③男女共生原理　④カオスを見る眼　⑤シンクロニシティ（同時性）　⑥対称と非対称　⑦エンド人《びと》とエキソ人《びと》　⑧周辺諸科学の捲き込み法　⑨時代区分の検討。

執筆者たちがこれらのキーワードをどのように使いこなすかは、それぞれのかたがたの判断にまかせるしかない。しかし、私たちは、最小限の了解事項として高群逸枝史学の批判的継承とアナール派の方法に対応することを申し合わせてきた。

思考方法として、これらのキーワードの過不足は、脇田晴子氏をはじめとする多くの女性史家たちにも加わっていただいて、内容を濃くしつづけたいものである。なぜならば、今回の『日本女性史』を問い直す」プロジェクトのなかには、東京大学出版会の『日本女性史』『日本女性生活史』に執筆なさったかたがたも参加しておられるからである。

ここに並べたキーワードは、「男女関係史」として、「関係」に重点を置いたときに相互に連関し合うものである。これまでの女性史は、ともすると歴史学固有のタームをめぐって、論じられて来た。これは、必要なことではあるが、私たちは、いままでの歴史学の方法と他の諸科学の方法とが相接する領域での、相互作用をも検討したいのである。

女性史はつねに新しい提言によって泡立っている。そこには、イデオロギーを超えた凝集状況が作り出されるといった予感がある。相互批判はそのためのものである。

さしあたって本稿では紙面の都合で、①反証法　②差異性の双方のキーワードについてだけ述べることにしたい。残りの項目については、編者たちか、あるいは私自身によって別の機会に「記述」がなされるであろう。

反証法

高群逸枝の『母系制の研究』（初版は一九三八年、厚生閣、全集版は一九六六年、理論社）『招婿婚の研究』（初版は一九五三年、講談社、全集版は一九六六年、理論社）は一面では、父権・父系制にたいする反証の書ともいえる。このために文献学的方法によって、数万枚のカードがとられ、実例（父系制にたいする反例でもある）は大量に重ねられた（それでも高群逸枝の魅力はカオス性をあふれ出させるところにある）。その多重実証法によって、つぎのように自信にみちた断言はなされた。

わが国における招婿婚は、けっして単なる遺制あるいは遺俗などではなく、発現・経過・終焉の段階をもった歴史的存在である。それは前述の期間（「太古から鎌倉末期――あるいは南北朝期――におよぶ」と前段にある――引用者）における絶対的支配的婚姻形態であって、これと併存する他の形態をみることはできない。

（『招婿婚の研究』全集版、三頁）

例外と思えるものはいくらでもある。だがこれら例外は、反例とはならない。したがって、夫方居住婚と父系を重ねて考える人びとに対して、自分の説を反証できるわけがないといい切ったわけである。にもかかわらず社会人類学・歴史学から反論がつぎつぎに出された。双系制学説も提出された。これらには、高群逸枝の〈母系制〉のヒントとなった多祖現象（同一氏族の内部にありながら、それぞれのメンバーが、異った先祖から出ていると称していること）について視角を変えて、異説を出す可能性を唱えるものも含まれていた。

ここで現在の女性史学は、多重実証法の密林に踏み込むか、それとも、多祖現象につながる系の発生点の分析と検証によって、それぞれの思考方法を確立しなければならないかの位置にある。

どのような史資料であろうとも、さらに真偽の検証ずみの史資料であろうとも、発生期についての見解を異にすれば、歪みに歪んだ巨塔を築きかねない事態は、男性中心のこれまでの歴史学によって、私たちは、たっぷり見せてもらっている。

差異性

『女の歴史』（Ⅱ／中世1・2）は、日本の女たちの存在学にとっても、ひとつの鏡である。ここで、私たちは相互の鏡像を得ることができる。

ひとつの例をあげるならば、紫式部・清少納言（ふたりとも十―十一世紀）をはじめとする女の文学が数多く華麗にあらわれた中世、ヨーロッパでは修道院を中心とする女たちの表現世界があった。その点について『女の歴史』ではつぎのように書かれている。

…十二世紀には、ドイツのルペルツベルクのベネディクト会修道院長ビンゲンのヒルデガルト、ついで十三世紀と十四世紀には、フランドルのシトー会修道女ナザレートのベアトリス、同じくフランドルの修道女で詩人のハーデヴィヒ、ドイツのベギン会修道女で神秘家のマグデブルクのメヒトヒルト、ベルギーのベギン会修道女のマルグリット・ポレート、およびその他の女性たちは、自分たちのもの書く能力をはっきりと意識していたように思われる。（『Ⅱ　中世2』六八二～六八四頁）

作品もまた『愛の七段階』（ベアトリス）『神秘あふれる光』（メヒトヒルト）をはじめ、「それぞれの国固有の言語のなかに地位を占めている」(前掲書)。

この修道女たちの作品のあつかわれかたは、現代までの紫式部をはじめとする中世日本の女たちの作品とは異っている。たとえば『源氏物語』などは作品の完成から、千年近くたった現在でも、学者・研究者・作家などが群れをなして研究している事態がある。これまでに発表された研究論文・解説書、現代語訳などは、図書館の書架ひとつから、優にあふれ出るほどになっている。

この差異を、作品の質の差とだけとってしまえば、女性史の思考対象からは離れる。おそらくここには、構造的な差異性と、社会の基層の差異性を引きだした「何か」があるであろう。

もとより、ヨーロッパのキリスト教世界は、五世紀、キリスト教世界に犯されずに、知的優位性をたもっていたアレクサンドリアの図書館を襲い、哲学学校の女校長(数学者・論理学者・天文学者・哲学者)ヒパチアを「男を教育する女」という理由で憎悪し、虐殺した歴史を持っている。

これもまた時系列のなかに折り畳まれた「差異性」の構成要素のひとつであろう。

日本の女たちと男たちは、『源氏物語』に、男を変える力と女を変える双方の力を見た。この力は、男女に共有された意識界に潜入し、女たちの表現世界を閉ざしてしまわないほどの、潜在力ともなったと思われる。

紫式部は、作品によって、男たちの精神世界を変えた女たちのひとりである。ことは、紫式部や中世の女作家たちにとどまるものではなく、すべての「働く女たち」の意識界にも、男たちが粗野な「抑圧」の論理(けがれ観を極端に単純化したものも含む)を、横行させようとするとき、その実体を「あぶり出させる」作用をも持って来た。

「あぶり出し」の作用は、つねに正の側にだけ働くとは限らない。負の側に働くこともあれば、闇の力のなかに凝集するときもある。正負の力の解除法と強化法をめぐって、多様な伝承の型と儀礼の「かたち」は、中世の「しごと」(男女の役割の、分れと交錯と協同)の内部にも浸透している。したがって、この国の男と女との存在の姿は、「職業」「所有権」「組織」といった分類法から、たちまちあふれ出てしまう。日本の風土のなかで育った差異性は、このあふれ出る様相のなかにも見ることができる。

中世の女たちの作品もまた、日本の場合はこの「あぶり出し」と「あふれ出し」の相互作用のなかにあったといえる。差異性はむしろ、この相互作用そのものの動く姿にもとめられるであろう。

ヨーロッパ中世の修道女たちの作品が、どのような形であふれ出しを惹き起こしたかについて、『女の歴史』は、可能なかぎり正負両面の探究をおこなっている。これもまた、ひとつのヒントである。

(『機』一九九四年九月号、藤原書店)

『女と男の時空』のめざすもの

河野信子

『女と男の時空』の執筆者たち（八十余名）が目指したものは、何よりも「関係史」であった。関係の存在学というものを、歴史のなかで追求すれば、関係の相（あるいは傾き）が浮かびあがってくる。

まず関係の諸相は、相生関係・相克関係・背反関係・双利関係・片利関係・片害関係・相互変生関係などとして現れる。

しかし、どの時代をとっても、関係が一義的である時代はなく、相生関係は必ず相克関係との二重性でもって存在する。

それでも傾きの作用は起る。時代が相生関係の内容を濃密にし、相生色が強力になれば、相克関係に反転する。この傾きが関係史の時代相をなす。『女と男の時空』の各巻が、「ヒメとヒコ」（原始・古代）「誕生」（古代から中世へ）「乱」（中世）「爛熟」（近世）「鬩《せめ》ぎ合い」（近代）「溶解」（現代）と、時代を集約した言表で括られたのは、時代のなかでの女と男の関係が傾きを持つからである。

「内発的発展」の渦

関係の傾きと回転の相を導き出すために、私たちは、監修者代表・鶴見和子氏の「内発的発展」をめぐる論理構造を使った。

まず事態が大きく回転するとき、渦の中心に置かれるのは、人であったり物であったりするが、外見からは、中心自体は強力な発現力を持つものではない場合が多い。

たとえば藤原道隆（九五三―九九五）の娘定子（九七七―一〇〇〇）と、藤原道長（九六六―一〇二七）の娘彰子（九八八―一〇七四）とをめぐる関係の渦である。定子や彰子を時代の強力なリーダーなどとはだれも思っていない。にもかかわらず、摂関政治の体制内部に展開される男たちの「王権争い」（実質上）の企画に組みこまれることによって、女房たちの文字表現の累積を生み出し、世界に誇り得る文学遺産となっていった。

ここでもういちど渦の様相を見てみよう。渦の中心は定子や彰子、誘引力は道隆や道長、激流をなしたものは、紫式部、和泉式部、清少納言、伊勢大輔、赤染衛門などの女房たちである。

この渦は、定子、彰子をめぐる渦だけにとどまらず、時代を超えて、規模を小さくしながら、つぎつぎに起こったものである。平徳子と建礼門院右京大夫との関係もこの種の渦の一部であった。

長期波動

渦を発生させる可能性は、それぞれの女房の個人としての才能によるだけではなく、特定の時空を超えた基層部分の醸成を必要とする。

この醸成の素材は、周知のように『万葉集』にすでに示されている。原始・古代では、女も男も「政治的人間」あるいは「武闘的人間」にとどまるわけにはいかなかった。歌づくりは、双方が、社会人として機能するための必要な条件であった。ここに、歌づくりをめぐる部厚い継承性が存在し、女と男の関係は、媒体としての歌なしには機能し得ないと思えるほどであった。『筑波風土記』をはじめ各地にみられる歌垣(地域によっては二十世紀初頭まで存在した)もまた継承性の層の厚さを示すものである。この事態は貴族層だけにとどまるものではなく、階層間の拡がりも無視できぬものである。(後白河上皇の今様狂いもその一例である)

この動向にまといついたのが、血縁同族をも解体しかねない「家」制度の兆しである。女たちの文学的才能は、家をめぐる男たちの片利願望の素材、利用可能な素質にむかって傾きはじめる。「内発的発展」の論理は、切り口を変えれば、家をめぐる支配関係の変転として、見ることもできる。傾きは限りなく進み、もはや「家」のための女と男の文学的才能を、必要としないところにまで傾きつくす。この家に併走する女たちも、家刀自型の支配力を増殖させる女たちと、無力無産へとどこまでも後退していく女たちの両極に分解していく。

この分解の極みのなかで発生したのが、明治期家父長制の法制化であり、資本主義生産にともなった家事担当者の価値減退の組織化であった。

女と男の相生と相克の長期波動は、いま、明治家父長制を超えて、「溶解」(第VI巻)の相へとむかっている。したがって『女と男の時空』が目的としたのは、渦の複雑性と長期波動を透視することであった。

(『機』二〇〇〇年三月号、藤原書店)

歴史の主体としての女たち

【『女と男の時空I　ヒメとヒコの時代――原始・古代』刊行にあたって】

河野信子

時間性と共時性――時空

ブローデルの歴史学をつらぬいている長期・中期・短期の時間と、ウォーラーステインの単一のカテゴリーとしての時空は、『ヒメとヒコの時代』にとって、重要なキイコンセプトである。

そのために、この巻では時系列上に並べるならば、現代の事象に根ざす「魂を見守る人――アイヌのシャーマンは語る」と、「女性と文字――中国女文字の示唆するもの」をあえて加えている。

アイヌのシャーマンの来臨する神への感応力を、「癒し」の「気学」につなげる凝集力こそ、女たちが、おそらくは数万年をかけて、持続させ伝達させた力であろう。ここには、個人の私的吉凶を予見して、脅すような精神の退化からの離床が息づいている。

いっぽう支配者の手にある文字文化が女たちを阻害するとき、新しい文字を作ってしまった中国の女たちの存在は、女たちの内在力の場を、その発現の様相において示すものである。すでに私たちは、漢字流入以前の文字については、伝説と実証のあいだの深淵をのぞき見るしかない状態である。原始古代、すくなくとも七方向からの渡来の人々について考えておく必要がある日本という地域にとっては、創出されては消えたか、流入しては消えたかした変転の文字のなかを生きた人びとについては未明のままである。それでもなお、中国の女文字は、日本の仮名文字の発生過程について、歴史がもつ長期の時間の意味を知る手がかりとなるであろう。

この長期の時空は、時間性と共時性について、回転可能なカテゴリーとなる。ここで私たちは、「女文字」と「シャーマン」の回転可能性を示すいくつもの例証のなかのふたつの例として提出した。

鬼神力と観音力

回転可能性を追求するとき、軸となるのは、女と男の関係史である。この関係史は、中期・短期の時間から、長期の持続へと高揚したり放散したりする。その様相は、ヒメとヒコ（ヒメ・ヒコを仮名文字表記としたのは、日女から姫にいたるまで、日子から彦にいたるまで、さまざまな漢字表記の可能性を問うためである。）が描き出す宇宙でもある。

発刊に先立ち世に問われた〈内容見本〉の表紙には、チベット仏教の父母仏（ヤブユム）が女と男のシンボルとしてデザインされた。他方、日本でも例外的に聖天（歓喜天）は男女双身で抱擁した姿に造られ、これは鬼神力と観音力の相互作用（あるいは認識の形式）を示していて、本書にとって要となる象徴力を示している。

この鬼神力と観音力は、対称性を得て安定することもなければ、鬼神力を男性に、観音力を女性にといったように、担い手を限定することもない。

この転換の相互性こそ、女と男の共生の実態である。鬼神力か観音力かのいずれかいっぽうが息絶えるならば、生命体そのものの存在も不可能になることは、いっぽうの原理を延べ展げて、その延長上に像を描いてみれば、おのずから明示されることである。

したがって、この相互性の仕切りの標識が、「原始・古代」をつらぬく企画線に浮上してきた。

設問の相互性

執筆者たちは、男女共生原理にもとづいた相互性の仕切りを、それぞれの「象徴作用」をもとに追求してきた。したがって章立てはつぎのように大別されている。

一、ほとばしる観念と手業《てわざ》

二、関係存在の初期性

三、感性の活力

四、女たちの基層への提言

この四部構成は、総計十一章からなり立っていて、それぞれに独自性と相互浸透性の双方を担っている。たとえば、「女神の時空へ」は、「ヒメヒコ制の原型と他界観」に手渡され、つぎに「王権と女性」において、実態の検討にむかう試行の開始となっている。さらに、「縄文のシンボリズムと女たち」は、他のすべての論考にむかって、一万年に近い縄文期の時代をつらぬいた、精神の基層が、二千年くらいで、あっさりと取り替え可能であったものかどうかを問いかけている。

この問いかけを受けるとき、中心部分の構築にむかっていた王権・律令・族制などが、「史料」としての

「万葉集」「説話文学」などの読みこみの結果、周縁を捲きあがらせる裏側の事態となって、中心部分と周縁との交替のドラマが、幾たびも起こることを暗示することを志した。この暗示は、全時代へむけての試案であり、伝言でもある。

(『機』一九九五年一〇月号、藤原書店)

中世的男女の関係性とは

岡野治子

縁あって、長い学生時代をドイツで過ごした。それ以来私には、様々な現象を日本とドイツ（ヨーロッパ）の文化的コンテクストにおいて観察する習慣が身についてしまった。異郷に長く身をおいた者の宿命か、どこにも故郷の懐かしさを発見するが、同時にどこにもアイデンティティが見つからない。しかしこの複数の文化との出会いは、私にとってはやはり「豊かさ」だと感じている。『女と男の時空Ⅲ　中世』の編集に際して、やはり脳裏に去来したのは、ヨーロッパ・キリスト教文化圏における中世史であり、男女の関係性であった。日本の中世史学も、ヨーロッパ中世の発見・研究から出発したという事実が、（文化比較をするという）私の心の習慣（単なる性癖?）を少なからず鼓舞してくれた。時間軸のみならず、空間軸を視野に収めることにおいて、時空の両者を相互に相対化する時、我々も歴史を初めて立体感をもって認識できる、と思えるからである。

ヨーロッパとの対比で見えること

中世ヨーロッパの人間形成に、キリスト教が一義的に関わった事実を否定する人はいないだろう。そのキリスト教が作り上げた人間像の歪みはしかし瞠目に値する。神道とは異なり、人は神にはなれないが、キリスト教は人を神のパートナーと解してきた。そして神を男性のメタファー（花婿）、人間を女性のメタファー（花嫁）で把捉するシンボリズムが形成された。これをもって男女の上下関係が正当化された。古代世界に市民権を獲得するために、キリスト教は本来の革命的メッセージを人間の内面的問題と読み替えつつ、文明化した世界に相応しい神学を展開した。そのプロセスの中で、キリスト教のメッセージと古代の思想が交差し、意味に意味が重なり、不条理で性差別的なシンボリズムも誕生したのだ。女は「出来損ないの男」「第二の性」「子を産むことによって救われる」という定型化した女性存在の定義が定着していく。ヨーロッパの家父長制の背景には、キリスト教会が正当化してきた歪んだ人間像が根を下ろしている。では日本中世の男女の関係性を規定した主体は何だったのか？

中世的男女の関係性はヒメ・ヒコ制の残滓？

日本には、キリスト教会のような超世俗的権威のモノポールは、終始存在しなかったが、男性中心の力学で形成された「家」がその役割を果たしたと思われる。「家名を挙げる」、あるいは「家の存続」の意識が、男女にとって至上の価値にまで昇華し、一般化するのは、近世以降ではある。この聖化された「家」は、とりもなおさず日本人男女の生と行動を律してきた。婚姻制度が変化し、女性の財産継承権が制限されていく中世後期は、女性の劣位と従属を決定づけた近世・近代の家父長的「家」制度の揺籃期といえる。

中世キリスト教が、男女を二元的に分断したのに対し、中世日本の「家」内の男女の関係には、相補性が見られる。ヨーロッパの家父長制が男と女を「公」と「私」という越境不能な二元的領域に分断するのに対し、毛利元就の文書中に、「夫も妻も外と内を治める」とあるように、男女は表裏一体として、相補的に捉えられる。種々の文芸ジャンルで語られるエネルギッシュで自我に目覚めた「わわしい女」が、この時代の男女の関係性を雄弁に語っている。しかし阿野廉子《れんし》や日野富子に見られる女人政治的「わわしさ」は、同時に規範の逸脱として刻印されている。時代は確実に男性の価値観を中心に展開している。

多元的社会文化の展開

能、狂言、茶の湯、生け花等々、今日の日本文化の多くの部分が、この時期にあらゆる階層に担われて成立している。流通経済の発達は女の労働意欲を刺激した。『七十一番職人歌合』には、三十五種もの女の職業が描写されている。

様々な女性像の中でも、「家」の規範に縛られない女たちには、特権の付与された女性出家者がいる。しかし、ヨーロッパと同様に、時代の権力は「家」と「定住」に価値の焦点を絞り始める。遊女、傀儡《くぐつ》子、白拍子など遊芸人を含めた種々の漂泊者は都市と地方の文化交流の担い手ではあったが、「ヨソモノ」あるいは「異人《ことひと》」という負の烙印を押され、ついには社会の周縁に位置づけられる。これは女性に限ってはいない。セクシュアリティを悪魔のように敵視したキリスト教世界とは異なって、愛とセクシュアリティがカオス性の中で豊饒さ・創造を意味したあの古代の心性が息づく日本中世は確かに独特の遊女文化を開花させた。しかし「定住者」の視点が作り出した社会の管理規範は彼女たちに「逸脱者」のレッテルを貼るのである。

（『機』一九九六年三月号、藤原書店）

近世女性史から聞える「複数の声」

福田光子

長い歴史的時間を事件で区切る、従来の手法による時代区分は女性史に馴染まない。たとえ歴史的思惟の対象として充分に意味のある事件であるとしても、ほとんどが権力や支配と無縁ではないからであろう。「爛熟する女と男」と冠せられた『女と男の時空』第Ⅳ巻もその例にもれず、江戸時代――厳密にいえば、江戸に権力の府が置かれた一六〇三年から、その終焉をみる一八六八年までの二六五年――がその対象となる。

権力間の抗争や戦乱も遠のいたこの時代は、比較的ゆるやかな時間の流れの中で、一定の秩序化が進み、専ら軍役を担う武士層と農に専念する百姓など士農工商の身分制社会を定着させ、それぞれの家職に応じた日常の営為の中で多くの慣行を成熟させ、共同性をも育んだ。

過去に生きた人びとの日常的な慣習や、彼らに共通の心性を対象に選んで研究を行なってきたアナール派の手法に学ぶ女性史が、見据えなければならないものは何だろうか。

慣習からみえてくるもの

この時代を生きた大多数の女性の日常は「家」という空間を想定しなければみえてはこない。囲いこまれた女性は家族の中にその地位を所有してはいる。しかし、その地位に根拠を与えているのは男性であり、ゆえに丸ごと女性を所有するのは男性、という詭弁が侵入する。女と男の関係性にひそむこの歪みを最もシリアスに見抜いたのは高群逸枝の慧眼であった。

近世の「家」は単なる空間としての一代限りの短命な家から、様々な継承を必要とする永続願望に裏打ちされて超世代的な「家」の観念を成立させ、敷衍するに至った。その中で、家名や家産に具象化された相続慣行をはじめ婚姻慣行にも男女の関係性の歪みは当然反映され長子の単独相続を一般的なものとした。又、追い出し離婚や三行半《みくだりはん》に泣く女性も多かった。しかし女性相続は皆無ではなかったし、近世末期には婦家と夫家とが対等にわたり合う離婚も少なからず現れて、女性の自己主張が婚姻慣行の歪みをあぶり出した一方、個としての男女の関係性が「家」の関係に隠蔽される複雑な変容の過程でもあったのである。

軌範と逸脱

近世社会においては知の集積と成熟の中で人はすべて教育されなければならず、男女に関係なく、又寺子屋の盛行により教育が庶民の子弟にまで拡がっていった。しかし、あえて女子教化が注目されるのは果して誰がそれを必要としたのか。女は教化を必要とするほど愚かだったのか、それとも教化に値する存在として充分だったのか。その目的は家を基盤とした女子の役割——女は家の継承者たる男子を産み内治にいそしみ、舅姑に仕えて三従七去を守ること——にあった。まさに男性の価値基準による道の実践を示すものでそのテキストこそ「女訓書」だった。近世の出版文化の発達は、夥しい「女訓書」の開板を促した。教科書を金科玉条として尊ぶ者は、いつの世にも多いが、嘲るもののパロディも巷に流れた。又、男たちの思惑とは裏腹にその軌範を逸脱して、女たちは別の表象空間を芸能の世界に求めた。性の境界をこえて女は男となり男は女となって互の憧憬を交換する逸脱を演じることにおいて、出雲阿国はスターだったのである。

女性の文学表現は平安女流文学以後、長い沈黙の中にあって近代を待たねばならなかったかのように、しりぞけられつづけたのはなぜだろう。同時代の男性儒者たちによる「女訓書」の開板が狂気とも思えるほどにさかんであったのに較べて、女たちの文学表現は表向きになることを好まず、江戸や京から離れた草深い地にひそやかな才能をひらかせた。多彩な表現形式によって、みるべきものはみつつ時代精神をうたいあげていたことには、瞠目するばかりである。

交錯する「複数の声」

心のおもむくままに旅する女がいる。遊山に興じ又信仰に名をかりて「おかげまいり」や「ええじゃないか」に多くの女たちのエネルギーが放散する。自由度の高い女性の像は、かつての抑圧一辺倒の歴史観からはみえてこなかった。いま又、一面だけに眼をこらせばネガの部分はみえない。捨子する母親は後をたたない。不義密通で間引を重ねる女もいる。親きようだいのために十年の年季で廓に身を沈めた女の証文が、私の手許にある。年季を終えて廃人同様で郷里に帰ってきた女には、深い闇しか残らない。

近世は「家」の一般的成立をみた時代といわれるが、その裏側の深い闇に多くの女たちを投げこむ時代でもあったのである。

（『機』一九九五年一一月号、藤原書店）

「時空」を読み解く

波平恵美子

男女の関係性を読み解くことの意義

「日本女性史再考」の副題を持つ『女と男の時空』全六巻が完結した。この時点で本シリーズを再読してみると、その主題である「女と男の時空」が真に適切に考え抜かれたものであったことが確認できて、監修者の末席に連なる者として喜ばしい。

「時空」を超えて女と男の関係性の中で女性を見る時、目を開かされる思いをすることが読んでいて度々であった。「刊行にあたって」の中で河野信子氏が「これまで、多くの歴史家が女たちを周縁的存在＝差別可能態として記述してきた。しかし史料を深く読めば読むほど、女と男の時空は、回転をつづけ、周縁と中心は、交替劇を繰り返して静止することがないといった事態が見えはじめたのである」と述べているが、交替劇はまた、時間と空間の隔りを超えて生じていることを、収められた論文の多くが新たな視点で史料を提出し解釈し直すことで鮮やかに示してくれる。こうした鮮やかな歴史研究の展開は、男と女、女と男という二項対立的でありながら相互補完的な関係を、議論と考察の中心に据えたからこそ生じてきたものである。

時空を超えて同一テーマを追う

第Ⅲ巻の編者岡野治子氏は「序」の中で、年代区分について検討を重ねたうえでなお通常の年代区分に従ったが、その区分に縛られることなく、関係存在としての女性の歴史をとらえ直そうと試みたと述べている。こうした熟考の成果として、ヨーロッパ女性史との関係で日本の女性史をみることを通して、「日本には、キリスト教会のような超世俗的な権威のモノポールは、終始存在しなかったが、男性中心の力学で形成されてきた『家』がその役割を果たした」という鋭い、そして日本研究の上でも画期的な視点を得ているのである。似た指摘はこれまでもあったが、中世末期のキリシタン文化の日本での展開と結びつけての分析は空間を超えて、つまり日欧を結びつけての研究において出てきたものである。さらにこうした視点は、「家」イデオロギーの展開と発達、近世、近代、現代と時間を超えて日本社会に存続してきた意味と、そのイデオロギーに強く支配された男と女の関係とを全体として結びつけて理解する道を切り拓いた。

時間を超えて同じテーマを追い続けると、これまで見えてこなかった女性の生存のあり方が浮び上ってくる論文は枚挙にいとまがない。あえて選ぶならば、「良妻賢母」の女性の理想型がどのようにして生まれてきたのか、良妻賢母と言い習わされているが、実は「良妻」と「賢母」とは別々に考えられるべきこと、そして女性性と同一であるかのように考えられてきた「母性」は「子返し・子まびき」の習俗とセットで強化されてきた女性イメージであることがわかってくる。さらには、母性は女性の生殖能力の言い換えでもあるが、中世における血盆経の流布は、こうした生殖能力の社会における不可欠性を「罪」とすることであり、それ自体がいわばねじれた世界観を示すものであることから、逆に「中世」の構造がよりよく見えてくるのである。

現在、日本のみならず世界の女性問題は「リプロダクティヴ・ヘルス・ライツ」に集約されていると言える。女性の生殖に係る全ての権利（産むか産まないか、不妊をどうみなすか、性的暴力や性差別や、産む性としての女性であることによって規定される社会的活動や地位、身分）が女性の手に委ねられるべきことが改めて認識され、主張される時代である。しかし、女性自身も含めて、そしていずれの社会においても、「リプロダクティヴ・ヘルス・ライツ」を充分に理解し女性の当然の権利とするまでには、多くの問題が横たわっていると言えよう。それは個人の内面においても国家のレベルにおいてもである。

文化のどの側面や要素が、そして社会、経済のどのような現象が子を産み育てる（授乳する）性としての女性を規定してきたかを、日本史の中での女性をとらえることで明らかにできることを本シリーズは示している。

スリリングな読書法の勧め

本シリーズ六巻をどのように読むか。私は次のような読み方を読者の方に勧めたい。まずは歴史書のオーソドックスな読み方に従って時間の流れ通り、Ⅰ巻から順にⅥ巻まで読む。次いで、自分の関心の強いテーマを選んで、歴史の流れとは逆に、現代から古代へと進んでいく。現在、多くの女性の関心を引き付ける夫婦別姓の問題は、それが家制度の残滓を引きずっているがゆえに奇妙な議論の展開をみる。そこから歴史をさかのぼって「家」制度と女性の位置づけを読み解いていき、再び現代へ戻る。Ⅰ巻（原始・古代）からⅥ巻（現代）へ、Ⅲ巻（中世）からⅤ巻（近代）へ、テーマを定め、数多くの論文を「渡り読む」ことを勧めたい。そのことによって、河野信子氏がいみじくも指摘するように、繰り返し交替する男女の中心と周縁の位置づけが見えてくるし、現時点での私達の生存のあり方を客観的に眺める視点を得るからである。

（『機』一九九六年七・八月号、藤原書店）

「女性史」問い直しの出発点

中村桂子

私は、歴史は素人ですし、女性史・女性学という視点からものごとを考えることに、――その重要性はもちろん認めながらも――これまである種の抵抗感を持っていました。

けれども今回この『女と男の時空』に関わって、皆さまのお話を伺い、この企画が何を考え、何を目指しているのかを受け止めたとき、これまで女性を扱った時の仕事と違ったまったく新しい視点に気づかされ、まさにこういうかたちでこそ、女性史を問い直すことが出来るのだと感じました。

「時空」という視点

まず、「時空」という視点です。「時間」と「空間」との一体化ということでしょうか。私はまったく歴史学を勉強していませんが、アナール派・ブローデルの時間についての態度、「長い時間を考える」というところに、たいへん興味を持ちます。長い時間のなかで見たときに初めてものが見えてくる。今日流れたビデオの冒頭で、「歴史は、現代の不安に答えを出すためにある」というブローデルの言葉が出てきました。不安に対して「答え」が出せるかどうか、確信はありませんが、今にとどまっていたのでは決して不安の解消に自分をつなげることは出来ない。やはり過去と未来とに目を向けなければどうしていいかわからないと思うのです。私も、生物研究者として、また生活者として現代のなかにさまざまな不安を感じており、それを長い時間を見つめることで解決したいと思っています。幸い生物界ではその時間が現存生物という空間につながっていますので。

数年前から〈生命誌〉を始めたのもそういう想いからです。女と男、さらに明確に言うならメスとオスというかたちは、人類がこの世に登場する以前から、存在してきました。その大きな流れの中で、私たち人間はどういうところにいるのだろうと問い、女と男もメスとオスというもっと古くからある流れの中で見るとどういう関係にあるのだろうと考えると、新しい見方ができるに違いありません。その辺りに大きな関心をもっています。このような見方と重なり合う女性史は、今まで見なかったように思うのですが、今回は、見事にそれを見据えていると思います。そういう意味で、非常に面白い仕事ができあがったと思うのです。もちろんまだ「試み」の部分もありますが。

「関係」という視点

もうひとつの視点として出てきたのが、「関係」という言葉ですね。これまでの女性史は、「女性の目で見る」というのが主で、「関係」という視点が、まったくなかったとはいわないまでも強くなかった。今回はそれを非常に大事にしています。

私はむしろ、「人間」そのものに関心があるのですが、人間は、女の目から見たときに見えるものでもないし、男の目から見たときに見えるものでもない。「女と男の関係」を見すえる眼をもったときに初めて、人間が見えてくる。

人間が見えてくるということは、「生きている」ということが見えてくることです。私が関心をもっている言葉を使うなら、生・老・病・死です。「生きる」というと、ただ「生」だけ浮び上がってきますが、「生きている」ということの中には生・老・病・死がすっぽり入っていることを現代生物学は生命の本質として明らかにしています。東洋の思想はこの関係をみごとに捉えているものが多く興味深い。お釈迦様はさすが本質を突いていらっしゃると思います。

生きることには、もちろん今お話のあったような労働も含まれています。生という抽象でなく具体的な生活を見る必要がありますから。『女と男の時空』では、例えば原始時代の生死観が描かれている。生・老・病・死が組みこめていると思います。そういう意味で、今回のお仕事にはとても興味を持ちました。

女性史という新しい切り口を出すのだと言いながら、これまでのものは、既存の歴史区分や歴史観のなかで描かれてきました。そこで、関係に重点を置いた『女と男の時空』では、もしかしたら、「古代」「近代」「現代」という歴史の流れが違うものに見えてくるかもしれないという期待をもちました。まったく違う「時代」が見えてくるのかもしれないと、素人なりに期待をしました。

今回の「ヒメとヒコ」「おんなとおとこの誕生」「乱」「爛熟」「閾ぎ合う」「溶解する」というキーワードは見事です。これはやはり「関係」から出てきた切り口だと思うのですが、ただしここで新しい「時代」が見えるというよりは、うまく時代と重なったわけですね。新しい時代が見えてきたらそれもまた面白いかなと思いましたけれども、重なったことにより面白いことを示唆しているのかもしれません。「女と男の関係」という捉え方をしたのは、人間の歴史のありのまま捉えたということになるので、それは時代を違えるはずはないのかもしれません。見事に時代が重なったということ自体が、新しい発見と言ってよいのだろうと思います。

（〈第89回紀伊國屋セミナー〉「女と男の時空――日本の歴史を読みかえる」より。一九九六年十一月十八日　於・紀伊國屋ホール／『機』一九九七年五月号、藤原書店）

熱いメッセージが溢れ……

三枝和子

十数年前から、女性を主人公にした歴史小説を書き始めて、上下本もあるけれどこれまでに十二冊を刊行した。テーマを卑弥呼から紫式部へ、と決めていたので時代は平安中期までである。あと一冊で終るのだが、年代の順を追って書いているわけではないので最後は紫式部ではない。元明・元正の母娘天皇を主人公にした作品で、このほどようやく脱稿した。

のっけから私事を書いたのは、これが終ったら藤原書店から刊行されている『女と男の時空』を読破しよう、と心に決めていたからである。なかんずく、「年表」を読みたい、と思っていた。

歴史小説を書いているあいだ、さまざまな年表を読んだ。年表を読んでから、たとえば『日本書紀』『続日本紀』『日本後紀』などの原典を読み、続いて女主人公の個人年表を、これは自分で作ってから作品に取りかかった。このとき、年表読みの愉しさを覚えたのだ。年表は枕にするほど大きなものから、ハンディなものまでさまざまあるが、いずれも編者の世界観なり人間観なりが明瞭に現われるのが面白いのである。

『女と男の時空』を読破する前に先ず年表を、と思ったのは、刊行にあたって、編者を代表して河野信子さんが述べている言葉に注目したからだ。アナール派の方法を「日本でもやってみませんか」と藤原書店社長の藤原良雄氏から提案された、とあった。私はアナール派については何程のことを知っているわけでもないが、同書店刊行の『地中海』は早い時期に購入して覗いていた。アナール派ふうに日本の『女と男の時空』を展開したら、どんな具合になるのだろう、とそれが愉しみだったのである。

ところが、ゆっくり年表読みの愉しさから入ろうと思っていた私に、焦眉の急の要求が生じて、早々に全巻を読破しなければならなくなった。ある出版社からの企画で、女性作家による日本文学史の見直しに編集委員として参加しなければならなくなったのである。ここはどうしても『女と男の時空』をバック・ボーンにしなければならない。私はそう考えて、年表読みの愉しさを後廻しにし、第Ⅰ巻から読み始めたのである。現在は第Ⅴ巻の途中である。

大部の本なのに、ひどく面白く、歴史学者でも民俗学者でもない私の頭にするすると入って来る。これは何だろう。

その理由を、それこそ私は学者ではないので、ちゃんと分析して理論だてて説明することはできないが、具体例を挙げて、経験的に述べることはできる。

「血盆経」と幼い日の記憶

例えば「血盆経」のところで私は突然、幼い日の凶まがしい思い出の世界に連れ戻されたのである。「血盆経」は、第Ⅲ巻の「中世」のところなのだけれども、私が引き戻されたのは昭和九年の夏の或る日である。

昭和九年、とはっきり言えるのは昭和四年三月生まれの私が小学校へ入る前の年のことだからである。

満五歳の私は友達数人と或るお寺の縁先で地獄絵を見せてもらっていた。父の転任のせいで一年ほどしか滞在しなかった土地なので、そのお寺が何というお寺だったのか、どんな友達と一緒だったのか、まるで記憶にないのだが地獄絵の恐しさだけが頭にこびりついている。

嘘を吐いたせいで舌を抜かれている亡者や針の山に登らされている亡者の絵の下に血の池地獄があった。

「女は死んだらみんなこの血の池地獄に投げこまれるんだって」

年かさの子が言った。私は急に身体中が震え出した。

――私は嘘を吐いたことがある。だから舌を抜かれて、それから女だから、血の池に投げこまれるにちがいない。

恐怖で頭がいっぱいになったまま家へ帰ったが、夕飯もろくろく食べられなかった。私の母は女子師範を出て小学校の先生をしたこともある、当時としては、まあインテリ女性の一人だったので、私の恐怖の理由を聞いて、ゆっくりと首を振った。

「血の池地獄などというものはありません」

しかし私は、その夜、魘《うな》されて何度も飛び起きた。飛び起きる度に、母が枕許で「血の池地獄などというものはありません」とゆっくり繰り返してくれた。

「血盆経」は、私に不意に遠い昔の母の声を甦らせてくれた。歴史書で、――『女と男の時空』を単に歴史書と呼んではいけないかもしれないが――こんな個人の魂に届くような経験をしたのは初めてのことである。

もちろん『女と男の時空』は文学作品ではない。人間の感情に訴えるふうな書きかたはされていない。

「血盆経」にしたところで事実が過不足ない形で提示されているだけだ。

「血盆経」については、第Ⅲ巻の「Ⅰ　世俗の伝統と信仰のはざまで」のなかの「1　女の地獄と救い」(川村邦光)「2　血盆経の受容と展開」(牧野和夫・高達奈緒美)において集中的に紹介される。もちろん、『女と男の時空』なので、「血盆経」もいたるところで顔出しはするのだが、先ずは「女の地獄と救い」の個所で、次のように述べられる。

「女の地獄では、血の池地獄がもっともよく知られている。血盆(池)地獄ともいわれるように、血盆経にもとづいて創出された女の地獄である。……血盆経は十世紀に中国で成立し、十四世紀末、または十五世紀頃、室町時代に伝来したといわれる。『大日本続蔵経』に所収された血盆経によると、仏陀の弟子、目連尊者が女人のみ苦患を受ける血盆池地獄をみて、獄主鬼王に尋ねると、出産のときに女人の血露が地神を汚し、また汚れた衣裳を川で洗って水を汚し、その水を汲んで茶を煎じて、諸聖に供えて不浄を及ぼしてしまう罪によって、この地獄に堕ちるとされる」

さらに、

「この血盆経では出産の血の穢れが血の池地獄に堕ちる要因とされているが、室町中期頃、他の版の血盆経では月水つまり月経の血もその要因としてあげられていた。すべての女性が逃れることのできない地獄として、血盆池地獄は女性の前に出現したばかりでなく、たとえ血盆経の転読や書写によって救いの道が示されていたとはいえ、産血であれ、経血であれ、その穢れのゆえに、本質的に、あるいは先験的に、女性自身そのものが穢れた不浄の者、救いがたい存在とみなされることになったのである」

と、まあこんなふうに述べられると、私などは、もうこの段階で頭にカッカ来る。あと、どんなふうに信心すればこの地獄から救われるかが示されていても、女であることが直ちに罪であるという理不尽な前提を受け入れられない気持の方が先立つ。

続いて「血盆経の受容と展開」にあっては、この血盆経が時代を遡って平安中期以降からさかんになっていた転女成仏経（女性はそのままでは成仏できないので、信仰によりいったん男子に生まれ変って——変成男子とも言う——成仏するという教え）と結び着き、さらに近世になって仏教各宗派にどのような布教形態をもたらして行ったかが詳述される。

ここにおいて五歳の女の子の想念を圧迫した男性優位社会という共同体の意識の実体が明らかになる。昭和十八年に早逝した私の母が、当時どのような認識を持っていたかは、いまは知る由もないが、幼い娘のために「血の池地獄などというものはありません」と繰り返した女性が、いま、この『女と男の時空』を読んだら、どのような思いに捉えられるだろうか。感慨なきにしもあらずだが、母は、きっと明晰な世界の提示によって救われたにちがいない、私はそう思っている。

宗教が人を救うことはある。文学が人を救うことはある。しかし、学問だって人を救うことがあるのだ。それを『女と男の時空』は教えてくれた。

「複数の声」に耳を傾ける『女と男の時空』の手法

これまで読んだところ、『女と男の時空』には熱いメッセージが溢れている。これは何によるものだろうか。例えば、先刻から述べている血盆経にしたところが、単に中世のその個所で語られるだけでなく、血のイメージが想起する原始・古代から近世へかけて（ここまでしか読んでいないので近・現代については述べられないのだけれど）の壮大な歴史空間のなかで語られる。その構造が事象をメッセージに変えているのではないか。

この『女と男の時空』における学問的方法を、編者の一人福田光子さんは次のように述べている。

「長い歴史的時間を事件で区切る、従来の手法による時代区分は女性史に馴染まない。たとえ歴史的思惟の対象として充分に意味のある事件であるとしても、ほとんどが権力や支配と無縁でないからであろう。」そして「過去に生きた人びとの日常的な慣習や、彼らに共通の心性を対象に選んで研究を行なってきたアナール派の手法に学ぶ女性史が、見据えなければならないものは何だろうか」（『機』No.54、藤原書店）と反問する。

福田さんの意図するところは、この反問から生じる「複数の声」を聞くことである。この「複数の声」を手法とすることが、とりも直さず『女と男の時空』における学問的方法に他ならないのだ。例えばそれは第Ⅳ巻「4　江戸女流文学史の試み」（門玲子）のなかではこんなふうに現われて来る。

「平安女流文学と聞けば、誰でも『源氏物語』や『枕草子』その他の作品名と、作者名が思い浮かぶ。しかし江戸女流文学と聞いても、すぐに思い浮かぶ作品名も作者名もない。わずかに加賀千代女とか、幕末の太田垣蓮月尼《おおたがきれんげつに》や野村望東尼《のむらぼうとうに》が思いだされるのみである」

つまり私たちのこれまでの常識で行けば、清少納言、紫式部から樋口一葉、与謝野晶子までが一足跳びなのである。しかし『女と男の時空』の執筆者たちはそんなふうに見ていかない。理慶尼《りけいに》、井上通女《いのうえつうじょ》、正親町町子《おおぎまちまちこ》、荒木田麗女《あらきだれいじょ》などの名前を挙げて、その作品を紹介して行く。

ただ、これらの「女流文学者たちの多くは父親、夫、または兄、叔父たちにその才能を見いだされ、育てられている。さらに師を選んで指導を受ける。指導者はたいてい周囲の男性の知人か、それに連なる人々から選ばれた」

「このように庇護されて育てられた女流文学者たちの作品は、当然のことながら当時の支配思想であり、女性を男性に従うものと定めた儒教の枠内にある。彼女たちはあまりこの思想を疑わず枠内に安住し、進んでその枠を補強する役割を担ってもいる」と言う。

『女と男の時空』の発想は、こうした、いわば教条主義的なフェミニズムの立場からは疎外されるべき作品も大きく取りこんで、いわば柔軟なフェミニズムの視点から女と男の関係性を明らかにしようとしたところに意義がある。

こうした視点のせいで、この時代にあって珍しく儒教倫理に疑問を呈した只野真葛《ただのまくず》などが一層光って来るのだ。

江戸女流文学について全く無知であった私は真葛が「仏教も儒教も人が作ったものだと相対化し、絶対的なものはめぐる日月と昼夜の数と、天地の間に自然に生まれでた拍子であるとくりかえし説いている」と教えられ、へえ、とびっくりしているのである。

また、大垣藩の医師江馬蘭斎《えまらんさい》の娘江馬細香《さいこう》も真葛に負けない存在だった。

漢学者・詩人である頼山陽が地方遊歴の途中、大垣の江馬家を訪れ、細香はこのとき山陽の門人になっている。二人のあいだに恋愛感情が芽生えたが、父蘭斎の反対にあって結婚には至らなかった。細香は生涯独身を通し父の許で芸術に精進した。『女と男の時空』のなかから、その有様を紹介しよう。

「……細香は終生、父蘭斎との絆から抜け出ることが難しかった。しかし抜け出ようと決意した詩を詠んでいる。

自述

三従《さんじゅう》　総《すべ》て欠《か》く一生涯／漸《ようや》く衰顔《すいがん》を逐うて　益々懐《かい》を放《はな》つ

……

唯だ恐る　人間疎嬾《じんかんそらん》の婦／強《し》いて風月《ふうげつ》を将《も》って　吾儕《われ》に倣《なら》うを

三従とは、女は父・夫・子供に従わねばならぬ、という儒教の教えである。それら三つを総て無視するときっぱり宣言し、年とって容貌が衰えるにつれて、心はいよいよ解放されたと詠んでいる。さらに結句で、世間の怠惰な婦人が風流ぶって私をまねてほしくない、こんな自由な生き方ができるのは私だけなのだから、と言外に自負心をのぞかせた。

細香の詩は、しばしば師山陽が期待する清艶優美な女流詩の枠を大きく逸脱して、心の赴くままに気宇の大きい詩を作った。それにつき山陽は、もし男子の詩ならば真の傑作だ、というような讃め方をしている。しかし師の権威でもって、細香の可能性を圧しつぶすことはしなかった。

細香の生き方は、男性優位の社会に表立って異議を唱えていないが、詩作においてまた生きる姿勢において、当時の女性のあるべき姿を大きく突き破っていた」

としている。まさに福田さんの言うように「交錯する『複数の声』」である。

この「江戸女流文学史の試み」は、私に与えられている焦眉の急の仕事、女性作家による日本文学史の見直しに大いに参考になるものであった。やはり学問は有難いと、時折は物知らずの作家の常で、学問の悪口を口走る身を反省している次第である。

「年表」と本篇を往復しながら読む

さてそこで、焦眉の急の仕事があるため、第Ⅴ巻「近代」の半分と、第Ⅵ巻「現代」を全巻読まなければならない。年表を読む愉しみはそのあとまでお預けか、と思っている私の目に、『女と男の時空』全六巻完結のときの波平恵美子さんの言葉が飛びこんで来た。

「スリリングな読書法の勧め」（本書八四頁「時空を読み解く」参照）というものである。

「本シリーズ六巻をどのように読むか。私は次のような読み方を読者の方に勧めたい」というのが書き出しである。それを箇条書にしてみると、こんなふうになる。

①まず歴史書のオーソドックスな読み方に従って時間の流れ通り、Ⅰ巻から順にⅥ巻まで読む。

――そう、それはその通りだ。『女と男の時空』は、巻立ては一応時間の流れに沿っている。しかし、それぞれの巻のなかでは時代をクロス・オーバーして展開される事柄が多い。だから一層、混乱しないために、先ずは時間の流れを把握して読み進むことが必要なのだろう。

②次に自分の関心の強いテーマを選んで、歴史の流れとは逆に現代から古代へと進んで行く。

――波平さんは例えば今日多くの女性の関心を引きつけている夫婦別姓の問題を例にとって、「それが家制度の残滓を引きずっているが故に奇妙な議論の展開をみる」と言う。おそらく家制度が確立していない中世以前に遡ることによって、現代の課題が何げない形で古代や平安の社会に課題ではなく事実として存在していることを発見して奇妙な感じになることを指しているのだろうか。ともかくこんなふうに問題を

追って行くと、自然、巻をあちこち往来することになる。したがって、

③テーマを定め、数多くの論文を「渡り読む」ことを勧めたい。

と言う。そして、

「そのことによって、河野信子氏がいみじくも指摘するように、繰り返し交替する男女の中心と周縁の位置づけが見えてくるし、現時点での私達の生存のあり方を客観的に眺める視点を得るからである」と提案する。

この「読書法の勧め」はなかなかのものである。読みついで来て、本当にそう思う。しかし、現在の『女と男の時空』はハードカバーの持ち重りのする本である。机の上にそれを置いて、ちゃんと座って読まなければ駄目である。「渡り読」みという軽やかな読書にはちょっと……、と思っていたら、今度、ソフトカバーの〈藤原セレクション〉として発刊されると聞いた。なるほど、なるほど、というところである。もっとも、現在のハードカバーの『女と男の時空』も「年表」だけは布張りの軽い本である。私は波平さんの提案とはちょっと違った読み方だけれども、年表を愉しんで、（これは机の上にどしんと置かなくとも読めるので）それから、気が向いたら机に座り直して本篇を再び拾い読みしてみたいと思っている。あと少し、最後まで本篇を読み了えてから、そうしたいと思っている。それは、またとない知の饗宴となるにちがいない。

（藤原セレクション『女と男の時空』①『女と男の時空』を読んで」、二〇〇〇年、藤原書店）

「女性史」の変容

伊東聖子

歴史時間の総量に近づくための、歴史の観察点検作業をするなかで、いま女性史というとき、二十年前にそれを語ったときとは、文化的差異の認識方法が相当以上に変容しているのを思わせられる。一九六九年頃を頂点として衰退に入った、イデオロギーの波頭上に殊にあらわれた女性史学は、必然性をもつものとしてありつつも、はげしい曲折と推移を辿った。十年前迄の知の状態には、家の内外・自然と非自然(文化)、支配と被支配といった二項対立的・単線的な言葉や、労働者の免罪性といった言葉がまだ生きているように思えた。

当時、歴史学・人類学・民俗学などが重層化するという状況の中、女性史学という呼称の輪郭を濃くしてみせたのは、東京大学出版会の『日本女性史』全五巻(一九八二年)他の女性史学の多くの出版物の登場だった。いまそれらを再読してみると、時間の推移にともなう変容の姿と解体したものなど、女性史学の発展の速度と経緯が計測できる。

先日書店で見た柄谷行人の『ヒューモアとしての唯物論』の中で、氏は、柳田国男の常民史観への高群逸枝の批判態度をとりあげていた。高群の柳田への批判を、氏は大略、次のように分析している。「高群のようなフェミニストは、柳田が常民というとき、嫁入婚のようにほぼ室町時代ごろに形成された諸制度を、理論的に抑圧しようとしたと批判しているが、高群のこの批判は正しいのだろうけれど、この二十年の変化は柳田が基本的に依拠した農民や農村が都市大衆社会に入っていき、日常的なものより非日常的なもの、秩序より混沌を見ようとする人類学や民俗学の流れのほうが強くなってきている」。

私は氏の状況分析のあらましを是としつつも、氏が高群を「フェミニスト」と書いたことに、時間を二十年逆流させられるような、感慨をちょっとだけもたされた。高群の歴史からの母系性・母権の抉出を「女たちに夢みられた……」という言説に導いてしまうのではないか、という危惧をもったためだ。

高群が想いなそうとしたことは、復元未生の男たち女たちの関わりに、生存にむかう再生をしなやかに果たそうとしたことにある、と私は解釈を敷衍する。高群が残した、吹きめぐる風にむかう童女の歌のような詩群《テクスト》からそれを解読する。高群は、いまのところ、女たちの実存や歴史にかけられたフィルターのほうが男たちのそれより厚いとしても、それを剥がしつつ、あらたな男女関係論に向かえ、と語ったと解釈する。

先述の『日本女性史』から十年余。大きな変容をとげてきた女性史だが、いま予見される非婚時代への移行などにより、さらなる変容がくるかもしれない。過去から現在、そして未来へと続くこの「変容」の過程を克明に観察しつつ、あらたな男女関係論＝女性史を描くことこそ、いま求められているのではないか。

（『機』一九九四年一月号、藤原書店）

「ジェンダーの時空」を鳥瞰《デザイン》する

久田博幸

デザインの仕事をする傍ら、国内外の遺跡や神殿、その地に生きる人々を写真撮影し、歴史の過去と現在を歩いている。『女と男の時空』シリーズのビジュアル・シンボルに使用されている《男女合体尊《ユガナッダ》》の写真は一九九三年チベット/セラ寺にて撮影したものである。このラサの地には、一九五九年中国の圧政から脱出し、インド・ダラムサラに亡命政権を樹立したあのダライ・ラマ法王の宮殿〝ポタラ〟がある。高度約三八〇〇mの地において酸素は地上の約三分の二程度、我々平地民族は高山病というやっかいな症状にさいなまれる。四六時中、後頭部に鉛を詰め込まれたような不快感や倦怠感、嘔吐感等、色々だが、ヘタをすれば死に至る。さらに私は通常約三〇kg近い写真機材のリュックを担いで移動するのだが、この時も最高五〇〇〇mの地点も歩いた。チベットの寺の殆どが山の斜面に建てられており、寺を観ることは知らず知らずのうちに山登りを強いられる羽目にもなるのである。

『時空』のシンボル、《男女合体尊《ユガナッダ》》

さて、シンボルとなった《男女合体尊《ユガナッダ》》の話に戻ろう。正確には、「守護尊（イダム）」といい、後期密教系に多い尊像である。その殆どが妃を抱擁した密教像である。チベットでは「父母仏（ヤブユム）」と呼ばれ、曼荼羅の諸尊は、これら父母から生まれた子供であるといわれる。しかし、薄暗い寺院の壁一面に自然顔料で彩色されたこれらの尊像には局部を隠す「前張り」が施してあり、誰でも容易に見ることができないようにしてある。本来は灌頂《かんじょう》を受けた者にのみ開帳すべきものであり、それ以外の信者に公開することは憚られた。ましてや私ごとき一介の旅行者がそれもカメラに納めるなど殆ど稀有のことといっていいだろう。また、余談ではあるがこれらの尊像をわが国では「歓喜仏《かんきぶつ》」と呼ぶこともあるようだが、仏教書にその訳語は見当たらない。おそらく女神と男神が交合する様から連想される性的なエクスタシーと重ね合わせてそういう呼称が流布されたのであろう。意味は違うが、似たような名称をもつものとして、ヒンズー教シバ神の第一子、ガネイシャ（象頭人身）信仰が、仏教に取り込まれ、「聖天様《しょうてんさま》」つまり、「大聖歓《だいしょうかん》喜天《ぎてん》」と呼ばれることはある。ともあれ、この像が内包する意味はそれら表層から発せられる信号だけではなく「仏・菩薩が通常の手段では教化し難い衆生を教化するために忿怒の相を示現したもの」とされる。また、女神＝般若（パンニャー）・男神＝方便（ウパーヤ）を象徴し、それぞれ女性原理、男性原理とされる。

インドのヤントラ（ヒンズー教タントリズムで用いられる神秘的な意味が与えられた三角形・四角形等を組み合わせた図形。宇宙の真理を象徴的に図式化したもの）では、女性を▽で、男性を△で表現する。男女が合体した状態は✡で表す。このシリーズの背表紙等にレイアウトしたビジュアル・シンボルは《男女合体尊《ユガナッダ》》の図形を女性原理を表す逆三角形でトリミングした。また、全巻に流れるカバー・デザインのコンセプトは「内容見本」の時から一貫しているが、各歴史空間それぞれがもつ宇宙《コスモロジィ》を表現している。具体的にいうと、各巻のタイトルバックに使用した「銅鐸」や「オルゴール盤」はそれぞれの時代空間を彩るイメージとしての宇宙《コスモロジィ》であり、加えてどの巻がどうだということではないが、背景としたモチーフには宇宙を構成するという「五元素（木・火・土・金・水）」と、仏教でいう「空（くう）」のイメージを吹き込んでみたつもりである。その上に佇む「女」と「男」たち……。膨大な歴史のモチーフの中からこれらシンボリックなエレメントを掬《すく》いとる作業はイメージを固定してしまう恐れもあり、それなりの難しさもあったが、限られた条件の中で、その強弱はあるとしても、それぞれの時代表現は何とかクリア出来たのではないかと思う。

「時空」を越境する旅は続く

ただ、最終巻の『現代』ではご覧のように「人間」の存在が稀薄になってしまった。これは肖像権・著作権の問題も一因して、有名・無名を問わずより具体的な人物・絵画等を使えないという事情もあったが、一つには極めて人間が見えにくい「現代」という「時空」の投影として当然の結果といえるのかもしれない。結局、『現代』は「太陽」と「月」という古代にも繋がるような原初的で対極的な「女と男」のモチーフに帰結したようだ。

これら歴史のイデアが「時空」を越えて古代から現代へ、そして現代から古代へと、まさに漆黒の宇宙に浮かぶ星雲の如き大きな渦巻き《カオス》となって交互に旋回していく。未来という暗澹たる「時空」の地平からなお立ち上がってくる次代の気配を予感しながら……。まだ見ぬ時空への旅は続く。

（『機』一九九六年一一月号、藤原書店）

民俗学と「女と男の関係史」

宮田　登

女の視点

女性史の枠組みを「女と男の関係史」ととらえ直し、その根幹に「時空」の概念を据えるという構想は、これまでの歴史学・文化人類学・民俗学が個々に追求してきていた課題を統合させ得る雄大なスケールを持つといえるだろう。

私自身は、日本の民俗宗教における女性の役割について関心をいだいてきたが、その端緒は、一九二〇年代に提示された柳田国男『妹の力』だった。妹はイモウトであり、大正デモクラシーを経て、妹が兄をひたっと見据えて直言できる時代になったということから、家族内での長男のあり方と姉や妹たちの関わり方が、新しい局面に展開して行くことが予想され、実際女性の社会的進出も拡大して行くことがこの書には示されていた。「妹の力」には、したがって、女の力と包括されるべき性格はあったが、一つの傾向として、その根源の霊的な部分をもつ古代巫女の存在へと導かれて行った。それは柳田民俗学の女性観の一つの特徴である「霊力」の問題へと還元されていったのである。

しかし『妹の力』だけが、柳田民俗学の女性史に対する姿勢ではない。一九三〇年代の収穫の一つといえる『木綿以前の事』は、むしろ日常生活史における女性の役割をきめこまやかに説いて、女性史学の独自性を主張した内容なのである。これは今の時点からみると、男の立場から論じたという限界が示されてはいるが、「女の学問、女らしい学問」が現代の疑問を解釈できる「実地の史学」となり、社会に役立つことができるという柳田の啓蒙家らしい発言となっている。例えば親子心中、とくに母親が幼児を道連れにするという残虐さは、女性の勇気と胆力から発現したという。この間違った勇気をどのようにして母が持つに至ったのかを女性史は明らかにすべきだ。それは日常卑近の問題から観察をはじめていく手法であり、対象とするのは「永年の慣習」である。それは民間伝承という形態をもち、私たち現代人の日常生活を拘束している。柳田は現在の生活事実を比較しながら国民生活変遷誌をつくるときに女性の視点が有効になる、と説いたのである。

衣服の変遷を対象とする場合、日本人が木綿を着るようになって、感冒が流行するようになったという。麻は糸が太く布が強くて突っ張っている。それは夏に湿度が高く、汗かきの多い日本人には適しており、麻の時代には、水蒸気を着物の下から追い出すための扇を使う必要がなかった。しかし木綿を使うようになってからは、扇は必需品となる。日本人の夏はいつも汗をかき、皮膚がぬれているのが当たり前となる。それでは何故木綿を使うようになったのかというと、外観がよくて着心地がよいからだ。何色にも染まり、自由に製品の改良ができる。何よりも肌ざわりが柔かで、女性にとっては、「心がすぐに外に顕われる身振り身のこなしが、麻だと隠れるが木綿ならばよく表現せられる。泣くにも笑うにも女は美しくなった」(『木綿以前の事』)と指摘している。こうした日常の衣裳と皮膚感覚、生活感覚と病いの問題が、柳田の女性史学には用意されていた。

主婦と嫁入り婚

日常生活を衣食住と具象化し、それが文化として展開する場としての家を「社会家政学」としてとらえてみると、そこに女性の学問が位置づけられてくるのであり、そのためには、研究分野の独立、女性が研究者としての時間を確保できるのかといった条件をクリアしなければならない。そのためにはまず「前代社会における婦人の地位」を認識することが必要であるとして、柳田民俗学による女性史の中心は、「主婦」に置かれたのである。男の刀祢《とね》に対する女の刀自《とじ》は独立した女性であり、主婦は家刀自にあたる。東日本で用いられたオカタ、九州のゴゼンあるいはオマエ等の民俗語彙を手がかりに、武家社会の妻女を御前、御方と表現する記録をルーツとして、カカサマ、オカカ、オッカアというような母親の日常語が生じてくる。

このオカカすなわち刀自の地位は、尊敬されるもので、任務と権能があり、前代の若い女性の目標となる。ちょうど男子が家長の地位を獲得するために努力したのと同様なのである。ところが、オカタとヨメの関係は不明瞭になってしまい、妻ではあるが刀自でない者、オカタとよばれずアネサマとよばれる者が、家族の一員として生じ、家庭内悲劇の原因となったのは何故だろうか。それを婚姻制の変化すなわち嫁入りの制度化に求め、嫁入り以前の聟入りの存在を実証しようとしたのが、柳田民俗学の成果であった。しかしこの思考は日本婚姻史の体系化を意図したものではなく、前代における女の役割・男の役割とりわけ主婦の地位を確認するための一連の作業であったと思われる。

ところで周知のように、高群逸枝は、柳田の「聟入考」に示された考えを厳しく批判した。高群の婚姻史は、はじめに妻問い期があり男が女の家に通う。次に男が女の家に住む夫婦同居の婿取期があり、招婿婚自体は六段階に設定されている。だから柳田説のように、いずれかの時期に妻は夫の家に入って同居するものとして、聟入り式を軽くみてしまう立場に与し得ない。折角柳田が聟入りを想定しても、結局は、妻は夫の許に移ってしまうわけで、夫婦別居による夫の妻問いを文化の型とは理解していないことになる。これはあくまで男の立場にもとづく発想と見なされている。

残念なことに高群の批判に対し、柳田は女性史学の立場から反論を試みることはしていない。両者はついに相交わることがなかったのである。一九三〇年代、日本民俗学の体系化を求めた柳田は、民間伝承による歴史の再構成を目指しており、その場合民間伝承のもつ時間軸は、漠然とした「前代」なのであって、歴史学の時代区分に対応させると室町時代以後に相当しているとした。それはゆるやかに流れる深層の時間といってよく、また列島文化の空間的差異に規制されている。一方高群の依拠した能うる限りの文献資料は、天皇や貴族たちの婚姻形態を復原したが、ふつうの日本人のそれを描くには限界があった。柳田は文献資料については、民間伝承重視の態度からかなり忌避していて、同じ学派の人々が安易に利用することを戒めていたから、柳田学派と高群の方法論とがきり結ぶことは意図的にされなかったのではあるまいか。

この点は、女と男の関係史を再構成する際、日本の女性史学の立場を弱める結果になっていてはなはだ残念である。嫁入り婚は、明らかに武家社会の風習である。本来的な妻問いが無理なのは、遠隔地の縁組が一般的になったからであり、男子優勢の社会であれば、妻は最初から夫の家に入家せざるを得なくなるだろう。ところが高取正男は、「つま」という語が、元来配偶者をさすものであり、妻からみて夫もまた

「つま」になるのだから、妻が夫の所に通うのも、「つまどい」と理解されるという事例を紹介した。一般には、夫が妻の所に訪れるのだが、高取説ではその逆もあることになる。つまり男の「家」を尊重する形の「つまどい」が当初から存在し、これが武家の嫁入り婚のイデオロギーと合致したのではないかと推察している。この思考は嫁入り婚の前提になるものであり、柳田の聟入り↓嫁入りとは異なる見解になる。

女と男の相互補完

高取説が興味深いのは、「つま」が、夫にとっての妻、妻にとっての夫という相互補完の上に成り立つという理解であった。女と男の関係史を構成する要素は、つねに男の立場、男の役割、女の立場、女の役割をパラレルにとらえるものでなくてはならない。男の役割と女の役割を個別にみることは容易であるが、両者を止揚する機能を発見することはより大切である。

中世の資料としてとり上げられる狂言における夫婦関係は、もっぱら妻が気が強くて男まさり、それに対し夫は気の弱い臆病な男として扱われている。妻はつねに強引で夫を叱咤激励する役割、また喧嘩して夫を棒をふり上げ追いまわす。夫は妻を前にどもってしまい、口やかましい妻の言葉に抗しきれない。離婚を目的とする夫婦関係がそこには描かれ、男はみじめな立場に追いこまれている。女は嫁入りで負った損害を戻せと主張する。具体的には嫁入り道具一切の返却を求めるといった具合である。狂言に庶民社会の日常性の反映があるとすれば、こうした女と男の関係モデルは、明らかに時空を超える性格を示している。

江戸時代末期、江戸周辺農村に広まった富士講の一派の教えの中に、男と女の「ふりかわり」というものがあった。男が女装し、女が男装する。男の力仕事を女が代わって行い、女の水仕事を男が行う。性行為も同様に、男と女の交合の仕方を逆転させてみる。いったん男と女の地位・役割をかえてみて、両者合意のもとに子を産む。そうすると、赤子は理想的な「ミロクの子」になるという教えであり、こうした布教によって女性信者が増加したという。これは宗教的世界観の一面であり現実性に乏しいけれど、男と女の関係を「産む性」に統合させていることが分かる。興味深いことは、男と女を「ふりかわり」させることによって、理想的な女と男の関係モデルが創出できるとした、伝統的な民俗原理の存在である。

一九三〇年代末に、柳田が「女の会」を開き、戦後それは「女性民俗学研究会」となり、一九五六年に『女性と経験』という雑誌が刊行された。この雑誌は、女性が日常生活経験の事実を資料として提示することにより、民間に育つ女性史学の貴重な具体例といえる。手許の二〇号をみても子産み、エナ、産毛剃り、水子、しつけ、いじめ、月事、婚姻、生まれ変わり、食物アレルギー、月待ち、隠居等々、身辺雑事の民俗事実を収集し、そこから人の一生の体系化を求める議論がある。こうした文脈は、アナール派とは別個に日本の民俗学に用意されていたが、民間伝承の資料論が等閑視されたこともあり、十分に生かされていなかった。高群逸枝は、卓抜した才能により、女性史学を体系化させているが、加えて深層心意に及ぶ豊富な民俗学的成果をとりこむことにより、日本に独自に主張し得る女と男の関係史を展開することは可能かも知れないのである。

（『機』一九九六年五月号、藤原書店）

歴史学がなすべきこと

佐藤賢一

一口に歴史というが、私は歴史学者の仕事と歴史家の仕事は、自ずと異なるものだと考えている。歴史と向き合う手順には、二段階あるように思うからである。それぞれの論者に言葉の用い方はあろうが、私は前者を狭い意味に、後者を前者まで含む広い意味に用いている。いわんとするところを、下で明らかにしていこう。

そもそもが人間は、なんのために歴史など学ぶのか。つきつめれば、人間の真実を見極めるためだろうが、その目的を達するために歴史家が採用するのが、対話という方法である。歴史家とは時間軸を遡り、過去と対話する人間のことなのである。なにやら難儀に聞こえるが、その理屈は日常生活のレベルにおきかえられるものにすぎない。

実際のところ、自分のことを知り、さらに自分があるべき姿を考えるとき、あなたなら、どうするだろうか。独りで悶々と悩み、どこまでも深く、自分の世界に沈潜するという方法、つまりは自問という手もないではない。が、大抵の場合は失敗する。並外れた才能に恵まれでもしない限り、非人間的ともいえるくらいの自分に対する厳しさが、不断に求められるからである。耐えかねて、あなたが断念したとして、さて、どうする。私なら、きっと歯ごたえのある話し相手を探すだろう。全く違う他人を知り、また他人と話し合うことで、かえって自分の姿がはっきりみえてくるという経験は、読者諸氏も一度か二度はお持ちなのではないだろうか。

それが自分ならぬ、他人であるからには、価値観も自ずと違う。考え方も違えば、発想の起点も違う。ほんの常識と思うことさえ、通用しないことがある。無論のこと、不愉快だと直ちに退けたくなる場合もあるが、他人の言動に触れることで、はたと自分の視野の狭さに気づかされ、そのことで考え方が柔軟になることもある。自分の姿が相対化されるわけだが、こうなれば、しめたものだ。

自分の誤り、自分の偏見、自分の矛盾が段々とみえてくる。他人の長所、短所と比べることで、自分の長所、短所も明らかになるだろう。ひいては人間は面白いなと興味を抱けるようになり、自分を離れて、広く世の真実に思いを馳せたり、あるいは新しい信条を獲得したり、そうして遂げた人間的な成長は、あなたにとって、きっとかけがえのない財産となっているに違いない。

私が思うに、歴史家の方法も全く同じ発想に基づいている。上の文章の「自分」を「現代」に、「他人」を「過去」におきかえれば、すぐさま歴史家の方法論になるからである。過去と比べることで、より深く現代を知り、ひいては人間のあるべき理想を考える。なんら難しい理屈でないからには、誰もが真剣に取り組めば、歴史家になれると私は考えている。歴史家という言葉を、広い意味で用いるのは、そうした夢想からなのだが、この大盤ぶるまいには、ひとつ問題が残されている。他人（過去）を正しく評価する能力は、誰にでも等しく備わるわけではないという、かなり致命的な問題である。

そこで「歴史学者」という、特別な訓練を施されたプロの仕事人が必要になる。最初に打ち上げておけば、過去を正確に描き出すこと、さらに過去は現代と、どのように違うのか、その差異を浮き彫りにすることが、歴史学者の仕事である。歴史と向き合う手順として、まず歴史学者が自分（現代）とは異なる他人（過去）の姿を見極め、その成果を材料に歴史家が思索に取り組むという、その二段階が必要なのだと私は考えているわけだ。

してみると、歴史学者は「縁の下の力持ち」のようなもので、歴史家の楽しみのために、ひたすら地道な仕事に精を出す、なんとも損な役回りということになる。が、この丁寧な準備段階を省いては、歴史学者が自ら兼ねる場合も含め、歴史家の方法は成立することがない。歴史学者の禁欲的な姿勢が失われたとたん、歴史は学ぶ価値のない、低俗なファンタジーに堕ちてしまうからである。

やや厳しく聞こえるかもしれないが、私が思うに、いわゆる「女性史」も最初は無意味なファンタジーにすぎなかった。純然たる人文科学としてでなく、フェミニズムという主義主張を、まことしやかに肯定するための道具として始められたからである。こいつは偏屈な保守主義者だと、他ならぬ女性に嫌われることは本意でなく、そのために断りを入れるならば、私の批判は、なにも「女性史」だけを標的にするものではない。

すなわち、仮に歴史が「〜イズム」を生み出すことはあれ、「〜イズム」から歴史が生み出されることはない、いや、生み出されてはいけないと私は思う。なんとなれば、過去の事実が「〜イズム」のために都合よく捩じ曲げられ、あるいは「〜イズム」を補強する際に便利な事実だけが、かたよって取り出される傾向が、どうしても避けられないからである。

一例として「ナチズム」の歴史を取り挙げよう。「アーリア民族は優秀である」という考え方を補強するため、かの大戦中にドイツ国民の歴史は、虚実ないまぜに書きかえられた。おりしも『種の起源』の著者ダーウィンの考え方を拡大した、「ダーウィニズム」の時代である。生存競争と自然淘汰の法則を、人間社会にもあてはめる風潮があり、優れた民族であることの証明は、直ちに侵略戦争を肯定する理念となりえたわけだ。その結果、ドイツ人は歴史の必然なのだと思い込み、侵略戦争を迷わなかった。かたわらでユダヤ人を「劣等な民族」として、大量虐殺したことも周知の通りである。

このように「〜イズム」から生み出された歴史は、低俗で無意味なだけでなく、ときに人間の理性を狂わせ、ときに暴力さえ助長する危険がある。その反省から厳格な実証主義を掲げて、戦後の歴史学は再出発を果たしたはずなのであるが、やはり起点が違うということか、「女性史」だけは歴史と銘打ちながらも、別軌道を歩んできた感が否めない。

じっさい、従前の「女性史」は、さほど危険でないとしても、みるべき価値には乏しかった。ほとんどの場合で、その結論が「昔から女性は、こんなに可哀相だったのよ」と涙ながらに訴えるか、「昔だって女性は、こんなに立派な仕事ができたのよ」と鼻息を荒くするか、いずれかに要約できたからである。現代の活動家の主張が論文の結論として、はじめから用意されているわけで、それを割り引くような史実、つまりは幸福を謳歌した女性の姿や、凡庸に家事と育児に追われて生涯を終える女性の姿などは、全て切り捨てられてしまう。

かたよりはあれ、そこに描き出された過去の事実そのものに、嘘があったという気はない。が、それまた歴史学の成果であるとも、私は考えることができない。歴史学とは自分（現代）とは異なる他人（過去）の姿を提示する仕事であると、上で私は述べているが、従前の「女性史」には、他人の姿を借りた自分が存在するだけであり、真に対話すべき相手は、ほとんど現れないからである。

要は自己中心的な人間と同じことだ。きっと、あなたの身近にもいるだろう。他人と対話するのでなく、他人の数ある発言のうち、自分に都合の良い発言だけを引き合いに出す。他人を知りたいわけでなく、他人と語り合いたいわけでもなく、ひたすら自分のために利用したい。こうした手合いには、ほとほと閉口するもので、もう二度と話したくないと嘆くのは、なにも私だけではあるまい。すでに正しい自分がいて、とうに動かぬ結論が出ているなら、あなたには他人と対話する必要など、ないはずではないのかと。

同様の理屈が、従前の「女性史」にもあてはまる。フェミニズムの道具なら、「女性史」は存在理由を持たない。なべて「〜イズム」に、対話は必要ないからだ。自問の方法論で、ひたすら考えを深めていけば良いわけだが、私が思うに、フェミニズムの不幸は、この自問を発展的に行えなかったこと、いいかえれば、問題の大きさから当然求められるべき、ジャン＝ジャック・ルソー級の天才に、ついぞ恵まれなかったことにある。そこで安易な気持ちから、対話という方法論に頼り始めたわけなのだが、いざ他人の領分に踏み込めば、いつまでも甘えが通るはずがない。

従前の「女性史」に、みるべき価値が乏しいのは、ある意味で対話の作法を知らない、歴史学の猿真似だったからである。過去を正確に描き出す。そうして、らしきものは作り出せたかもしれない。すでに結論は用意されているのだから、立派な論文の体裁も整う。が、がちがちの石頭で過去の善悪を裁きたがる、いわば鬼判事のような人間は、実は歴史学者に不向きなのだ。判事でありえるとすれば、それは歴史家のほうであり、歴史学者は逆に熱血の弁護士であるべきだと私は思う。

例えば、ある女性が人を殺したとする。その事実をもって、鬼判事は殺人罪と認定し、直ちに死刑なり、無期懲役なり、厳しい判決を下して終わりである。が、弁護士の仕事は違う。なぜ殺したのか。なぜ殺さざるをえなかったのか。そのことを被告女性の立場で、必死に考えなければならない。善人だの、悪人だの、はじめから決めつけずに、弁護士は虚心に事実だけをみつめ、その女性の真実に辿り着こうと努力するのだ。

同じ姿勢が歴史学者にも求められる。昔から女性が可哀相な境涯にいたならば、それを簡単に不正義と片づけるのでなく、どうして虐げられねばならなかったのか、その理由を深く考えなければならない。昔も女性は立派な仕事ができたとするなら、その成功の背景こそ鋭く追究されねばならない。つまりは上辺の事実を押さえることに満足せず、その事実を余儀なくした時代の必然性を探り出し、もって現代女性を現代女性たらしめている今日の必然性と比べるための、材料としなければならないのだ。

その必然性のことを、表層的な事実に対する構造的な事実ということができるが、具体的には、政治、経済、文化と多岐に渡る、いわば生きる条件のことである。いうまでもなく、現代の政治と過去の政治は違う。経済も違う。文化も違う。人間をとりまく全ての条件が違うのに、女性だけが今も昔も同じでありえるわけがない。同じにしか描き出せない歴史学者は、ひとえに横着なのであり、自分（現代）とは異なる他人（過去）の姿を、いつまでも提示できずにいるならば、迷惑するのは歴史家のほうである。

こと「女性史」に関する限り、思索の材料を待ち望んでいる歴史家とは、現代を生きる男性、なかんずく女性ということになる。もっと自分のことを知りたい。もっと自分のことを考えたい。現代に生き、現代の恩恵を受けながら、なお現代に満足することができず、男も女も対話の相手を探しているというのに、このまま紹介できずにいたなら、じきに歴史学者の書物などは放り出されるに違いない。

危機感を抱いたのか、近年の「女性史」は急速に進歩した。わけても、いわゆる社会史の視角に基づく分析には、昨今めざましいものがあり、単に女性を女性として取り上げるのでなく、その時代の心性、その時代の宗教、さらには家族の形態、あるいはジェンダーの問題にまで鋭く踏み込みながら、より大きな文脈の中で女性の姿を捉えている。他でもない、本シリーズが『女の時空』ではなく、『女と男の時空』と題されている理由も、こうした進化と足並みを揃えたものなのである。

同じく女性が主人公でありながら、今や「女性史」は男性も、神も仏も、家族や社会まで引き連れて、圧倒的な時代の厚みを感じさせるものとなった。しかも登場する女性は、歴史の聖域にあるために、いくら説いても、その頑固な考えを改めることがない。これは手強い。なかなか対話を切り上げられない。また本書も、無数の真摯な歴史家に充実した思索を強いる、優れた歴史学者の仕事であることを、ひたすら祈るばかりである。

（藤原セレクション『女と男の時空』⑤「『女と男の時空』を読んで」、二〇〇〇年、藤原書店）

その他

もっとタフなフェミニズムのために

高山　宏

十九世紀末というと、男と女の関係にさまざま決定的な変化の生じた時期だが、ひとつは『性の歴史』のミッシェル・フーコー系統の流れ、もうひとつはリュス・イリガライに代表される流れの二つの男女性差の社会学の流れがこれの解明に威力を発揮している。

という、そこまでは良いのだが、まともにつき合っていると一寸しんどくなる。たとえばの話、アナール派を中心にフランスの性社会学がお得意にしている娼婦といういうきわどい業態のことだが、トゥルーズ＝ロートレックの『ムーラン通り、一八九四年』という娼婦を描いた有名な一幅についてのこうした動きの中の研究家たちの発言には、首をひねらせるところがある。

男かと思うほど、美形というのから遠い公娼が二人、下着の裾を腹までめくり上げて、要するにたるみきったお尻を丸出しに、なぜか前後に並んで立っている絵である。二人ともすれっからしで、ぶすっとしている。どうみても印象派を専門にしている美術史家の手には余る「厄介」を感じさせる絵柄だ。

そこでこのところ流行の微視歴史学のアプローチに救いを求めると、A・J・B・パラン＝デュシャトレの『パリ市に於る売春について』（一八三六年）という基本文献に発してあっという間に強化されていった女性監視の社会学の存在が浮き彫りになってくる。おそらく売春を冷静に統計分析し、その害に警告を発した未曾有の報告書なので、その後の売笑業界封じこめのための最大の拠りどころとなった。社会学という「科学」が女性性抑圧のてことなる。

一八三〇年代のフランスということで考えてみると、産婦人科医ジョゼフ・レカミエ考案のスペキュルム、即ち膣検査鏡の登場してきた十年にも当っている。膣壁開大鏡などと不粋に訳されるが、それでよくわかるように婦人病の早期発見に絶大な威力を発揮した医療用具なのだが、右のトゥルーズ＝ロートレックの絵の時代には一般診療にも、そして公娼の性器検査にも使われていた。俗にいう検鏡検査である。それを受けるのに順番待ちしている二人の娼婦を描いた絵なのだということは、どうやら間違いなさそうだ。

こういう女性器の定期的監視を、一望看視装置パノプティコン狂いのフーコーは当然のように、「明るみに出す力を行使することに由来する」男の快楽として説明する。ここまではわかる。しかし監視される側にも、権力を虚仮《こけ》に、出し抜いていこうとすることで火のつく「快感」が生じ、抑圧者と被抑圧者の双方で楽しむ「刺激の円環」が生じていたはずという議論になるに及び、観念の辻褄合せゲームに堕すフランス中華思想の罠にフーコーまでもが、と思わざるをえない。街で春をひさぐ「たちんぼ」や「ちょんのま」の悲しい女性たちに、「権力と快楽の無限螺旋」なんてものを感じますか、って尋ねて歩いたとしたら、どんな答が戻ってくるだろうね。無茶な机上の空理空論を社会学や統計データで体《てい》よく糊塗しているだけのことだ。

急進派フェミニズム、いわゆる第二波のフェミニズムもほとんどフランスが動かしてきたわけだ。たとえばリュス・イリガライ。この人たちは女性というものをペニスがないという欠如態ひとつでもって定義しないではおかない、精神分析狂いの、ひょっとして自ら分析された方が良い狂いを精神に生じた族《うから》で、どの本をめくっても、「不可視」のペニス、「非在」のファロスの百万遍にうんざりする。右の検鏡検査についても、むろんイリガライは怒り狂って、「男の目が女の性器を眺め、快楽の新しい源泉を手に入れようというだけのこと」と、にべもないが、「男の目」とは「つまりペニスの代りのものだというのがすぐわかるもの」と、すぐ注記しないではおかない。「というだけのこと」なんだろうか。検鏡でもって生命そのものを救われた何百万の女性がいる事実の方は、どうなのか。

フロイトやラカンにかぶれた女たちの、理論から理論へのアクロバチックスを見ていると、このところのフランス社会学のフェミニズム的部分って、常識を欠く「内」向きの世界なのねと、つくづくいやけがさして、追うのを止めた。一応何にでも興味を持つ人間のようにいわれるぼく、フランス語でフェミニズムを読まないのには、この十年、頭でっかちの女一統の実感希薄のチャットにつきあわされてうんざりということがあった。大体がフロイトやラカンのいうことが十分、実感をもって納得できているのだろうか。翻訳のひどさもあるが、あんなものわかったと称する研究者同士の激しいやりとり、すなおに「勘弁して」といって逃げたいと、思いませんか。

そういうフランス系の急進派フェミニズムとの愚かな付合いで、フェミニズムそのものを嫌いになりかかっていたぼくは、幸いというのか英語を通じてという職業柄もあって、真に男女関係を(空論三昧でなく)事実としての同時代の現象、物証の中に解き放つダイナミックな議論として論じていく一連の英語による仕事に出会って、死に体《たい》の関心を男と女の社会学につなぎとめてもらった。その御報告を少し。

ひとつはブラム・ダイクストラの大作『倒錯の偶像』（一九八六年）であり、ひとつはスティーヴン・カーンの『愛の文化史』（一九九二年）と『視線』（一九九六年）である。これにシンシア・ラセット、リュドミラー・ジョーダノーヴァ、ロンダ・シービンガーといったフェミニズム科学史の書き換えトリオを加えてもよい。この人たちはフランスの先蹤《しょう》先達の仕事を丁寧に読みながら、「常識」に即《つ》いて仕事をする。イリガライが「子宮検鏡《ヒステロスコピー》」を指弾する時みたいにヒステリカルに（！）なるでなし、淡々と事実を追うその事実そのものの怖さがみしっと伝わってくるというタイプの仕事をする人々である。

たとえばダイクストラは元々はデフォーの小説の研究家だから、フェミニズムばりばりの読書子の関心を仲々惹かない。ラセットやシービンガーのことでいえば、日本には本来「科学史」という概念自体希薄で、大事きわまる課目なのに、「改革」後の大学をみてもどんどんなくなってしまう可哀想な課目。そういう中で科学史をフェミニズムの観点から書き換えるといわれてもねえ、と全然ピンとこないところがあるだろう。

受皿がないというのは悲しいもので、イリガライ、シクスス、モニカ・ウィティグ、サラ・コフマン……というと、すぐこれを一線に束ねて売るフランス現代思想狂いのマーケットが（良かれ悪しかれ）存在する。しかしフロイトもラカンも皆フランスに奪取されてからっけつという負目があるのか、英語圏フェミニズムの動きを束ねて紹介する意力ある人なりグループが日本には存在しない。ダイクストラの大作邦訳をプロモートし、ジョーダノーヴァの『セクシャル・ヴィジョン』邦訳をプロデュースし、S・カーンの『視線』にいたっては自ら邦訳の挙に出てしまったぼくみたいな人間がもう二、三人欲しい。シンシア・ラセットを押しだした富山太佳夫氏のような。

一旦火がついたら息が長く、しかもフランスのような偏狭な中華思想にも煩わされないアメリカという国を中心とする英語圏フェミニズムは、フランスの知らぬ成熟期に早くも突入して、第三の波というフェミニズムの新しい段階にある。

フランス流の男〈対〉女というどこまでもタイトな二極分化の理論を引き継いだ英国の映像理論前衛誌『スクリーン』に、ローラ・マルヴィーの今や伝説と化した「見る快楽と物語映画」という論文が出たのが一九七五年。それ以来、フランス急進派の受け売りのようなフロイト＝ラカン路線の「ペニスとしての男の目」、俗にいう「メイル・ゲイズ（男の凝視）」論が英語圏をも席捲してきた。近代とは男が見、女が見られるモノ《オブジェ》に一方的に化してきた歴史なのだという大変わかり易い論理。「主体」、「客体」が男、女にそれぞれ一方的に担わされるという、哲学なんだか社会学なんだか、映画論なんだか、よくわからない所で、要するに男が悪いという一方的な議論が徹底され、何だかそれが唯一絶対の歴史認識であるかのごとくで、関連したいろいろな分野の論調まで支配してきた。

「見る快楽」となれば、一番影響が出るのは美術史の分野で、「男の凝視」論としてはグリゼルダ・ポロックの『視線と差異』のような一応の水準のものをうむにいたっている。しかし、どう見てもそれはそれで一面的、ヒステリカルに過ぎるというのが、たとえばスティーヴン・カーンなどの持つ不信感である。カーンはアメリカで影響力をふるった男憎しのフェミニズム書を仔細に検討しながら、男と女が睦み合い、救い合う絵柄の絵が一杯あるのに、男女のすれちがいと憎み合いを描く絵ばかりを拾って並べ、男と女がかくも二極分化した十九世紀文化という立論の証拠としてあげる戦略か視野狭窄かによる偏りを、激しく告発している。人間の奥深い心理のあり方が自分にだけは良く見えているというスタイルで押しまくるイリガライ型の、「反証をあげようのない」「机上空論」をムダ話と一蹴し、虚心に眺めればいろいろある材料のうち、立論に都合良いものだけ選択してくる、旧套学界とどこがちがうのというごまかしを、よりによってフェミニストたちまでがやっていることを怒るカーンのような人間がついに出てくるようになった。「第三の波」の代表的な論客とみてよかろう。

カーンのアイディアが面白い。「プロポーズ構図」といって、女が顔を正面に向け、男は横顔でしかないという美術作品が十九世紀にこんなにも多いのはなぜかと問う。これはこれで立論上都合の良い絵ばかりということも可能ながら、今まで逆の絵ばかりだまされて見せられてきた目にとっては実に新鮮な発見である。十九世紀の名画のあらかたが、男と女の視線のからみ合い、それをどう描き、どう解くかの世界なのだという、ありふれているようで、実は先例のない着眼の世界で、『愛の文化史』(法政大学出版局)と『視線』(研究社)を一読、一驚を喫した次第である。

正面向きの女性たちの顔には当然より多くの光が当たり、表情も当然豊か。横顔の男たちは表情もよくわからないし、面白味もない。絵の縁でスパッと切断された男たちの多いこと。そういう百何十点かの絵と、同じ「プロポーズ構図」を言葉で試みた十九世紀小説をつぶさに検討していくうちにカーンの得た結論は、マルヴィー流の男が主体、女は客体《モノ》という二元論一辺倒がどうも歴史的にはちがうのではないかということだった。では、大フーコーの扱いは、才女イリガライの扱いは、と思って読んでみると、先にあげた『性の歴史』の娼婦が監察されながら権力とやりとりする快楽ゲーム説をただのバカとし、イリガライの検鏡批判を「常識」ナシと、あっさり裁断している。好みといわばいえ、フロイトだのラカンだの、ただの荒唐無稽、ハダカの王様だと思ってきたぼくなど、思わず膝をうつしかなく、快哉を叫ぶ他ない痛烈な書である。

男〈対〉女というロマンティックなテーマはテーマの性質上、数字データで覆いつくされたエセ社会学に終らせて欲しくないということはある。甘いといわれれば、そう、ぼくは甘いですよといいながら、サルトル、ボーヴォワールの関係性の哲学、双方向として成り立つ男女愛の思想へと歴史学を添わせていくカーンのやり方も嬉しい。じゃなきゃ、生きてて何なのさ、と。

怒りと事実がバランスし、フェミニズムをとり巻く知識の守備範囲が英語圏でぐっと広がってきたことの代表的な一例としてスティーヴン・カーンのことを述べてみた。『愛の文化史』邦訳のあとがきも、一昔前に以後を十分予告していたカーンの『肉体の文化史』の訳者あとがきもが、まるでカーンの大きな意味と位置をまともにわかっていないのに業を煮やして、ぼく自身、名作『視線』の拙訳に、男と女という超古くさい問題を今の今にいたってなお、こんなに斬新に語れるものなのだというオマージュとして長文にして綴った。この大著『女と男の時空』が出るのと同じくらいのタイミングで邦訳刊行のはずなので、併読も一興かもしれない。「時空」というウォーラーステインの概念を英語圏で一番きっちり体現した歴史家こそ考えてみると、『時間と空間の文化史』のカーンだったわけであるし。

歴史家たるカーンは歴史家としての主張を固める証拠として統計資料の他に、時代の美術と小説を使うことについて、他の歴史家に随分気を遣っている様子がおかしい。そうか、一九九〇年代末のアメリカですら、やはりその辺、気を遣うのかと思う。記録文書や数字データに比べてヴィジュアルな史料はぐんと信頼度が落ちる。ぼくなど英文学者のくせに歴史書まがいの本ばかり出して、日本知識界の鉄人などという企画では必ず「歴史学」の範疇に入れられる。しかしそれにしては絵に頼りすぎる、一寸「時代の感性」

といったものに頼りすぎるきらいなしとはしない、というコメントつきで。それこそ「新しい歴史学」の核心的定義なので別に恬《てん》として愧《は》じようとも思わない。

だから、この『女と男の時空』をぱらりとめくってヴィジュアルが多いのが嬉しくなる。図像の読み方さえきちんとすれば、これ以上正確な「史料」はないからだ。およそ外形《アパ》・外観《ランス》の価値を徹底して「女」にかぶせてきたのが男と女の歴史なのだとすれば、とりわけヴィジュアル分析が主力になって当然の分野なのである。時代にそれがやっとわかるようになってきたようで嬉しいのだ。

旧套な男〈対〉女二元論でも、たとえばダイクストラの『倒錯の偶像』（パピルス）が一線を画しているのはそのためである。この本の意味は、たとえば竹久夢二や高畠華宵の目もとがぼんやりした美少女画の評価にかかわってくるとでもいえば、わかりが良い。少くとも同時代ヨーロッパでは、女性の知性の欠如を示す図像として目もとぼんやり少女たちがもてはやされたことを、ダイクストラ収集の厖大な図版が存分に説得しさるからである。

そして女性の知力欠如をいうために「科学」の名で生物学、優生学、比較神話学、民族学……のごった煮が糾合された事情が、怖るべき未聞の事実を裏付けにしつつ明らかにされていく。その先にジョーダノーヴァや、『女性を弄ぶ博物学』のシンシア・ラセットの男優位科学史への強烈な批判が、あるだろう。

こうして「男の凝視」へのアカデミー内部でのごちゃごちゃした批判の空論の時代は終ろうとしている。たれしもの常識に訴えてやまぬ「事実」、たれしもの視覚に訴えてやまぬヴィジュアルに妙味のある歴史学が、フランス、英米に伍して日本にもうまれつつあるのを目のあたりに、ともかくも慶賀慶賀である。

（藤原セレクション『女と男の時空』⑥『女と男の時空』を読んで」、二〇〇〇年、藤原書店）

女性史研究の東西

【中世の日本とヨーロッパ】

田端泰子

『女の歴史II　中世』は、ヨーロッパの中世史の中で、女性が何を考え、何を思い、どのような状況のもとで生活していたのかに視点を据えて概観した労作である。本書の刊行によって、女性史という視点でヨーロッパの中世をながめることができるようになった意義は大きい。日本中世の女性史研究に取り組んでいる私にとって、ヨーロッパ中世の女性が女性史の視点から研究の俎上にあげられたことは、今後東西女性史の比較研究を可能にする条件が整えられることを意味し、大へん喜ばしくうれしいことである。本書の刊行を共に喜びたいと思う。

この大部の本を通読してみると、いくつかの点で日本の女性史研究との方法的な差異、事実認識の差、歴史的変遷の差などを感じた。以下にその点を記して、今後の女性史研究の糧にしていきたいと考える。

最初に、『女の歴史』全五巻の全体を貫く意図を記す「監修者のことば」について触れておきたい。中世の巻が対象とする部分は西ヨーロッパの女性であり、本文の叙述からみてもフランス、イタリア、時にアイルランドに限られている。決してヨーロッパ全体を描こうとしたものではない。これは中世女性に関する史料の量の多少に規定されたものであろう。この点からいうと一見中身と標題に大きなへだたりがあるように思えるのだが、なぜ対象が西ヨーロッパに限定されながら『女の歴史』という標題が付けられたのか、という点には、いくつかの意味が込められているように思われる。

第一には、ジョルジュ・デュビイとミシェル・ペローが述べるように「自分たちが受けてきた支配の根源と、空間や時間をつうじて男女両性の関係を理解しようとし」て書かれた女性史は、女性であるが故に受けてきた支配の中で、女性史はまず自分自身を鍛えねばならなかったからではないかと思う。旧来の歴史だけではなく、歴史叙述そのものをも直視し直すことこそ、女性史が取り組まねばならない作業であるからである。したがって西ヨーロッパという、最も歴史研究の蓄積のあるところを対象としたものと理解できる。

第二に、対象は西ヨーロッパに置きつつも、目は世界の女性史に開かれていることが注目される。東洋世界やアフリカ大陸の「女性の歴史」を書くのは「これらの国々の女性たちと男性たちのしごとであろう」と述べている部分に、開かれた視点はよくあらわれている。いま各地域で、私の知っている範囲でも日本、韓国、ベトナム、中国、アメリカ、イギリスなどで女性史研究は進行しつつある。特に日本においては速いスピードで相当深い研究がなされつつある。地域が狭いこともあって、日本の女性史研究は「いつの日か」ではなく、もう相当はっきりと描かれているとも主張しておかなくてはならないが。日本の場合は別問題として、女性史という視点は開かれた視点である。各国、各地域の女性史研究はいつの日か結合しあって大きな流れとして、女性の歩んできた歴史を我々に見せてくれると思う。女性史が被支配の歴史であるがゆえに、開かれた視点を属性としてもちうることから考えて、本書が視点を世界に開いている点を評価しておきたい。

本巻を貫くもう一つの視点は〝性差〟である。「性別」が文化によって構築されたものであり、社会によって本性が操作された結果が性別なのだという認識は広がっており、日本の女性学・女性史でも近年ジェンダー（文化的社会的性差）がテーマとされ、文化的社会的性差の歴史として女性史をとらえる見方は賛同を得つつある。文化的社会的性差を重視する観点は本書の構成によくあらわれており、第1章「聖職者たちのまなざし」に次いで、第2章「女の本性について」を置いている点はこのことを証明するものであろう。しかし女性の本性を論じているテキストが、男性の手になる解剖学書であったことの限界——男性の目から見た女性の身体に対し、女性として異論を唱えること、修正を迫ることのできなかったもどかしさ——を同時に感じるのは私だけであろうか。したがって女性の本性というテーマを女性史としてとらえるならば、男性の手による解剖学書に対する、現代の女性の視点からの容赦なき批判が、付け加えられる必要があると思う。

第一部は、男性聖職者が女性をどう見ていたかからはじまっている。その理由は、封建時代に知と文字文化を独占していたものは聖職者であったからである。〝文化〟から女性を理解することからはじめるこの本のスタイルは、日本の社会経済史・女性史を専攻する私には、かなり異質な感を与える。日本の女性史ならば、女性の法的地位や財産からはじまって、生活、婚姻形態に及び、ついで思想・文化へと説き進むという方法をとる場合が多い。西ヨーロッパ女性史が、フランスを中心とした研究者で書かれたという点が、本書の性格を規定しているように思われる。フランスでは文字文化という視座を通して、まず女性を見ようとするわけである。この視座に新鮮さを感じる一方、〝女性がどう見られていたか〟という研究（第

1章、第2章）を読む一方で、では当の女性はどんな状態でどんな暮しを現実になしていたのかという疑問が頭を離れなかった。但し、聖職者が女性蔑視、女ぎらいを旨とするとはいえ、ますますマリアが純潔で完ぺきな処女と見なされていく過程が示されていた点、マグダラのマリアの聖地がブルゴーニュに新しくつくられていった過程、マグダラのマリア像が悔悛との関連で肥大化していく過程が示されている点は、興味深く読むことができた。

教導の対象として女性は処女、寡婦、結婚している女性に三分類されたという。この三分類ならば社会的な階層と家族内での役割はほとんど完全に一致しているとみるからである。女性たちは社会に属すためにはまず家族に属し、そこに留まっていなければならないからだとカルラ・カサグランデは説明している（第3章）。これこそ文化的社会的性差を主軸に置く見方である。が別のとらえ方も出来るのではないだろうか。つまり社会的階層でのそれぞれの女性の役割の検討、それと一対のものとして家の中での男女役割を見るという見方、これも可能であろう。まず第一に階層や職業で区切ってみるという方法、これは従来歴史学で採用されてきた見方であるが、ここに留まらず、それに文化的性差に基づく役割分担の視点をプラスするのである。このような方法も有効であろうと考える。たとえば王妃は、貞節という徳を失っているが、社会的なヒエラルキーでは最高の地位にあるから、同じく妻であっても当然王妃に対する場合と農婦に対する場合では、教戒の仕方にも差異が生じるだろうからである。性差を重視するあまり階級の規定性を過小評価すべきではないと考える。

神＝キリスト＝人間という階級関係が存在し、さらに男女間に支配と服従の関係が設定されている、にもかかわらず福音書は本性においても尊厳においても男性の魂と女性の魂は同等であると説く。しかし魂は肉体の形相であるとも定義されることによって、肉体の不平等（男性の肉体は生まれながらに優越性をもつ）が肯定される、つまり本質的に男女の間に不平等があると考えられるに至る。こうして男性の女性支配の論理が正当化されるのである。カルラ・カサグランデの右の説明は非常に論理的で説得力のあるものになっているが、さらに加えて、身体（肉体）が魂に優先するとの考えは、どのように生み出されどのように広がって一般性をもつことができたのか、知りたいところである。

「女に読み書き教うるべからず。女の読み書きすを、あまたのもの悪しきこととみなせばなり」これが西ヨーロッパ中世での女性に対する平均的な見方であったとすれば、日本の古代平安朝の女性文学の隆盛を理解してもらうことは相当困難であろうと思われる。日本では和歌をつくる才能は、貴族女性一般に要求された必須の教養であった。また女性は日記をつけることによって、主君の家の繁栄ぶりを描いて後世に残し、あるいは内面からほとばしる感情を日記の中につめ込んだ。この和歌と日記を残す習慣は、中世・近世の封建制下に引き継がれている。つまり女性が知識を豊富にすることを是とする土壌が、日本にはあったと考えられる。

西ヨーロッパ中世の妻のモデルとは「夫とその家族を敬う嫁、忠実な配偶者、テキパキとした母、賢い主婦、どこからみても非の打ちどころのない女」であったとシルヴァーナ・ヴェッキオは述べている。第3章でも「貞節、謙譲、慎み、節制、沈黙、労働、慈悲、自己統制」が中世女性の徳目であったと記している。この二つの記述を見て、すぐに思い起されるのは日本近代の〝良妻賢母〟というモデルである。中世の妻のモデル、妻にとどまらず女性全般に説かれた徳目は、日本近代の女性を縛る徳目として普及させられているのである。近代良妻賢母のモデルは西ヨーロッパ中世にあったのである。日本の近代における西洋思想の移入の問題として、良妻賢母をとらえる必要のあることを再認識することができた。

　本書では西ヨーロッパの女性に対する見方が、十三世紀から変化することを重視している。たとえば聖職者は家庭をどのように統制するかを課題にしはじめ、そのためには結婚を選ぶことに価値を見出させなければならず、女性の第一の徳目である処女性は都合が悪くなる。よって十三世紀には結婚を讃美することが必要になったという。大きな変化である。この変化はさまざまな点に波及し、たとえば家を管理する教義として『家政論』が成立するのである。こうして国家共同体のなかに生れた家族に、教会によって統制される家庭という性格が付与されたのである。右の説明は大へん説得的であり、同意できるが、では三分類の最下位に置かれた妻の位置は、十三世紀以後変化したのかしなかったのか、が次の問題として残されていると思う。

　十三世紀以後の妻について、夫の家族に迎え入れられることが多かったこと、結婚の意味は二つの家族を結び付け、親族や閨閥のネットワークを構成することにあったこと、このような家族関係は妻が夫に従うことによって維持されたものであったと述べている。これらの点は、日本中世の婚姻や妻の立場の持つ意味と大へんよく似ている。ただ、大きく異なるのは、日本の武士階級の場合、妻が彼女自身の財産を有していて、基本的に夫婦別産であった点である。〝妻が夫に従う〟という姿は、日本の場合、近世になって確立する道徳であった。もちろん現実の妻の姿は、近世においても妻の特有財産を持っている武士の女性や、商家の、金銭の出入を握って切り盛りしていた女性の姿は、多数に上ることも付け加えておきたい。

　妻は処女でなければならず、再婚の女性はもってのほかとする見方は、日本の場合と相違している。招婿婚を基本としていた平安期はもちろん、嫁娶婚が普通となった日本の中世でも、再婚は一般的な事態であった。鎌倉期の武士階級の妻は、再婚先でも新しい夫と共に所領の成敗をなし、家中の雑事の管掌権を持っていた（拙著『日本中世の女性』）。つまり再婚は忌避されるものではなかったのである。このような再婚や離婚に関する研究についても、文化としての面からだけでなく、実例を通じての比較検討が必要になってくると考える。

夫婦の内部が不平等であったが、妻には家族の統御、子どもや奉公人の世話という役割が担われてきた西ヨーロッパで、十三世紀以後、母親の教育権にも変化が訪れ、より制限されて養育という役目のみを果すものだと見られるようになったとされている。夫が生産するものを妻は維持管理する役目を負うとされ、妻は夫に対する助力者でしかなくなる。家は女性の活動空間ではあったが、そこでも主《あるじ》は夫であった。ゆえに妻に残された管理の役割とは、食事に関することのみとなる。女性の役割は極端に狭められたことが述べられている。しかしこれは現実と適合していたであろうか。家以外の世界、つまり社会的活動をなしている部分での女性の役割についても検討する必要があると思う。宮廷の女官、女商人、農村の女性など、女性労働という観点からの検討を、あわせて行う必要が痛感される。

第5章は「モード」という標題である。衣服は社会的地位のもっともはっきりした目印であり、地位の変動を示すしるしでもあるとダイアン＝オーウェン・ヒューズは述べている。これは衣服についての正しい認識であり、日本においても衣服が表徴する身分の問題を、武田佐知子は精力的に追いかけている。西ヨーロッパでは町人階級でさえ結婚のとき衣装一式を持参したという。女性にとっての衣装の重要性がこの論文によってうかがえた点は興味深い。また当時の衣装は仕立て直しがきかず、長持ちしない財産だったので、すぐに奉公人に下げ渡され、それがヒエラルキーを混乱させたという指摘もおもしろい。しかし

「衣服のもつ性的なメッセージ」（二四五頁）が一体何を指すのか、よく理解できなかったし、「女たちが着飾るのは、男性に奉仕するためだった」（二六二頁）という部分も、もっと説明する必要があったのではないかと思う。

第二部は「家族と社会の戦略のなかにおける女たち」と題されており、社会経済史的、法制史的記述も多く採用されていて、共鳴する部分が多かった。

タキトゥス『ゲルマニア』の描く初期ゲルマン人の部族中の男女関係は、日本の鎌倉武士階級の男女関係と非常によく似ている。父方の親族とともに母方の親族も重視されたこと、妻・母として女性は高く評価されたこと、彼女らは男性とともに戦場におもむき、食事をつくってやり、勇気づけ、負傷者を看護したことなどは、同様に鎌倉武士の女性でも見られるのである。しかしゲルマン諸部族では、妻が伴侶とみられていたのに対し、娘は動産と同一視され、その運命はもっとも近い男性の親族に握られていたとされる。では妻と娘が天と地ほどの差を植え付けられた理由はどこにあったのだろうか。西ゴート法では男子にも女子にも財産を平等に分配すべきことが記されているという。この法の精神はどのように実施されたのだろうか。以上のような点についても説明がほしいところである。これに対して日本の武士階級では、娘にも息子と同様財産を分与しており、妻は夫から所領や物品を譲与された例は多い（前掲『日本中世の女性』）。こうして得た所領を所持している限り、その分の公事を勤仕する義務があった。このような点から見ると、娘と妻の間に大きな落差があったとはいえないのである。

またゲルマン法では、子を産まないことが重大な違法行為と同程度に由々しい離婚の動機となっていたという。無子は離婚理由として重要であったというのである。夫は妻に対して暴力を振るったり、不倫を重ねていたとしても、妻は夫に対して貞節を守り、服従する義務があった。この無子については、日本中世ではこれが離婚理由になった事例を探すことはできなかった（『日本中世の女性』）。律令法では離婚理由の一つにあげられていたのだが、古代・中世を通じてその理由で離婚が成立したという実例はないのである。とするとここにおいても、ゲルマン法の規定と現実の離婚とが、相即していたのかどうかという疑問が生じてくる。法と現実との間に落差はなかったのであろうか。女性史をより厳密な科学とするためには、こうした視点を加えていくことは必要であると思う。

カロリング朝以後になると、史料が豊富に残存していることにもよるのか、妻の立場は非常に詳しくわかりやすく叙述されている。女性の平均死亡年齢が三十六歳というのは、西ヨーロッパの女性の置かれていた状況の厳しさを物語っている。修道女の世界が、女性が祭壇に近づくことも禁じる世界であって、俗人よりも一層男女差の厳しいものであった点を明らかにしていること、女子修道院の開設する学校が、男女両性の生徒に対し開かれたものであった点など、この章からは多くの新しい知見を得ることができた。

十一—二世紀を扱う第7章での最も大きなテーマは、結婚に対するキリスト教の介入であったと思う。結婚を挺子にカトリック教会の影響力は大きくなったのではないだろうか。結婚に僧侶が出席するようになり、しかもこれが結婚の有効性を証明する必須条件となったのは一五六三年以降という、もっとも新しく生まれた現象にすぎないのだが、結婚はこの時代、秘蹟とみなされ、解消できないものとなったとポーレット・レルミット＝ルクレルクは述べる。結婚という俗世での祝事が、うまく教会の思想の中に取り込まれ意義付けられていく過程が跡づけられており、興味深く読むことができた。

「結婚の承諾に関する自由意志の原則」というのも、言葉の本来の意味とはほど遠かったことがこの章で示されている。なぜなら、女性は男性の後見のもとに置かれていたからである。つまり権利において男女間に絶対的不平等があったので、自由意志は自由意志となりえなかったということになろう。その上キリスト教は魂の救済を第一にしていたため、幸福は神を忘れさせ、悪徳と闘う努力を鈍らせるにちがいないという教義を持っていた。とするとキリスト教は幸福を否定する思想であったことになる。このくだりを読むことによって、十一、二世紀のヨーロッパの女性が、男女間の不平等という現実のもとにあり、自由意志を実現することもできなかったこと、不幸をより高位に置くキリスト教の思想にがんじがらめにからめとられていた状態がよく理解できる。

第8章では、貴族階級のつくり出した文化のモデルが、社会構成の最深部の層まで到達したこと、つまり文化の下降拡大現象を、宮廷風恋愛を通して証明している。そしてこの恋愛は、秩序を強化することに役立ったとジョルジュ・デュビイが見ているのは、納得できる指摘である。

中世最後の三世紀と呼ばれる時代（一二五〇―一五〇〇年）を担当するのはクラウディア・オピッツである（第9章）。この時代も前代と同様男性があらゆる面で女性を後見する権利を持っており、極端な場合、死に至らしめることもできた。これを見ると、中世の女性が、はなはだしい男女差のなかに、不平等という地平の上に、生きねばならなかったことが改めて実感できる。不平等の具体像は、最終章でジョルジュ・デュビイが再現する「供述、調書、告白」にもっともよくあらわれている。体を奪われたにもかかわらず、異端偏向審問官によって終身禁固をいい渡されたのは、女性であった。罰は女性にのみ課されたのである。史料は多くのことを現代の我々に語りかける。夫が支配し、妻は無条件で服従するとクラウディア・オピッツが述べていることが、まさに現実の史料のなかで再現されている。しかし支配と服従の関係は、現実の社会関係によってのみ形づくられたのではなく、教会法によって正確に裏打ちされていたことが、支配―服従の関係を打破る努力をむなしいものにしたことも知ることができるのである。

ただし中世末には結婚していない女性も前代より大きな権利を獲得するようになり、核家族の出現によって妻の地位と活動形態はやはり前代より大きくなると述べられている。上流階級の女性は「家事監督権」を持ち、動産を無条件に使用できたともされている。このように一二五〇―一五〇〇年の三世紀には、女性の地位に大きな変化が訪れたことが描かれている。変化を重視した点で、この章の叙述は生き生きとしたものとなっており、共感をもちつつ読むことができた。

第三部「女たちの痕跡と画像」は、多くの絵画・彫刻の図像を用いることによって、その図像にも語らせることができたので、読者には論じようとするところが非常によく理解できると思われる。農業労働における男女役割などは、図像や考古資料を用いると、より明瞭に再現することができる。ただし、聖女か罪深い女以外の普通の女性を絵画の対象としはじめたのは、中世後期―十四世紀以後であるとされる点にも、キリスト教によるイデオロギーの重圧が示されているように思う。日本でも近年、絵画資料が女性史や社会史研究の素材として活用されており、図像の解析は進んでいる。日本の場合、町や村の群衆としてもさまざまな階層や年齢の男女、老人や子供が図像として登場するので、絵画資料は平安期以後の庶民の生活を知る好材料となっている。特に文字史料として残りにくい慣習や、生活の細部が描かれているので、食事風景や住居の中における妻の役割まで考察することができるのである。こうした絵画史料を女性史の素材として読み込む作業は、今後共重視しなければならないと思われる。ただし絵画資料は、一方で古文書や古記録の解読と併用することを心がけねばならない。これによって絵画資料の分析は精度を高めることができると考えるからである。

また、これに関して、十三世紀のおわりごろにイタリアでは商業が発達し、魚を売る女や仕立屋の見習いの女性など、一般の女性が出現するようになるという。細密画のうえでの変化は、第9章「束縛と自由」で述べられた女性だけのギルドの存在、食品製造の分野への女性の進出、雇用される女性の出現などの興味深い諸事実と対応するものであろう。西ヨーロッパ中世の最後の時期は、庶民女性の姿を図像と文字史料の両者から検討するのに好都合であるように思われる。この分野の今後の研究の進展に期待したい。

以上『女の歴史Ⅱ　中世』を読んで気付いた点の一部を披露した。ヨーロッパの女性史が、ジェンダー（文化的社会的性差）として形づくられたイデオロギーを前面に据えてとらえようとする姿勢を明らかにしているのに対し、日本の女性史研究は男女役割分担の実態把握とその意味づけを最初に行おうとしているという差異が存在する。しかし二つの視角はいずれも必要なものであり、そういう意味で、日本女性史を研究領域とする私にとって本書は非常に有益な書物であった。また身体、性愛、結婚など、新しいキーワードをどのように歴史叙述のなかにはめ込んでいくか、というテーマについての見事な見本が呈示されていたようにも感じられる。各執筆者の意図と、導き出した結論が必ずしも一様とはならなかったことを序論でクリスティアーヌ・クラピシュ＝ズュベールが率直に述べているとはいえ、本書によって西ヨーロッパの女性史が新しい段階に確実に一歩を踏み出したことが私には見える。

最後に、分担して翻訳されたにもかかわらず、用語がよく統一されており、読みやすかった事を述べて、翻訳者と監修者の方々の労をねぎらいたいと思う。

（一九九四年二月）

（『女の歴史Ⅱ　中世2』「日本史からのコメント」、一九九四年、藤原書店）

その他

両性の関係の歴史としての女性史

【『女の歴史Ⅲ　十六―十八世紀』を読んで】

宮崎ふみ子

新たに成立した学問の分野では、その研究の目的や性格についての定義が、研究成果が蓄積するにつれ、また研究方法の開発と互いに影響し合いながら、少しずつ変わって行くという現象がよく見られる。二十世紀後半に生まれた若い学問である女性史は、今どこを目指しているのか。本書の監修者たちは、『女の歴史』は女性たちの歴史であるよりも、女と男の関係の歴史であろうとするものであると明言する。(1) さらに詳しく言えば、女性たちの地位、「条件」、役割、権力、行動の形態、また女性たちを対象とした言説や表象を女と男の関係という視点からとらえた歴史を書くことを目指すと、監修者たちは『女の歴史』の「監修者のことば」で述べる。本書、すなわち『女の歴史Ⅲ　十六―十八世紀』の執筆者たちもその志向を共有していることは、その論文から窺われる。

日本でもそうだったが、西欧における女性史は一九七〇年代以後のフェミニズム運動の高まりの中でひとつの学問の領域として成立し、今もフェミニズムと強い関りを持つ。したがって、これまで書かれてきた歴史に男性ばかりが登場することへの疑問や、女性たちが蒙ってきた抑圧とそれに対する抵抗について知りたいという要求は、女性史研究の主要な動機のひとつであったし、今もそうである。そのいっぽうで学問としての女性史は、歴史学の他の分野をはじめ社会人類学、民俗学などの隣接する学問分野とも密接な関りを持ちながら発展してきた。日本で女性史が成立しつつあった時期に日本史を学び始めた筆者は、以来この新しい学問の分野の発展と展開を傍らにあって見てきたが、女性史は社会史、経済史、思想史、宗教史等に吸収され得ない固有の研究領域を持つのか、それとも上記の歴史学や民俗学等の諸分野の研究の中でその対象が女性であるようなものを総合した、いわば学際的な研究として行われるのかという問いを抱いてきた。「女性史は男女両性の関係の歴史である」という本書の監修者の言葉は、女性史が学問の一分野として固有の研究領域を持つことを示し、この問いに対する明確な答となっている。

もちろん日本の女性史研究者の間でも、七〇年代以降女性史固有の役割や方法に関する議論が積み重ねられてきていた。それは鹿野政直『婦人・女性・おんな――女性史の問い』(岩波新書、一九八九年)の中で簡潔に整理され紹介されている。それによれば、女性史はまず抑圧からの解放の歴史として書かれはじめたが、七〇年代になると体制に順応して生きた者も含めて広汎な女性たちの生活の在り方を解明しようという方向が提起され、この二つの研究姿勢のいずれをとるかという二者択一的な論争が起ったが、研究の蓄積とともにそれら二つは統合され、八〇年代後半から人類学や女性学の影響のもとにジェンダー、すなわち社会的に規定された性別役割の分割が女性史研究のキーワードになってきているという。おそらく女性史は日本においても、女性たちの生活の条件とそれに対する女性たちの対応を明らかにするだけに止まらず、女性たちに割り当てられた役割やそれを支える言説を男性の場合との関係において明らかにする方向に向かっているのだろう[2]。そのような男女両性の関係の歴史を従来通りに「女性史」と呼ぶことが適当かどうかも、まもなく検討されることになるだろう。

男女両性の関係の在り方や変化を対象とする研究は歴史学においてどのような意味を持つのだろうか。それが歴史学にとって重要な意味を持ち、歴史学に変革をもたらす可能性を持つという主張は、「性差や両性間の関係は、社会の動きに介入してその原動力になると同時に、またこの動きによってつくり出された結果でもある」という「まだ生まれて間もない考え方」によって支えられていると、『女の歴史Ⅱ　中世』の編者は序文のなかで述べる。こうした考え方は社会人類学の研究の中から生まれ、女性史研究に新しい方法論への関心と理論的展望をもたらした。本書の監修者のひとりミシェル・ペローは『女性史は可能か』(藤原書店、一九九二年)の序文で、「男性的なるものと女性的なるものとを、どんな歴史分析のなかででも、対等に考察しなければならない。そして、その二つのあいだにある関係が、歴史の原動力となりうることに、思いをいたさなければならない」という、ポーリーヌ・シュミット＝パンテルの言葉を引用し、実際にシュミット＝パンテル自身が古代ギリシャのポリスの研究にこの視角をもって携わっていることを紹介している。

ただし、性差や両性間の関係が社会の動きの原動力であるという考えに基づく分析の視角が歴史研究のうえでどの程度の有効性を持つかについて、予想することは難しい。かつて、人間とその生産手段や生産物との関係が社会を規定し社会を動かす原動力であるという経済学から生まれた考え方が、歴史分析に非常に広汎に適用されたことがあった。しかし今までに私たちは、こうした関係が人間生活のある領域に対しては直接的な影響を与えるが、別の領域に対しては複雑な構造を介して間接的にしか影響を与えないことを学んでいる。性差や両性の関係が社会を動かす原動力であるという考え方を歴史研究に適用する際にも、同じようなことが言えるのではないかと思われる。この考え方に基づく分析が歴史研究の方法としてどの領域でどの程度の有効性を持つかは、実際にこれを研究に適用して初めてわかることだろう。西欧という地理的限定はあるものの、古代から現代まで人間活動の広汎な領域にわたる女と男の関係の歴史として書かれた『女の歴史』は、その試みの大きな第一歩であると思われる。それを意識するとき読者は、単に西欧の各時代の女性と男性についての知識と情報をここから得るのみならず、性差や両性間の関係がどの程度、どのように社会を動かしたかを考えながら読むことを迫られる。

過去の社会における性差や女と男の関係を調べることは、眼前に存在する社会を調査する人類学にはない困難を伴う。本書の監修者・編者・執筆者の多くが指摘するように、その調査は主として男性、しかも多くの場合社会的・文化的エリートの男性によって残された史料に頼らざるを得ないため、歪曲されていたり、彼等が重要だと思わないことが抜け落ちている史料を使うことになる。ここでは、過去の社会に生きた人々の日常的な慣行や彼等に共通の「心性」を対象に選んで研究を行ってきたいわゆるアナール派の「新しい歴史学」が、女性史に方法論上の支持を与えた。そのことは本書の論文の多くの中にはっきりと見られる。

西欧の歴史における十六―十八世紀は、国家が宗教戦争という形で分裂を経験し、さらにその分裂を克服して政治的・社会的諸関係の大部分を新たに再編成し、国家そのものの力を強化した時代である。編者たちが序文で述べるように、これまでの歴史家はこのような時代の政治の展開や社会の変化に眼を向け、この時代の女性たちや彼女たちの男性に対する関係を顧みることはせず、したがってこの歴史的変化における性差や両性の関係の作用が研究されることはなかった。しかし実際には経済的・社会的・宗教的な大変動によってそれまでの価値基準や政治の枠組みが破綻したため、男女両性間の関係やそれについての考え方にも変化が起ったはずであり、またそれが経済・社会・政治・宗教に影響を及ぼしたことが想像される。本書所収の論文はその両性間の関係の変化と経済・社会・政治・宗教の変化や展開との間のダイナミズムをどのように描くのだろうか。

ここに掲載された論文はそれぞれ、人間生活のある領域ある局面における男女両性の関係や女性に割り当てられた役割・位置が十六—十八世紀の西欧においてどのようなものだったかという実態を明らかにするとともに、それらが前の時代と比べてどのように変わったか、それは経済・社会・政治・宗教等のどのような変化や展開を原因として、どのような経緯でもたらされたかを示している。ただし、性差や両性の関係の方が社会の変化や展開の原動力としてどの程度作用したかについては、それぞれの論文が取り上げた領域や局面によって差があることが読み取られる。本書第五章のエリジア・シュルテ=ファン=ケッセル「天と地のあいだの処女と母」は、宗教、特にキリスト教の歴史が、性差や両性間の関係と社会の動きとの間のダイナミズムを最も明瞭に示す領域のひとつであることを明らかにしている。

この論文は、前の時代から続く宗教的大変動の中での女性たちの役割と、彼女たちに対する教会や世俗のリーダーたちの対応を明らかにする。それによって、この時代の宗教の展開を推進したりその方向性に影響を与えた要因として、これまでの男性聖職者や男性の宗教改革者たちを中心としたキリスト教史では見えていなかったものを見出している。この論文の筆者は、原始キリスト教に存在した血縁や家系を超えた隣人愛、およびそこから派生する性的禁欲を理想とする考え方が中世から十六—十七世紀の在俗の女性たちの宗教運動の中でよみがえり、多くの女性たちが結婚か修道院かという当時の（おそらくある一定程度の社会水準以上の）女性たちに課された二者択一的な生き方の選択を拒否し、その意味で社会によって女性たちに割り当てられた役割から逸脱し、さらに教会が規定した女性の役割や能力の限界を超えて、女性の隷属の象徴であった性行為の義務と出産の苦痛を拒否し自由と完全な徳の実現を目指したことを示す。こうした半修道女の運動は中世末期の教会の分裂や多くの異端運動等宗教的価値の動揺の中で生まれ、また十六―十七世紀の宗教改革・対抗宗教改革の時代の宗教と教会にさまざまな影響を与えた。[3] すなわち半修道女や宗教に献身的なそれ以外の女性たちは一方では世俗の人々に助言を与え、司祭等の男性宗教者に不可欠の支援を与え、また後世まで残る神秘主義的な著作や考え方を生み出したが、他方で聖性を管理下に置こうとする教会の権威や組織に脅威を与えた。また家庭や結婚に大きな価値を認めつつあった世俗社会も、その「純潔」への志向や熱烈すぎる信仰の表明に対して嫌悪感を抱いた。この時期に教会がとった政策の中には、例えば修道会の創始者を優先的に聖人の列に加える方針や新しい聖性の理想像の提示など、彼女たちの宗教運動やそれが社会に引き起こしたものを前提とすると、十分に理解できるものが多い。この論文の論点はこれに尽きるものではないが、ここで紹介したその一端からもわかるように、この時代の宗教という領域に現れた性差や性別役割区分の動揺と社会の動きのダイナミックな関係を明確に描いており、またそれを通じて従来の宗教史を書き変えている。この成果は、西欧のキリスト教という研究対象の性格とも関係があると思う。およそ宗教というものは、性についてのあらゆる問いに答を与える責任を自ら負おうとするものだと思う。しかも、キリスト教の教えの中には現実の社会の性差や性別役割分担を性的禁欲によって相対化する道が残され、それには高い精神的価値が付与されており、その一方でキリスト教が西欧社会の精神的（また時代によっては世俗的な面でも）権威として性差・性別役割分担を含む社会のしくみを正当化する根拠としても機能していたため、この問題をめぐってキリスト教の内部に矛盾が現れ先鋭化する可能性が常に存在していた。したがって性差や両性間の関係という視角からの分析は、この領域の歴史を扱う上で非常に有効だと言えよう。

他の領域を扱った論文では性差や両性間の関係と社会の動きの相互作用がこれほど鋭角的に現れてこないが、異なる領域を扱った複数の論文を総合的にみると、社会の動きと性差や両性間の関係との相互作用や、一つの領域での性差の変化が他の領域における変化を連鎖的にもたらす様子がわかる。また一つの領域に限っても、十六―十八世紀で区切らずもっと長い時間の中での変化や展開を見れば、おそらくその相互作用がより明確に見られるのではないかと思う。ここでは前者の例として、女性を対象とする教育の普及が他の領域における性別役割分担に変化をもたらすことを取り上げてみたい。

第四章のマルティーヌ・ソネ「教育の対象としての娘たち」は、十六―十八世紀にかけての生活水準の相対的上昇と国家や教会が人材供給を望んでいたことを一般的背景とし、宗教改革以後カトリック、プロテスタントのどちらにおいても信徒に正しい宗教教育を施す必要があったことや、男性の最初の教育者として母の役割が認識されたことをより直接的な動機として、女性に対する教育の必要が全社会的に認識され、修道会や地域共同体によって女子教育が普及したことを扱った論文である。その結果、教育目標や教育された学問分野や教育期間の点で男性との差はまだ大きかったものの、社会的に低い階層の者まで含めて多くの女性にとって教育を受ける道が開かれた。それは教育の領域で女性と男性を分ける線が引き直されたこと、また結婚して妻となることにも修道女となることにも直接結びつかない人間活動の分野がたとえ人生の限られた一期間だけでも女性に開放されたことで、性差や性別役割分担に変化をもたらすものだった。女性に対する教育の普及は教育を施す側にも変化をもたらし、たとえば教育機関化した一部の女子修道院の性格を変えることになった。またこの論文には女性を対象とする教育の機関に多数の女性教員が働いていたことが書かれているが、ここから女子教育の普及は多くの女性たちに教員として社会に参加する機会を与えたと言えよう。ただし女子教育の第一の成果である女性の識字率の向上が社会にどのような動きをもたらしたかは、この論文だけでは窺えない。しかし、第一二章の「会話から創作へ」の中でクロード・デュロンが指摘するように、限界はあったにせよ何世代にもわたって本を読む女性を育てたことは、手紙を書く女性、小説を書く女性、ジャーナリズムや出版やアカデミーへ進出する女性の出現をもたらした。こうした分野への女性の進出は第八章のジャン＝ポール・ドゥゼーヴ「文学的言説の両義性」や第一三章のニーナ・ラトナー＝ゲルバート「女性ジャーナリストと出版物（十七―十八世紀）」の中でも取り上げられ、こうした女性たちの活動によって性差や性別役割分担にさらに変化がもたらされたことがわかる。すなわち、一つの領域で性差や性別役割分担に変化が起ると、何世代か待たなければならない場合もあるだろうが、他のいろいろな領域における両性間の関係の変化へと連動することが、複数の論文を通して読み取られる。

ミシェル・ペローは、性差や両性の関係を相互補完的で調和的なものとしてではなく、矛盾や葛藤を孕みそれらを起動力として展開するダイナミックなものとして捉えるために、男女の役割が不明確な領域や重複している領域、あるいは逆転している領域を認めることを提言している。(4) その意味で第一四章のジャン＝ミシェル・サルマン「魔女」、第一六章のアルレット・ファルジュ「まぎれもない女性の暴徒たち」は注目に値する。これらは、これまで主として女性だけ、あるいは男性だけに関わるとされてきた領域に、実は両性とも関わっていたことを明らかにし、そのうえでそれぞれの領域における両性の活動の仕方や彼等の活動についての認識の仕方に社会的・文化的に形成された性差が現れていることを指摘する。例えば

「まぎれもない女性の暴徒たち」は、私的な近隣間の争いでは監視・通報や口論を鎮めるという伝統的に承認された役割を担う女性たちが、より大規模な暴動の際には公的な要求を掲げて反乱の先頭に立ち、その点において日常の女性の役割から逸脱することを示す。しかし後者の場合でさえ、女性は男性と等しい責任を負う能力がないと考えられていたため民事上・刑事上重罪を課されなかったこと、女性が反乱の先頭に立つことで無秩序と「さかさまの世界」の出現が期待されたことの二点が、女性の暴動への参加を容認・促進する要因となっていたと、この論文の筆者は指摘する。さらに、この二点は伝統的女性観と矛盾するものではなく、女性は無秩序をもたらすゆえに男性の管理下に置かれるべきだという伝統的な性別役割分担に基づく考え方を、暴動への女性の参加は結果的に補強し、女性の日常的な役割への回帰をもたらしたと筆者は言う。これは男女の役割が重複したり逆転したりする領域における検討によって、性差や性的役割分担がダイナミックなものとして捉えられることを示すよい例である。

＊

西欧の十六―十八世紀における男女両性の関係のさまざまな局面とその変化や展開に関する論文を読むとき、日本の読者のほとんどは、日本の歴史においてそれらと対応する事象を思い起し、比較を試みたいと思うだろう。とはいえ、十六―十八世紀の西欧の政治・社会・文化の状況は、日本の同時代の状況とさまざまな点で異なるので、それらを考慮に入れたうえでなければ、比較は表面的であまり意味のないものになる恐れがある。特に日本女性史の研究者ではない筆者は、軽率な比較は慎むべきだと思う。ここでは、西欧の事例を読むことによって、日本の同時代において対応するものの存在を思い浮かべるのではなく、逆に日本において欠落しているものに気付かされたことを述べたい。

アルレット・ファルジュは「女性史のとり組みとその成果」という論文の中で、十八―十九世紀に規範を扱った言説が多く現れ、そこでは女性が特別大きな位置を占めているとして、「男性の文学者、哲学者、医者、司祭と神学者、法律家、そして教育者たちが、女性について、女性のもつ危険性、生理、病気、あるいは、女性が家族と社会のなかで担うべき機能について、いたるところに書いている」と述べる。(5) ファルジュのここでの論点は、この領域の研究が陥りがちな弱点に対する警告であるが、日本の読者である筆者はファルジュの文脈とは別に、同時代の日本の男性知識人の間から女性についてのこのような言説が現れただろうかと考えさせられる。

ファルジュが言うとおり、特に本書第一〇章のミシェル・クランプ＝カナベ「哲学の著作のなかの女性(十八世紀)」や第一一章のエヴリーヌ・ベリオ＝サルヴァドール「医学と科学の言説」から、この時代に自然、人間、社会についての思索や考察が行われたなかで、性差をどう定義するか、それにどのような哲学的・医学的基礎づけを与えるかという論点をめぐって、多くの言説が現れたことがわかる。社会思想の面では急進的なルソーのような思想家も含めて、ほとんどの論者が女性は性の影響を男性より強く受けるという定式化された観念を肯定し、それに基づいて女性は男性より知的能力において劣るとか、理性より感覚に基づくため判断力に欠けるとかいうような言説を展開した。それらの言説は、子供を産み育てるという「自然に規定された」女性の役割の認識と相俟って、女性は本質的に妻であり母であり夫に支配されるべき存在であるという定義を導き出した。また医学者も女性の本性についてのこの時代の主流であった言説を補強する材料を提供していた。たとえばこの時代の前半では、女性は冷たく湿った体質を持つゆえにその身体は不能で虚弱で不完全であるという説が、後半では、女性の本性は子宮によって規定されるという説が大きな影響力を持った。その一方でこうした考え方に異論を唱える者もあった。例えばエルヴェシウスは男性も女性も同じ大脳を持つことを根拠に、両性は同等の思考能力を持つと主張し、コンドルセは女性特有の欠点とされてきたものは実は教育や生活条件によって後天的に形成されたものとして、男女の本質的平等を認め、女性にも市民権を認めるべきだと主張した。すなわちこれらの論文から、この時代の西欧ではさまざまな思想的・知的背景をもつ知識人が女性を対象とする規範や女性の社会的役割について多くの言説を展開したこと、女性に好意的な者もその反対の立場をとる者も女性の本性の規定、それも生物学や医学の知識まで援用した規定をそれぞれの議論の根拠としていたことがわかる。

同時代の日本の知識人にとって女性の役割はあまり関心を引くテーマではなかったようで、女性についての言説は多くは見られない。それでも何人かの知識人が、女性の役割、とりわけ家族の中での人間関係や家の中の仕事における女性の役割についての見解を発表し、その一部が多少歪曲された形で女性の守るべき規範、すなわち「女訓」として十八―十九世紀の日本社会に流布したのは事実である。ここではまずそれらの女訓の性格について、先学の研究からわかることを述べる。(6)

十七世紀には藤原惺窩《せいか》、山崎闇斎、熊沢蕃山、十八世紀初頭には貝原益軒のような近世前期を代表する儒者たちが、女性を対象とした教訓を著した。彼等が道徳や規範を説く場合の基本的な根拠を、多少粗雑な表現であるが敢えて簡単にまとめて言うと、それは宇宙の本源で万物の根本原理である「理」が人間を含む万物に貫通しており、原則的には男女の差や社会における階級の差を問わずすべての人間は自覚的にこれに即して生きるように志向すること、言い換えれば「道」を実践することが求められているという、儒学、特に宋学の基本的な世界観・人間観だった。これによればすべての人間は教育されなければならず、したがって女性も例外ではなかった。ただし、彼等が女性に対する教育の目標と考えたものは、ひとりずつ力点に差はあるものの、母として優れた男児を産み育て、妻として夫とその親に仕え、夫の家の維持と安定に貢献するうえで役立つ技術や心構えを身につけることだった。すなわち彼等は女性に対して、母として妻として夫の家の一構成員としての役割分担を確認し、その役割を自ら進んで立派に達成するように努力することを求めていた。彼等の女訓書の具体的内容は、もともと彼等が中国から受け入れた儒学を信奉していたことや、中国で上流階級の女性を対象として書かれた「列女伝」や「女誡」等を参考にしたため、中国における性差や女性の役割についての言説や言辞を多く含んでいた。たとえば、妻を離別するに足る七つの条件としての「七去」や、女は結婚前は父に、結婚後は夫に、老いては息子に従うべきだという「三従」はその代表例である。

では、彼等が女性にこのような役割分担を課す根拠は何だったのだろうか。儒者が普遍的に人間に求める「道」の実践と、特殊に女性に求める母・妻・夫の家の構成員としての役割の実践を媒介する論理は、男は陽で女は陰であるとか、男は天で至動であり女は地で至静であるというような、性差についてのきわめて抽象的な定義以外に見当たらない。例えば蕃山は「女は地にのつとるがゆへに内を守てこまやか也」(「女子訓上」『蕃山全集』第二冊所収)と言うが、なぜ女が地にたとえられると内を守らなければならないのか、これについての説明はない。こうした性差の定義は中国における性差の定義をそのまま受け入れたものだが、女性の役割分担の実践を義務づける根拠としてはあまりに抽象的で説得性に欠けていた。このことは彼等の論理的思考能力の問題というよりも、彼等が女性の本性の規定などに関心を持たなかったことを示すものだと思われる。すなわち、この時代の知識人の女性の役割に関する言説は、彼等自身による女性の本性についての思考に裏付けられていなかったのである。ただし、同じ時代の男性を対象とする規範においても、普遍的な人間としての「道」の実践と社会的に与えられた役割の実践を媒介する論理が十分に展開されていたわけではない。それは、農民や町人などの被支配者階級の男性の場合ほど著しい。こうしてみると、特に女性についての言説だけが特殊だったとも言えない。

儒者によって著された女訓の中で、貝原益軒が十八世紀に著した『和俗童子訓』巻之五「教女子法」は性差について最も立ち入った言説を示す。彼は女性にありがちな悪い心掛けとして、和順ならざる、いかりうらむる、人をそしる、物ねたむ、不智なる、を「五の病」として列挙し、その中でも不智が最も根本的で他の四つの病の原因だと指摘する。ただしこれは病、すなわち正常を外れた状態で本性とは区別されなければならない。彼はまた、男は陽で女は陰という抽象的な性差の定義に、陰はくらいことを意味し、くらいことは智が少ないことを意味するという字義の拡大解釈を付す。「教女子法」におけるこうした女性の不智の指摘は、女子教育の必要性を強調する文脈の中で行なわれたが、その文脈を離れて後の通俗的女訓書に引用され、女性が男性に従うべき理由として機能した。「教女子法」は全体を縮小し、文言を変え、振り仮名つき仮名交じり文で絵入りの『女大学宝箱』として一七一六年に出版され、このころから普及しはじめた手習いの教材として庶民階級を含む女児の教育に広く用いられ、近世後半期を通じて社会的に大きな影響を及ぼした。なお、筧久美子等の研究によれば、日本の大衆向けの女訓には、夫の血縁者に対して自分自身の血縁者に対する以上の奉仕と服従を求める傾向があり、その点で日本の女訓はその原型となった中国の女訓と異なっているという。こうした言説の展開とその社会的受容は、当時の社会的要求に対応するものだった。それは、この時期に男性単系相続を原則とする「家」が社会の基本的単位として、支配者階級だけでなく庶民に至るまで全社会的範囲で成立したことと、女性が夫の家に入る嫁入り婚が一般化したことにより、女性は夫やその家族と摩擦を起さず夫の家の維持のために献身するようにと、広汎な社会層で求められたことである。

いっぽう仏教には、女性の罪についての言説が古くから存在していた。日本に伝わったいわゆる大乗仏教は女性の成仏の可能性を否定するものではなかったが、それでも女性は男性に比べて宗教的・道徳的能力において劣るとしていた。女性を対象とする説教を記した法語の中には、そのことが具体的に書かれている。[7] 仏教は十五─十六世紀までに広汎な大衆に受け入れられたが、これに従い、女性の罪の観念も日本人の間に広まった。とりわけ出産・月経の出血によって不浄をもたらすという罪の観念は、日本の基層信仰の中にあるケガレの観念と習合して社会に深く浸透し、その罪によって死後落ちると信じられていた血の池地獄からの救済をもたらすという「血盆経」信仰が女性たちの間に広まった。[8] ただし、こうした仏教の言説は女性が男性より宗教的に劣ることを強調するものの、そこから引き出される結論は女性にとっての仏教への帰依の必要性であり、日常生活における女性固有の役割には本質的な関りを持たなかった。本来仏教は性的禁欲に価値を置く宗教で、当時すでに世俗の社会体制に組み込まれていたとはいえ、主として死者の供養や現世利益のための祈祷によって世俗と関りを持っていたのであり、女性に積極的に妻・母としての役割を担うように求めることはしなかったものと思われる。また前述の儒者たちは仏教に対し否定的で、彼等の女訓の中にも女性に対する仏教の影響を弱めたいという意図が見られることから、こうした仏教の女性観を自分たちの言説の補強材料に使うことはなかった。ただし、大衆向けの女訓書の中には仏教的な女性の罪の観念が取り入れられ、儒者の女訓から引用された言辞とともに並べられて、女性の地位の低さを正当化する根拠として使われているのが見られる。(9) しかしこうした女訓書の中にも、仏教の説く女性固有の罪と女性に与えられた性別役割分担とを媒介する論理は欠落している。

以上で取り上げた女性を対象とする規範から、この時代の日本では妻・母・夫の家の下位の構成員として女性の役割や夫とその血縁者に服従する義務はかなり明確に規定され、男性の役割とはっきりと区別されていたこと、その役割を規定した女性に対する規範の成立に知識人が大きな影響を持っていたことがわかる。しかし同時に、その規範の根拠となるべき女性の本性については、知識人をはじめ誰も創造的な知的作業を行わなかったこと、したがって極めて抽象的で漠然とした女性の劣等性の観念と極めて具体的な規範が論理的媒介もなく併存していたことがわかる。

女性の本性について多くの知識人がさまざまな言説を展開した西欧と、ほとんど展開されなかった日本の差異は、何によってもたらされたのだろうか。それを指摘することは筆者の能力を超えるが、男性を対象とする規範に大きな変化が起っていたかどうか、女性の役割分担についての伝統的な考え方に動揺を与える強力な反対意見が出されていたかどうか、性別役割分担の見直しを迫る社会現象が現れていたかどうか等を検討する必要があるだろう。また日本の知識人の思想の主流であった儒学が、前述のように性別や階級・階層の区別を伴わない人間としての生き方を主題とするものだったため、男女の性差はもとより、男性同士の間の身分や階層の差も思索の中心課題とならなかったことも考えられる。さらに、性別役割分担の定義の基底に社会や秩序にとっての性の持つ危険性についての認識があるとすれば、その危険性の認

識の程度や性格に関して、西欧の文化的伝統と日本の文化的伝統の間に差があったことも想像される。(10)

ここで、女性の本性や役割分担についての主流的な考え方に対する批判や反論がこの時代の日本に現れたかどうか検討したい。日本においても十八世紀の初頭から女性の役割規定の部分的見直しが、正統的知識人以外の、庶民に接する立場の宗教者の間で行われ始めていた。その一つの流れは儒学や仏教等の日本社会における有効性を疑い、それらから距離を置こうとする神道家の間から起る。神道の価値を承認しなかった朱子学者の佐藤直方に師事しながら後に熱烈な神道家に転じた跡部良顕は、男女、特に夫婦の情愛を日本固有の道徳の根本に置く。(11) 夫婦は子孫を生ずる元であるゆえに、父子や兄弟の人倫の根本であるということは「孟子」や「小学」という儒学の根本経典に記され、日本に限らずすべての儒学を学ぶ者にとって熟知され、儒者の中にも闇斎のようにこの点を強調する者が少なくなかったが、跡部はこれを父子や兄弟という人倫の元というだけで評価せず、「古事記」や「日本書紀」に記されたイザナギ・イザナミの男女二神の交合による国産みの神話と照らし合わせ、「恋ノ情」が日本特有の道、日本特有の教えの特色であるとした。十八世紀初頭から中期にかけて神道講釈と神道書の著述をした増穂残口《ますほざんこう》も、「人の道の起りは夫婦より始まる」という認識を思索の出発点とする。(12) 彼は仏法・神道・老子・孔子・荘子・列子すべては人道を前提とし、その人道の前提である夫婦の和合、すなわち「和」がすべての道徳・人倫に先行すると主張する。これに続く議論から、彼が考える「和」の内容は跡部の場合と同じく恋愛ないし性愛に基づくものであることがわかる。彼は「和」は本来日本にも中国にもあったものだが、中国では後に「礼」が興り「和」は失われ、日本でも中国の「礼」を採用したために「和」がかなり損なわれたと述べ、「和」を回復する必要を説いた。これらの言説は女性の本性や男女の役割の区分を直接論じたものではないが、夫婦の情愛に最大の価値を付与したことは、夫やその家族に対する妻の重要性を高め、当時の女性に対する規範が夫やその血縁者に対する妻の服従を義務づけたことと相容れない要素を含んでいた。

十八世紀において女性の本性や役割に関する社会的通念に最も明確な批判を加えたのは、筆者の知る限りでは、富士講の一分派の指導者だった食行《じきぎょう》身禄《みろく》（俗名、伊藤伊兵衛）である。富士講は富士山の神霊を崇拝する宗教的な同信集団で、近世庶民の間に広まっていたが、身禄自身は存世中は目立つこともなく油の行商をしながら弟子を指導していたにすぎない。しかし彼が一七三三年に富士山で死に至る三十一日間の断食の行を行ったことは世間の注目を集め、彼が断食中に言い残した言葉は弟子によって「三十一日の御伝」としてまとめられて、富士講身禄派の基本経典となった。その中で身禄は、女性の月経による出血は人間出生のために必要な尊いもので不浄として忌むべき理由がないことを述べ、仏教的な女性の罪の観念の中心部分を否定し、さらに次のように述べる。「女は罪業深くして三従有といふ事、仏法にて第一に説き聞する事なれども、女とても悪になるまじき事は悪になるべきいわれなし。女よくつとむるは善なり。男悪をなせば悪なり。併し女は物事内に包み外を隠し、是にて心邪悪ある故に、只邪悪を除き内心清浄にしたらんには、男とても何の隔てあらん。同じ人間也。[13]」身禄は、女性には外見を繕い内心に邪悪な思いを隠す欠点があるという仏教の影響をうけた女性観を、まだ完全には振り捨てていないが、その欠点は女性自身の努力で克服可能であり、それさえ克服すれば男女の間に価値的な差がないことを明確な表現で述べる。ただし、彼は女性たちが日常生活のなかで負う役割分担について何も語らなかった。しかし、彼が女性の本性について当時の主流の考え方に批判を加えたことを根拠に、富士講身禄派の指導者の一部に女性の役割について見直す傾向が生まれた。身禄から数えて四代目の指導者の小谷三志は一八三〇年代に、それぞれ男性・女性の役割とされてきたものは実は相互に交換可能であるという、当時としては非常に大胆な提言をした。それは「おんながだんなになりました」という、彼が作った和讃の一節に象徴的に現れている。[14]この三志の提言は、一部の弟子からは反発されたものの、多くの女性を含む弟子たちを彼等の日常生活における性別役割区分の見直しへと導いて行く。

近世の日本におけるこのような言説は社会的に低い層を基盤として、あるいは支配的な思想・宗教である儒学・仏教を離れた立場から、別の宗教的権威を裏付けとしてなされた点に特色が見られる。しかし、それゆえにこれらは主流的位置にあった言説と切り結ぶこともなく、その社会への影響は十八世紀においては極めて限られていた。

では、女性の役割分担についての言説に見直しを迫るような社会現象はこの時代の日本に起っていただろうか。女性は家の内にあって夫やその家族に服従し、またその保護を受けるべきだという考えは、武士階級以上では実現可能だったが、庶民社会ではこれに当てはまらない例のほうが多かったようだ。十八―十九世紀にかけての町人や農民の女性の生活に関する史料は、この役割規定から外れる女性たちの行動を数多く示している。たとえば上・中層町人の女性たちは、特別な豪商の女性を除いて、夫を補佐して家業に関わっていた。下層町人の場合は女性の労働による収入が家計のなかでより重要な位置を占め、それに応じて自分たちの家の中では上の階層の女性の場合より広汎な自由と発言力を持っていた。[15]また農業労働においても、十八世紀後半から女性労働への依存が高まっていた。伝統的に女性の農作業とされていた田植えや屋内・庭先での作業だけでなく、田の耕作まで含めて農作業全般に女性が関わるようになり、農業労働における男女の役割分担は大きく変わりつつあった。[16] さらに貨幣経済の展開と農村における手工業の発達の結果、機業地帯では女性の賃労働収入が家計の中で大きな比重を占めるようになった。

しかしこうした社会現象は、まだ女性の本性や役割分担についての言説に直接影響を及ぼしてはいなかった。十八世紀末に徳川幕府は道徳上の善行をなした者を表彰し、その善行を具体的に記した「官刻孝義録」という書物を編纂して、民衆教化の模範として示した。菅野則子の分析によれば、それに記載された女性たちのほとんどは、親や夫や奉公先の主人の家が崩壊の危機に瀕したとき自分自身の努力や才覚でそれを食い止め家を守ったという「善行」によって表彰されている。[17] 十八世紀後半以降女性たちが家の外に働きに出る機会が多くなったことは既に述べたが、「官刻孝義録」の女性たちが家を守ることができたのも、家の外で働いて収入を得られた結果である場合が多い。これは女性の役割分担に変化が起っていることを支配者が一面で認めたことを意味するが、幕府はこの書物を編纂するにあたり、こうした女性たちの行動を「家を守る」という点に焦点をあてて評価し、女性は家のために献身すべきだという正統的な考え方を補強するために利用した。すなわち、女性が家の外で働き家を経済的に支えるという新しい社会現象は、まだ古い観念の枠組みの中で処理されていたのである。

これまで十七―十八世紀の日本において女性の本性や性別役割分担についての言説の乏しさと、それをもたらした可能性がある正統的な考え方に対する批判の弱さや、見直しを迫る社会現象の処理のされ方について、不十分ながら述べてきた。これが、筆者が『女の歴史Ⅲ　十六―十八世紀』を読んで気付かされ考えさせられたことである。本書は読む人の関心によってそれぞれに、方法論について、あるいは研究対象となった事柄についての問題提起を行うだろう。これはそのように知的刺激に富む本である。

（1）ジョルジュ・デュビイ、ミシェル・ペロー「女性史を書くということ」（デュビイ、ペロー他『「女の歴史」への誘い』、藤原書店、一九九四年、三五頁）。

（2）たとえば、一九九四年一一月に出版された脇田晴子＋S・B・ハンレー編『ジェンダーの日本史　上』（東京大学出版会）は、歴史学・文学・社会学・人類学・民俗学・宗教学・言語学・医学・法学のさまざまな学問分野の研究者によって書かれた論文集だが、執筆者の共通の課題は男女双方の関係からなりたつ社会の動態をとらえることであると、編者は述べる。

（3）クラウディア・オピッツ「束縛と自由」（『女の歴史Ⅱ　中世』所収）、五一〇—五一九頁参照。

（4）M・ペロー編『女性史は可能か』、藤原書店、序文、三一頁。

（5）『女性史は可能か』五六頁。

（6）石川松太郎「女大学について」（井上忠・荒木見悟編『日本思想大系34　貝原益軒・室鳩巣』、岩波書店、一九七〇年、五三一—五四五頁）。石川松太郎編『女大学集』（東洋文庫、一九七七年）。筧久美子「中国の女訓と日本の女訓」（女性史総合研究会編『日本女性史　3　近世』東京大学出版会、一九八二年、二八九—三二四頁）。同「江戸初期三儒者の女訓思想にみる母と女」（脇田晴子編『母性を問う　下』、人文書院、一九八五年、四一—七〇頁）。大口勇次郎「江戸時代の女性」（高木昭作・大口勇次郎『放送大学教材　日本近世史』、放送大学教育振興会、一九九四年、一二一—一二九頁）。女訓書の多くは、『日本教育文庫』所収の『女訓篇』、『孝義篇』、『教科書篇』、『学校篇』（同文館、一九一〇—一九一一年、日本図書センター、一九七七年復刻）に収録されているが、本論執筆にあたっては時間的制約のためにその全体を見ることができなかった。

（7）鎌倉時代末期の十三世紀末か十四世紀初頭に無住一円が著した「妻鏡」は、女性に真剣な仏教信仰を勧める文脈の中で、女性固有の罪として、男性に愛欲を起させそれを受け入れること、嫉妬、偽って他人と親しくすること、仏教の勤めを怠り外見を飾り他人の愛念を望むこと、偽りが多く他人の不幸を望むこと、欲深く恥知らずであること、出産・月経で不浄の血を流すことの七種類を挙げ、成仏を願うなら女性は男性以上に宗教上の努力をしなければならないという結論を導き出す。（宮坂宥勝《ゆうしょう》編・校注『日本古典文学大系83　仮名法語集』、岩波書店、一九六四年、一七六―一七八頁）

（8）宮田登「女性と民間信仰」（『日本女性史　3』所収）、二三五―二三八頁。

（9）たとえば十七世紀末に出版された『女実語教』には、儒者の女訓を通俗化した「父母は天地のごとし、舅姑は月日のごとし、夫はたとへば君のごとし、女は猶従者のごとし」という言辞と「女は地獄の使なり、仏の種子をたつ」という仏教的言辞が並び、さらに「三の従を守り慎まずんば、何ぞ五の障を免れん」というように、儒者の説く「三従」の教えを守らなければ仏教で女性の成仏を不可能にする「五障」を免れないという、儒仏を混合したものまで見られる。（筧久美子「江戸初期三儒者の女訓思想にみる母と女」、六六―六七頁参照。）

（10）トノムラ・ヒトミは『今昔物語』を素材に平安時代末期の男女のセクシュアリティーがどのようにジェンダー化されたかを検討し、西欧との差異を指摘する。"Long Black Hair and Red Trousers : Gendering the Flesh in Medieval Japan," in *The American Historical Review*, vol. 99, no. 1, February, 1994, pp. 129-154.「肉体と欲望の経路――『今昔物語』にみる女と男」（『ジェンダーの日本史　上』、二九三―三三〇頁。）

（11）田尻祐一郎「ある転向――徳川日本と神道」（百川敬仁他六名共著『江戸文化の変容――十八世紀日本の経験』、平凡社、一九九四年、一六五―一九九頁。）

（12）「艶道通鑑《えんどうつがん》」（野間光辰編『日本思想大系60　近世色道論』、岩波書店、一九七六年）二一〇―二一二頁。

（13）岩科小一郎『富士講の歴史』、名著出版、一九八三年、五三五―五五一頁。

（14）浅野美和子「民衆宗教思想の中の両性具有」、『現代のエスプリ』一九九〇年八月号、八七―八九頁。

（15）林玲子「町家女性の存在形態」（『日本女性史　3』所収）、一〇八―一二六頁。

（16）菅野則子「農村女性の労働と生活」（『日本女性史　3』所収）、八二―九四頁。

（17）「幕藩権力と女性」（近世女性史研究会編『論集　近世女性史』吉川弘文館、一九八六年）、三―四一頁。

（『女の歴史Ⅲ　十六―十八世紀2』「日本史からのコメント」、一九九五年、藤原書店）

個の確立から互いの敬愛へ

岡部伊都子

誰だって、生まれてみなければ自分が人間の女として存在したなんて、わかりません。それも日本の、一九二三年、大阪のタイル屋の末っ子だったなんて……。私はふしぎです。いのちが、どんな形をとりますのやら。刻々に移り変わる時のうちに、「その時」の時代が創られつづけるのですから。

二〇〇〇年は、敗戦後の現実を積み重ねて、さまざまな立場、仕事、個性、環境……のなかから「自分の望むこと」を選んで努力しつづけてきた女性たちの行動が、各地で花ひらいたような気がいたします。

身障・病気・虚弱、それも個性の中に含まれました。結核にむしばまれて思春期、青春期を安静療養に過し、通学できず勉強もせずに好きな読書に生きてきた学歴皆無の私でも、そうだからこそ見えたもの、考えたことをいのちの個性として認めていただけたのでしょう。

幼い頃育ったわが家庭は、それこそ男尊女卑。父は母に威張っていましたし、母は父を立てて、すべてに細やかな配慮で支えていました。でも子の眼から見ますと、たしかに役割分担と思われましたが、人間としては「威張らない」母の方が美しく思われたものです。

気の毒に、当時の天皇制皇国主義、臣従政策の時代、男たちは家の中での天皇制、家父長を貫いていました。威張らなかったらどんなにか働き者、尊敬できた父でしたろうに、残念にも私は父を憎んでいたのです。正直、父の信義のおかげで生活させてもらっていましたのに、父の真実を視る力が無かったのです。

信頼した男性たち、すぐ上の兄と、婚約者は二人とも戦死して、大阪の町に在ったわが家は米軍の大空襲で炎上しました。当時は「若桜散りて甲斐ある生命なりせば」などといわれ、「死ぬ」「焼ける」「飢える」真っ暗な闇世でした。

戦後、働ける女性は、働きながら力をもち、勇気をもち、ぼちぼちですが、それまでには与えられていなかった、自由と平等を得てきたと思います。

地域社会、国別の論理も、そこに生まれ育った男女の相愛、相剋、協力がみられるようになったのではないでしょうか。学ぶにも、働くにも、結婚にも、恋愛にも、何よりも差別意識がみられました。差別は全世界に存在して、未だに正当な生き方のできない人々を造り、しいたげています。これは、人間らしい人間になりたく思う私には、さびしい、許せない愛の欠如、無理解放置ですね。

ボランティア……。あの阪神大震災の時、自分の意志で、いち早く、苦しむ現地に飛んでいって、自分にできることを何でも力を尽されたボランティアの、若い男性たち、年齢を問わぬ女性たちがあって、何もかも指令で動かされた昔とはまったく異なる感動を、味わいました。

今日、二〇〇〇年という年には、女性の集団、男性の集団、そして男女ともに参加する集団が、喜びの行動、また怒りの、批判の、行動をともにされています。その共同の行動の中で、新しく視える感情や感覚があるでしょう。そこから公私ともに多様な「出発」が生まれるでしょう。

ひとりで流浪のような旅をして思いがけない現実や現象に学んだり、余り人のゆかない辺地とされていたところで地域の人々と結ぶ地道な活動をして、現状を良く替え、良き未来を創ろうとしておられる方がたもあります。

二十一世紀にあるべき男と女……私には想像もできない、地球的、宇宙的交流、交友が続々誕生するように思われます。私自身はむしろ生きもの、人間の原点であるお土に還って、お土、お水に汚染のない環境を創ってほしい、核、原子力放射能という、あってはならないものを一刻も早く消滅してほしい……と願っていますけれど、それを「成功」としない考えの人間もたくさん存在します。私は消えゆく身。消えゆく前の心の叫びは「女性差別」「男性差別」「立場差別」あらゆる差別から「解放されてほしい！」という思いです。

女性であっても女性を見下す人があり、男性であって男性の人権が、女性の人権を守る力になることをおろそかにしている人もあります。世界中の人類が、差別、汚染を無くする愛の同志として、かっては在り得なかった対等の愛を深く大きくひろげたいものです。

日本国内で暮していらっしゃる朝鮮、韓国、米国をはじめとする各国籍の人びととも、まず大切にし、尊敬し合って一緒に歩いてゆきましょう。連帯がおのずからの理解と愛とで、理想の方向へ歩いてゆけますように、男女平等の真の平和を念じています。

沖縄宜野湾市《ぎのわんし》にある佐喜真《さきま》美術館の館長、佐喜真道夫氏の祖父、佐喜真興英《こうえい》氏は、『妹の力』で有名な柳田国男氏も信愛された『女治』『女人政治考』の作者です。

もともと、原初は女が太陽とされ尊ばれたのは、その出産、直感、抱擁の力によって万物が成立したからなのでしょう。どんなにすばらしい男性も、女性の腹を通って生まれたもの。もちろん、男性の精子無くして、女性はみごもることができません。

古代史ではヒミコ、沖縄の聞得《きこえ》大君のように、威大な女性を頂点とする支配の仕組がありましたけれど、佐喜真興英『女人考』は、ひとりひとりの庶民女性が、天地のみずみずしい感覚を備えている尊い根元的な存在であることを大切に考察しておられます。

沖縄の女性は、天然の霊気に培われた力で支配する女性ばかりでなく、一般民衆の立場、個の女人がすばらしい霊力に生きることを、心からの愛でみごとに究明、論評していらっしゃる。このすばらしい観点で女人を尊ばれた佐喜真興英氏のような男性も、たしかに存在されたのです。僅か三十一年余の短命な方でした。その認識。

タテに考えない。ヨコこそ大事。

二一世紀、男性も女性も、このような個の孤の自覚をもって、互いの存在を基本的に敬愛して大愛の平和関係、さまざまなまちがいを、愛によって正してゆける喜びの平等の花を次々と咲かせてゆけますように。

（藤原セレクション『女と男の時空』⑬『女と男の時空』を読んで」、二〇〇一年、藤原書店）

II

「女と男の関係史」の諸相

愛子ばばから学んだ「女性という自然」

宮迫千鶴

二〇世紀の終わるころ、フィリッピンのバギオから来た一人の日系フィリッピン婦人に出会った。奥ゆかしく謙虚で物静かな小柄なその人は、何も知らなければ地味で控えめな古風な日本人を思わせるごく普通のたたずまいを持っている人だった。

だが、彼女は霊的治療家だった。しかし治療家といっても、病に苦しむ人から治療費をもらって治療をしているわけではない。縁があって彼女の前にあらわれた人に無償の治療をしているのである。

私はその婦人がフィリッピンのバギオからやってきた人だというところに心惹かれた。というのはバギオという地名は、あるときから私のなかで関心の深い土地になっていた。それはいつか行ってみたい場所であり、そこに立って陽光を浴び、心を風にさらして、耳を澄ますと、何か私のなかで眠っているものが動き出すかもしれないなどと思ったりしていた。

というのは一九九〇年の夏、北海道の二風谷ではじめて出会ったアイヌのお産婆さんでシャーマンであった青木愛子さんの産婆術の伝承のルーツの話のなかに、このフィリッピンのバギオという土地が大きな意味を持っていたからである。

青木愛子さん、いや私たちは出会った最初から敬愛をこめてアイヌ風に「愛子ばば」と呼んできたので、これからはそういうことにするが、愛子ばばと出会って十年目、やっとフィリッピンのバギオに住む愛子ばばと同じようなシャーマニスティックな人に出会ったことになる。

愛子ばばは大正三年に生まれ、平成七年に他界した人であるから、現代を生きた人なのだが、この『女と男の時空』のなかでは「ヒメとヒコの時代——原始・古代」編に登場し、シャーマンならではの貴重な証言を残されている。彼女の人生そのもののなかに、原始・古代の力がいきいきと息づいていたのだから、その分類に無理はないだろうし、むしろ原始・古代の精神構造のなかで理解されるほうが深層的にも深い意味を持つだろう。では北海道のアイヌであった愛子ばばとフィリッピンのバギオとのあいだにどのような因縁があったのか。

愛子ばばをめぐって多くの研究者がさまざまな関わりをされたようだが、長井博さんは愛子ばばの「語り」を引きだしてまとめた『ウパシクマ——伝承の知恵の記録』（樹心社）の記録者として重要な人であるとともに、内在的に愛子ばばの霊能力を理解できるまれな人である。というのは、長井さんは愛子ばばに西洋医学に見放された自分の難病を治療してもらううちに、みずからも霊的な治療家になったという希有な体験の持ち主なのだ。

『ウパシクマ』に記録されているのは、まず、お産婆さんであった愛子ばばの産婆術をはじめ、霊的治療家としての手技、診察法、薬草、整体手技から、見えないものを見るシャーマンとしての透視能力や遠隔視能力などについて、すなわち愛子ばばの全体像が丹念に記録してある。そのなかで興味深いのが、愛子ばにまで伝承されたアイヌの産婆術がはたしてどこからきたのかを探る試みがなされていることである。

長井さんはそれを愛子ばばの「ツス」と呼ばれる降霊能力を利用した方法によって探った。簡単にいえば、愛子ばばに初代の産婆の霊が降り、長井さんがその霊と対話することでアイヌ産婆術のルーツを知ろうとした。そこで出てきた初代産婆の出身地がフィリッピンのバギオだったのである。

長井さんによれば、愛子ばばに伝承されてきた産婆術はフィリッピンから、薬草をはじめとする治療法は韓国の古典医学からそれぞれきているという。どちらも海路をへてやってきた伝承かもしれない。しかし、ここで私が語るべきはそういった産婆術やさまざまな治療法についてではない。現代という科学万能のテクノロジカルな時代に生きている私が、どうしてアイヌのお産婆さんや霊的治療を大きな真実として受容するようになったかということである。別の言い方をすれば、現代社会を生きていながら、文化の周縁に追いやられているシャーマニズムに私自身が何を見いだしているのかということである。

私が愛子ばばに出会ったのは一九九〇年の夏のことだった。そのころ私は父を亡くしたばかりで、二つの大きな問題に直面していた。ひとつはガンで亡くなった父の西洋医学だけの治療にたいする疑問や、満足にできなかった介護への悔い。もうひとつが、父の死を自分の死生観のなかにまっとうに収めることができない居心地の悪さであり、それゆえの根源的な喪失感にさいなまれていた。

ガン治療を西洋医学だけの治療で終始してしまったことへの疑問からは、断食療法や気功をはじめとするさまざまな代替医療、ホリスティック医療への関心が芽生え、自分なりの納得へと進んできたが、父の死を経験してみて、自分の死生観があまりにも「この世」だけの枠組みでしかなかったことにはがく然とした。そこには「あの世」に関するもの、誕生以前の前世も、死後の来世もないのだから、それでは父の死はむろんのこと私自身の死も宙吊りになってしまう。愛子ばばに出会ったのはそんなときだった。

しかし正直な話、シャーマンという存在が何なのか深く考えないまま、私は愛子ばばに会った。私は瀬戸内海に面した町に生まれ、しかも浄土真宗の家だったから、祖母や祖父でさえ拝み屋とか霊能者について口にしたこともないし、そういった風潮を周囲に感じることはなかった。さらにカトリックの女子中・女子高にいったせいで、ますますそういった日本的な土俗の霊的な世界から遠ざかった。だからシャーマンというのは、何か不思議な能力を持った人という程度の認識であったろう。しかもきわめて半信半疑。なにしろ私自身の目に見えないものをまるごと信じ込むには、私は現代人でありすぎた。

そんな私が愛子ばばに出会ったのは、二風谷の沙流川のそばの小屋・チセでおこなわれていた、新しい舟を川に降ろすためのチプサンケの祭りの儀式の場である。しかしはじめて会ったにもかかわらず、愛子ばばが私を目撃するやいなや小走りに私のもとに来てやりはじめた奇妙な行為には驚かされた。愛子ばばはいきなり自分がはおっていた儀式用のアイヌの着物を脱ぎ、私に着せかけた。つぎに自分の頭に巻いていたアイヌ文様の刺繍された鉢巻きを私の頭に巻いた。そして踊りの輪に入れとばかりに背中をどんと強く押した。

あとでその理由をたずねると、私が「かわいそうな子だったからだ」という。そして「わたしがしたんでない。カムイがした」と答えた。まさに私は一瞬にしてウエインカラ（霊視）されていたのである。もちろんばばはほかの人についてもさまざまな霊視をし、その人にふさわしいなにげない言葉、そこにこめられた霊的な力で、それぞれの人生の舵を幸福な方向に向け直させた。

その後も何度か愛子ばばに会い、そのたびにこちらは何も告白しないにもかかわらず、抱えていた人生上の問題を指摘されたり、不思議な霊視をされたこともある。

「あれ、あんたのそばで子どもが楽しそうに遊んでる。男が三人、女が一人」

いきなりこういわれたときはびっくりした。あまりに唐突だったので、ふと、それは私がこの世で産むべきだった子どもたち、「いのち」を与えるべきだったのに産まなかった子どもたちの霊かと思い、その子どもたちは私の子ですかと尋ねた。すると、「関係ないしょ」とあっさり答えられ、ひどく戸惑ったので、その子どもたちにいつか会えるのですかと重ねて尋ねた。そのときのばばの答えは、「会えるさ〜」という実にシンプルなものだった。なんのことか私にはわからなかったが、不思議と楽しい気分になり、なにか理由なく豊穣な気分になったものであった。むろん愛子ばばが何を霊視していたのかわからないままだが、愛子ばばに会い、こういうことが度重なるうちに、私の内部で何かが少しずつ変化していったようである。

ひとことでいえば、人生観の変化だ。とりたてて唯物的なつもりもなかったが、現代に「カミ」と私たちを「直接につなぐ人」が存在し、その人にはそれゆえの「特別な能力」が与えられており、その能力を通して、現代社会では認められていない不思議な現象が起きること、それを「もうひとつの真実」として受け入れることができるようになっていったのである。

これは別の言い方をすれば、「カミ」を意識しながら生きるようになることだ。そして「カミ」を意識して生きるということは、すべてを「自我」に集約する近代的自我から少しずつ遠ざかっていくことでもある。それは自分のなかで「わたし」が主役から脇役へおりていくことだ。その結果、空白になった主役の席に風が吹くようになる。それはなんだかとても心地よい存在のしかたである。

だがこれは「自我滅却」とか「自己超越」とかいったものとは異なった境地だ。かりにそれを男性的原理で構築されている近代的な強固な自我が新たなレベルに進もうとしていることとすれば、この「わたし」の脇役化は自我と呼ばれているものの「明け渡し」のようなところがある。つまり主役を「カミ」に明け渡していくことだ。

しかしその「明け渡し」は歪んだ現代社会の付属品のようなカルト的な宗教への従属でもなく、未成熟なプレ・パーソナルな状態への退行でもない。現代風にいえば、「カミ」すなわち「内なる自然」が主役で、その「内なる自然」にそった「わたし」を生きることとでもいえるだろうか。

つまり愛子ばばに出会うことで、そういう人生観や「カミ」のある宇宙観が、あたかも野生の自然のように美しく感じられるようになり、いつのまにかアイヌ風のコスモロジーをはじめとして、多くの少数民族の人たちのネイティブな宇宙観をエコロジカルなものとして受容できるようになったのである。それは愛子ばばが「カムイノミ（神に祈る）」しながら「この世」を渡っていったことを、私が自分の目で見たからかもしれない。

愛子ばばに出会ったことで得たもうひとつの覚醒は、「女性という自然」と「男性という自然」の違いに敏感になったことである。それは愛子ばばの大きな仕事が「助産」ということであり、ばばはいつも「いのちを産む性」として女性を見ており、それこそが「女性のいのちの自然な流れ」なのだと確信していたからである。それゆえばばは、かたくなな独身女性に向かって「いつまでも空き家にしとかないで、もっと素直になれ」といったり、不倫に走ることなくまっとうな結婚をして幸せな家庭を営むようにすすめた。

もしかすると、こういった愛子ばばの女性観は、可能なかぎり男女の性差を超越するところに男女平等を考えているような近代主義的なフェミニストたちには、母性主義への退行や結婚への束縛と思えるかもしれない。

しかし愛子ばばの生きたシャーマニズムは、そういう近代主義の論理からはるかに遠い地平であった。なにしろ愛子ばばは「自我」を生きている人ではなかった。彼女は「カミ」の、アイヌの言葉では「カムイ」の意志にしたがいながら生きた人である。おそらくばばにとっての最大の規範は、「存在と自然」ということであったろう。だからこそ、愛子ばばはこの『女と男の時空』の「原始・古代」編に登場するべき人だったのである。

だがこの「存在と自然」という規範は、なんと魅力的なテーマだろうか。残念ながら私は今回の人生で出産していないので、「女性という自然」を十全に生きてはこなかった。あたりまえの人生の流れであれば、多くの女性はまず「出産」をとおして自分のなかに「わたし」を越えて圧倒的な力を発揮する「自然」に出会う。もっとも現在のような病院出産、男性原理に管理された出産では、「自然」は「人工的な処置」によってねじ曲げられているが、それでも「出産」という女性にとっては最大の通過儀礼のなかで、女性は自分が「大いなる自然の一部」であることを知る。「死」に直面することはそれこそ男女平等の通過儀礼だが、「出産」はまぎれもない女性だけに与えられた根源的な通過儀礼なのだ。

いや正確にはこういったほうがいいかもしれない。私は愛子ばばに出会うことで、私たち現代社会に投げ出されている女性が、いかに「カムイ」という「自然」から遠ざかった時空を生きているかを自覚するようになった。それはまた私の個人的な問題でいえば、私は愛子ばばという存在を通して、「自然のなかにある母性」というものの意味を素直に受容できるようになったのである。

私の両親は私が七歳のころ離婚し、私は再婚していった母にではなく、父に引き取られて成長した。つまり私は人生のはじまりにおいて母性に幻滅していたところがあるのだが、愛子ばばとの出会いによってその傷が昇華されたのである。儀式用の衣装を私に着せかけてくれたあとで、愛子ばばが言った「かわいそうな子だったから」というのは、その傷を「ウエインカラ」した言葉だったのである。何回めかに出会ったとき、「苦労人だ。苦労してるわ。ほんとに」とばばにしみじみ言われたことがあったが、次回、この世に生まれてくるときは「幸せな人だ。幸せだ。ほんとに」と言われる人生に転生したいとひそかに苦笑したものであった。

愛子ばばが「あの世」に他界してすでに五年の時間が流れた。普通の人であれば、死者は年々歳々影が薄くなり、忘却の淵に沈んでいくものだが、さすがシャーマンであった愛子ばばは死後もなおいきいきとしている。それどころか、生前に愛子ばばに出会ったという女性たちがつぎつぎと現われ、私はその女性たちの縁で、あらためて「女性という自然」について、それをもっとも原点として自覚させてくれる「自然出産」とその自然出産をサポートする「助産」ということの意味を考えるようになった。「女性であること」の本質が見えなくなっている現在、「女性という自然」についてもう一度考え直すことは、新しい世紀の大きな課題だと思う。

もしかすると、私がいまこういう原稿を書いているのも、愛子ばばが「あの世」から何か働きかけているのかもしれない。なにしろばばは、子どもを産んでいない私のそばで遊んでいる四人の子を霊視した。四人とはいささか子沢山だが、私は霊的な子どもの母なのかもしれないと考えるのもなかなかシャーマニスティックで愉快な気がしはじめた。

（藤原セレクション『女と男の時空』⑪『女と男の時空』を読んで」、二〇〇一年、藤原書店）

愛子ばばの思い出

【追悼・アイヌのシャーマン青木愛子さん】

松岡悦子

「ばば、みなの悪いところ持って逝ったんでないかと思うよ。みんなあちこち病気してたしね。みなの身代わりになって逝ったのかなって思うよ」。愛子ばばが亡くなってもう六ヵ月。この五月に二風谷《にぶたに》に行った私に、次女のマサ子さんはそう言った。

愛子さんの住んでいた二風谷周辺は山菜の宝庫である。私たち家族はこれまで五月になると、愛子さんが教えてくれた沙流川《さるがわ》の川向かいの沢に入って行った。そこは真ん中に小さな流れがあって、その流れに沿ってフキが茎を伸ばし、流れの両側ではカタクリとエゾエンゴサクがピンクと青むらさきの群落をなしていた。そして両側にそびえる崖のあちこちにキトビロ（ギョウジャニンニク）が若々しい緑の羽を伸ばしていた。フクベラと呼ばれるニリンソウも、「どれだけ採っても採り切れるものではないよ」と言いたげにあちこちで緑の葉を揺らしていた。この山菜の宝庫、アイヌの人々のかつての大切な食糧、花々の楽園の中に身をおくひとときは、私にとって一年で最も幸せな時でもあった。でも今年の五月、その沢は完成したばかりの茶色に濁った二風谷ダムの彼方になってしまっていた。

魅力的な人

愛子ばばはシャーマンだったから、自然のことを熟知していたし、人の心の動きもきっとわかったのだろう。鳥が鳴くと、愛子ばばはたいていそれに応えていた。たとえば、私が愛子ばばに話しを聞かせてもらっているときに、カラスが鳴いたりすると、「ああ、分かったよ。もう話し止めるから。ばばが疲れるからもう話し止めれって言ってるんだ」と、カラスに応えながら、私にも通訳するのだった。またある時「マサ子の店に行くか」と愛子ばばが言うのでいっしょに行くと、工事現場で働いている人たちのうちの一人が「ばあちゃん、小遣いやろう」と言って二千円をくれたことがあった。愛子さんは後で、「ああおっそろしい。ばば何者かと思うよ。マサ子の店に行きたくなったから行ったら、二千円くれたでしょう」と自分で自分のカンにあきれていた。

また、愛子ばばはとても愛嬌のある人だった。人がたくさんいるところで愛子ばばがイム（ことばや動作を繰り返す反応）をすると、周りの人たちがどっと笑って、みなとても愉快な気分になった。たとえば、愛子ばばがテレビを見ているときに「走る」ということばが聞こえてくると、「ああ、走る走る」と言いながら両手で走る真似をしていたし、踊りが始まると、いっしょになって手足を動かしていた。だから周りの人たちがおもしろがって、わざとおどかしたり挑発したりして、もっとイムをさせることもあった。

愛子ばばが亡くなった日

そんな愛子ばばが亡くなったのが、昨年の十月二十四日午前三時頃だ。大正三年生まれで八十一歳だった。愛子さんの語った内容が「魂を見守る人――アイヌのシャーマンは語る」(『女と男の時空』第I巻所収)としてできあがったので、本を近々持って行こうとしていたときに、マサ子さんから電話があった。

マサ子さんによれば、亡くなる前々日の二十二日はマサ子さんの娘の結婚式だった。翌日愛子さんが平取町立病院に行くと、「心筋梗塞だから大きな病院に行った方がいい」と言われて、そのまま救急車で苫小牧まで運ばれたのだそうだ。でも愛子さん自身は元気で、冗談を言いながら救急車に乗り込み、横になっている間も救急車のサイレンがピーポーピーポーというと、それにつられて「ああ、ピポピポ」と起きあがってイムをするぐらいだった。だから誰も愛子さんが亡くなるとは予想もしなかったのだが、四女のユサ子さんは救急車に乗るときから「ばば死んで帰ってくるよ」とマサ子さんらに言い、病院に着いてからも「私ずっとついてる」と言って残ったのだそうだ。そして、愛子さんは病室でユサ子さんとポツリポツリ話をしているうちに、ふと気づいた時にはもう亡くなっていたのだという。

愛子ばばはあの世への境界を越えてしまった。私からもはや愛子さんを見ることはできないけれども、愛子さんのようなシャーマンにとってあの世もこの世も大した違いはないのかも知れない。愛子ばばの方は、相も変わらずあちこち親しい人の所へ行っては「がんばってネ」と、声をかけてまわっているような気がする。

(『機』一九九六年六月号、藤原書店)

一人の女性として

松岡悦子

北海道日高地方の二風谷で八十一歳の生涯を閉じた（一九九五年）アイヌのシャーマン、青木愛子さんを思い出すとき、私は一人の女性としての愛子さんにどれほど敏感であり得ただろうかと思う。私が初めて愛子さんに出会ったとき、愛子さんは既に七十を超え、訪れた人にユーモアを交えて、だがはっきりとした口調でものを言うシャーマンだった。だが愛子さんにも、一人の妻として女性として夫と愛情を交わし、あるいは嫉妬に身を焦がし、自らの気持ちに悩む日常があったはずである。

だが、またこうも言うことができよう。愛子さんが自分の生涯を語るときに、男である夫に対する女としての自分をほとんど語らなかったのは、同じ頃を生きた女性たちに共通の、性をはぎ取られ労働力としてのみ位置づけられていた者のまなざしのゆえなのだと。当時の女と男の関係はそのようなものだったから、現在の私たちの目から見て、どれほど女性が虐げられ、男女の情愛にこと欠くように見えようとも、それは現在のまなざしで過去をとらえようとするからなのであると。だがもしそうだとすれば、それゆえにこそかつての女性たちがことばにし得なかった感情を、現在のまなざしで解きほぐす意味があるのだということもできる。

愛子さんにも、夫をめぐって次のようなエピソードがあった。「青木は山で木切ったり、下草刈ったりする山子（やまご）をやってた。山へ行きだしてから、青木の女狂いが始まったの。でもばばはね、苦労ばり（ばかりが）能じゃない、女遊びすると疲れとれるって頭あるから、理解あったよ。ばばのとこにね、母さんの妹の娘、ばばのいとこが三年間同居したんだ。障子隔てたとなりの部屋でいとこが寝てるでしょ。そこへ夜中青木がそーっと入っていって、二人でふんふんやってるでしょ。そんな声聞いて、あんたらじっとしておれるかい。ばば腹立たないのふしぎよ。でもそのいとこが結婚できないばかわいそうだと思うし、うちの子らにもそんなことが知れたらかわいそうだから、本当に辛かった。青木がいつまでもやめないもんだから、ばば今晩こそやってやれと思って、包丁研いでたのね。したらそこへばばの兄貴がやって来て、『おまえじゃ研げない。俺が研いでやるって。』その間ばば部屋を片づけに行ってたら、その間に兄貴包丁もってどこかへ行ってしまったわ。危ないと思ったんだね。ばばも死ぬつもりだったから。」

私には、「ばば、腹立たないのふしぎよ」という愛子さんのことばとは裏腹に、何十年も経た後に夫の女遊びを私に語ることになった事実そのものに、ばばの口惜しい気持ちと、それをしゃにむに押し殺してコタンのシャーマンとして生きてきた強さが偲ばれるのである。

（『機』二〇〇〇年五月号、藤原書店）

針突《ハジチ》をめぐる女と男
【近代沖縄の女性史を拓く】

比嘉道子

聞き取りの旅への出発

「ワンハジチェー、イッペーチュラサタンドー。」（私の針突は、とっても美しかったよ。）

針突が美しい？

初対面の老女のこの一言は、強烈に私を打った。入れ墨である針突を、野蛮である針突を美しいと言うのは何を意味しているのだろうか。私の中で好奇心が頭をもたげた。満ち足りた老後を送っているようには見えない寝間着姿の老女は、薄い布団に小さく蹲《うずくま》って、淡い針突の手を愛しそうに撫でさする。老女の心の内を知りたい。覗いてみたい。思いがけない衝動が私を襲った。似たような感情の昂ぶりを同じころ、私はもう一度体験する。

「ボーセキは楽しかった。良かった。もう一度行ってみたい」という別の老女の回想に出会ったのである。大正時代に紡績女工となって他府県で働いた老女のこの感想も、常識とは異なっていた。哀史と表現される紡績工場での生活を、「楽しかった」、「良かった」と評価する老女をいぶかしく思う気持ちはとうに失せて、彼女の心の内を知りたい思いに駆られていた。

「ハジチが美しい」という先の老女と、「ボーセキは楽しかった」というこの老女の体験を追って行けば、沖縄の女性たちの歴史を知る手掛りが得られるかもしれない。「針突は野蛮」「紡績工場は哀史」という既成の知識の束に封印をして、まっさらな心で老女たちに向き合おう。こうして、私の聞き取りの旅は始まった。

時代を分かつ指標としての針突

今ではもう初源を明らかにすることはできないが、かつて、琉球弧の島々の王女から農婦まで、あらゆる階層の女たちが手甲に突いた入れ墨の一種を針突という。沖縄が琉球王国であった時代に来琉した中国の冊封使《さっぽうし》の記録にも針突への言及がある。また、大正から昭和に来県した学者や文化人も針突を調査し文献に残した。そのどれもデザインや由来に関心が傾いている。

一方、生活の中の針突を追っていくと、針突はまさに沖縄女性の近代と前近代を分かつ指標であった。近代と前近代を画する指標は他にも学校教育の受容があり、これも針突禁止と深く結びついた出来事だった。

本来、針突は段階的に突いた。十三、四歳ごろから結婚前の二十代にかけて、タマハジチと呼ぶ不完全形を突き、結婚を機にウフハジチと呼ぶ完全形に仕上げた。その後も形を整えたり、薄くなった色を蘇らせるために機会あるごとに突き直した。針の束で皮膚をはじくようにして墨を差していく方法は激痛を伴う。それをなぐさめるため、村の男たちが唄や三線《さんしん》を弾いてくれたり、お菓子の差し入れをした。針突は共同体の男たちから好ましいものとして受け入れられていた。

針突を突く理由は、人生の通過儀礼と捉えるものと、沖縄がたどった政治的変貌の中で付与されてきたものの二つに分けられる。しかし、どの老女も針突を「美しいものであり、他の人がしていると羨ましく、自分が突くと自慢であった」と述べている。その美しき針突が消滅に向かうのは、外側からの強制によってであった。

否定されるものとしての針突

明治一二（一八七九）年の沖縄の廃藩置県によって、政府は学校教育制度を布く。他府県出身者で占められた教育界では、琉球王国の中で育まれてきた独自の文化や習慣がことごとく忌避の対象とされた。女の針突はまっ先に風俗改良の標的にされた。

明治三二（一八九九）年、違警罪の適用により、針突を突く者も突かせる者も共に禁止の対象となる。ところが女性たちは禁止令を知りながら、隠れて針突を突き続ける。それは大正七、八（一九一八、九）年ごろまで、禁止令施行後、実に二十か年間に及ぶ。

一方、針突のある者はそのために破談になり、移民先から送り返され、差別に遇う。士族と平民という二つの階級しかなかった沖縄の女性たちに、針突のない者は教育を受けた者、針突のある者は野蛮な者という、新たな意識が生じた。

こうして、沖縄の女性の近代化は、風俗改良の強制によって推進されていった。またそれは、共同体の中で貧しくはあったが、良き伴侶として補い合ってきた男性たちと、ヤマト直送の文化という新たな物差しで一線が引かれ始めることでもあった。

（『機』一九九五年一一月号、藤原書店）

沖縄の時空から

川村邦光

八月の中旬から一〇日間ほど、沖縄に滞在していた。沖縄大学で集中講義をするためである。夜の六時から一〇時という、驚異的な時間帯である。昼は街をぶらつき、夜は酒盛りといった日々であった。その合間には、沖縄県平和祈念資料館、知念城跡、沖縄中部読谷村のチビチリガマ、「象のオリ」(米軍楚辺通信所)などを知人に案内してもらって見て回った。

沖縄北部の大宜味村塩屋へ、ウンジャミ(海神祭)を見物に行った。ウタキ(御嶽)のある森に祭りの場となる神アサギがある。そこには、白い衣装をまとったノロ(神女)とカミンチュ(神人)たちがひかえている。カミンチュは山から下りて作物を食い荒らす猪を槍で射止める仕草をし、また魚を釣り竿で釣る仕草をして踊り、豊作と豊漁を祈る。そして、住民たちの健康と長寿を祈る。私も土地の人びとにならって、カミンチュの前に進み、神酒をいただき、餅を授けられた。カミンチュたちはお供とともに行列を作って、浜へと下っていく。

海上では、ウガン(御願)バーリーが若者たちによって行なわれている。豊作・豊漁、無病息災を祈願するハーリー（爬竜船）の競争である。大勢の女性たちが腰まで海水につかり、パーランクー（半胴鼓）を叩いて、懸命に声援する。静寂さをたたえた祭儀と喧騒に満ちた賑やかな競技、それは山と海を往還する神の来訪と帰還を演じ物語っているのだろうか。

かつて八〇年ほど前に、折口信夫は沖縄のヤンバル（山原）を旅しているが、やはりこのような祭りを眼にしたのであろう。静まりかえった祭りの場にたたずみ、また遠くから歓声の聞こえる海原を眺めながら、神々が訪れては去っていく〝祭りの発生〟を実感して、〝ホォ〟と感嘆の入り交じった溜め息の出る、ゆったりとした時が流れていくような感じを私もいだくのである。

こんな風な感慨に浸っていると、あらためて沖縄の時の刻みを思い知らされる。〝ヤマト世《ゆ》〟〝いくさ世〟〝アメリカ世〟、再びの〝ヤマト世〟、そして見果てぬ〝ミルク世〟がある。沖縄戦で読谷村民八三名の集団自決のあった、チビチリガマの入口に立てられている「チビチリガマの歌」（金城実作詞）には、「戦世の《イクサユヌ》あわれ《アワリ》　物語て《ムヌガタ》下さい《タボリ》童孫世《ワラビンマガユ》に　語て《カタ》下さい《タボリ》／波平《ハンザ》チビチリや　私達沖縄世の《ワシタウチナユヌ》　心肝痛め《ククルチムヤマチ》　泣くさ《ナチュ》沖縄《ウチナ》／泣く《ナチュ》なチビチリヨ　平和世願て《ミルクユニガ》　物知らし《ムヌシ》所《ドクル》　チビチリヨー」と、四つの世が歌いこまれている。チビチリガマを記憶の拠点として、「戦世《イクサユ》」の語りを「童孫世《ワラビンマガユ》」まで伝え、「沖縄世《ウチナユ》」に「平和世《ミルクユ》」を願う。ここで、新たな〝歌の発生〟の現場に立ち合うのだ。

身体に刻み込まれて伝承された暴力と戦争の記憶を保持しながら、いまだ達成されない〝ミルク世〟を希求し構想して歌うところに、沖縄の世の深みがあろう。

（『機』二〇〇〇年一〇月号、藤原書店）

消えゆく女文字を訪ねる

遠藤織枝

中国の「女文字」

中国女文字は、中国の農村の普通の女たちが創り、習い、伝えてきた、すばらしい文化遺産である。文字――漢字――を学ぶチャンスが与えられなかった、しかも、表現手段を渇望した女たちが創った文字ではあるが、中国解放後女性も漢字を学べるようになり、歴史的使命を終えて消滅寸前にある。

一九九六年の八月末から九月にかけて、その残存状況を知るための調査を行なった。徹底的に、集中的に多くの村々の状況を知るため北京大学の日本語科の先生と学生の協力を求めた。今までの調査の際通訳を頼んでいた北京大学日本語科教師李奇楠《リーチーナン》さんに、今回も通訳を頼み、女文字に興味があり、炎天下に不便な土地を村から村へ歩き回れる体力のある人を募ってもらった。その結果女子学生四人、男子学生二人が名乗り出てくれ、李さんはその六人を率いて北京からやってきてくれた。

役人たちは「村へ下りる」

女文字伝播の中心地とされる湖南《ホナン》省江永《ジャンユン》県上江墟《シャンチャンシュイ》鎮（最近、「郷」から「鎮」にかわった）には四十四の村々がある。また、この鎮と隣接する黄甲嶺《ホアンジアリン》郷、消江《シャオジャン》鎮、そして隣県の道《タオ》県の村々にもかつては女文字を読み書きする女性たちがいた。これらの村々を一つ一つ調べて、どんな情報でもいい、直接女文字を習った人はもちろん、自分は習わなかったが○○村の××さんができる、もう亡くなったが△△さんがよく書いていた、など、女文字習得や伝承に関する現在と近い過去の状況を知る。また、女文字を書いたハンカチ、扇子、三朝書（結婚する娘に、姉妹や叔母、義姉妹たちが贈った冊子）などの原資料を探す。この二つを目的に、学生たちと村々に入った。

県政府の役人は「村に下りる」という。県の役所があり、役人たちの住む県庁所在地と、村々との格差はたいそう大きい。県には広い簡易舗装の道路が通り、三階、四階建てのビルも立ち並び、三輪のタクシーもたくさん走っているが、一歩その県を出て村道に入ると、雨のあとのぬかるみに車輪がとられ、しかも速度はあまりおとさない果敢な運転に車の中で左右上下に身を投げられるような悪路。村の入口で車をおり村の中に入ると、豚の親子連れ、牛の逍遥、にわとり、あひる、放し飼いの犬、と動物たちの歓迎はうれしいが、その糞がいたるところにおちていて、そのにおいと、それに寄ってくるハエの群れ。家々のたたずまいも人々の暮らしも、役人たちの住むコンクリートの建物とは、まさに雲泥の差。やはり役人たちはおカミから、村民のところへ下りて行くのである。

その村々へ調査に行くことはわたしにとっては「村に入る」以外では表わせない。どんな村も、村の入口には池と木蔭があり、そこを経て村の門をくぐるのだから。

滅びゆく女文字

村に入り、その付近にいる北京語のわかりそうな人をつかまえて、村長か書記の家はどこかときく。村人の話す江永土話（方言より狭い範囲で使われることば）は、北京の学生たちにはまったくわからない。ことばが通じなくて、なにやら否定的な返事がもどってくると、別の人に同じことをきく。村長も書記もいない、といわれると（村人たちは同じ村内の人の動向を実によく知っている）、婦女主任の家はどこ？　となる。人口政策推進のため、村の女性の出産状況を把握し、指導にあたる婦女主任が各村にいるのだ。そしてその村にいる七十歳以上の高齢の女性を紹介してもらい、頼んでその家へ連れていってもらう。

やっとたどりついても、女文字？　そんなもの知らない、見たことない、知ってる人がいるかどうかも知らない、とそっけない返事も多いが、はじめ、突然の外部者の闖入に警戒し、戸惑っていた女性たちが、いろいろきいているうちに、自分は知らないが、××さんの所へ行けば知ってるかもしれない、と教えてくれる。あるいは、外部者の訪問というので物見高い村人たちが集まってきて、その人々の中から、それなら子どものころ見たとか、〇〇村のなんとかさんが三朝書もってる、などと言ってくれる。

その情報に基づいて改めてそちらへ出向く。といってもその村へはまた半日がかりの悪路の先だ。確かに娘のころ習ったという人を探しあて、訪ねても、高齢で半ば呆けていて、こちらのききたいことがきけないこともある。

今回調査して得た成果は二点。もう新しい伝承者は見つからないだろう、つまり、陽煥宜《ヤンホアンイ》・何艶新《ホエンシン》の二人の伝承者とともに滅びるだろうことがわかった点。もう一点は、中国の若者たちが女文字に興味をもち始めてくれたこと。女子学生の一人は卒論のテーマを女文字にすると、うれしいことを言ってくれた。

後記　その後、何静華という一九四〇年生まれの女性が女文字を書けるようになっている。私の調査が刺激になって昔見た女文字の記憶をもとに学習し習得したわけで、現地調査を続けていることの意義を再確認している。（二〇〇一年五月）

（『機』一九九六年一〇月号、藤原書店）

原始・古代への「まなざし」を問う

河野信子

弥生期の「巫女ふたり」に血縁関係はないと、ＤＮＡ（deoxyribonucleic acid デオキシリボ核酸）鑑定によって最近発表された。（出土は六年前、四年前より東京大学理学部植田信太郎助教授に二千年前の女ふたりの人骨をＰＣＲ法*による増殖・判定が依頼され、本年（一九九三年）三月一日に発表された）（一九九三年三月二日のマス・メディア各紙に掲載）

ふたりは多数の貝輪をし、並ぶように他のかめ棺よりは高い位置に埋葬されていたため、成人女性と十五、六歳前後の女性であり、巫女ふたりであることは、すでに考古学者によって確定されている。（佐賀県神崎町花浦遺跡）今回の鑑定で親子でも姉妹でもない女たちによって、共同体内の巫女の時系列は形成されていたことになる。

二千年前の社会関係では、観念の女系と、血縁の女系は分離し、血縁と地縁とは、濃密な共通の枠を持っていたともいえない事態がすでに存在していたと思われる。

ここで、弥生期、地縁共同体の内部に血縁にもとづく系譜観念は存在していたであろうかと問い直す必要も出て来たことになる。

近年の女性学では、この国の族制は、母系や父系というよりも双系の側に傾いている。現代人の系譜観からいえば、双系となれば、六百年前に並ぶ「わが先祖」は百万人を超え、六百年後の血の濃さは百万分の一以下となる。こんなことでは、六百年を超える家系などは、意識の強度を背負ったものにしか通用しない。

またいっぽうでは、相次ぐ資料の検証によって、七百年代には、母系・父系・女系相続・男系相続が入り乱れてくる。

これを、高群逸枝の見解のように母系社会末期の状況と見るか、もともと双系というよりも混系であったとするかによって、史資料を見る視角も異なってくる。

ここで大胆に「原始・古代においては、共同の観念領域を貫くほどの性差観はなかった」と考えてみることもできる。系譜も王権も性差意識にからめられていないところでは、男女双方に担われる。『古事記』にみられる「八百万の神の合議制」は、実際の数はともかくとして、弥生期に引き渡されたひとつの時代の「社会関係」であったかもわからぬ（この国の全土に共通の現象であったかどうかは別として）。

他に王権の構造として、高群逸枝には、姫彦制がある。『魏志倭人伝』を分析すれば、精神界の主宰者をシャーマンとし、行政界の主宰者を「首長」とすることも可能だが、いずれを上位とするかの論争もきりもなく進んでいる。

ここで、現代の人びとが、原始古代を精神生活優位の時代と見るか、物質生活優位の時代と見るかによって、姫彦制（男と女・男と男・女と女の組合わせが考えられる）への畏敬のまなざしも、否認のまなざしも異なるようである。

＊ＰＣＲ法　polymerase chain reaction ポリメラーゼ連鎖反応。１分子のＤＮＡを検出するためにＤＮＡの特定の部分の塩基配列を増幅して検出する方法。

（『機』一九九三年七・八月号、藤原書店）

十九世紀の証人、サンド

ミシェル・ペロー

人間ジョルジュ・サンドの再発見

ジョルジュ・サンドは一八〇四年に生まれ、七六年に亡くなりますから、正に十九世紀の女性です。サンドは大変有名な女性のわりに、その真の姿は知られていないように思います。古典的な女性の規範を破る自由な生き方でまず名を広めました。創作活動によっても大変有名で、十九世紀を代表する作家の一人であると言えましょう。彼女の作品は幾つかの群に分けられます。まず、女性解放思想を盛り込んだ初期の作品。次いで、社会に蔓延《まんえん》する不正、不公平を問題にした社会主義的作品。さらに十九世紀中部フランスの農村地帯を舞台にした農民が主人公の作品などです。

現在、フランスばかりか世界中で、サンドの作品及び人間サンドの再発見、とりわけ彼女の思想や行動の再評価が行われています。この世界的な趨勢に促されて、出版が相次いでいますが、中でもG・リュバン氏の功績が顕著です。まず膨大な自伝的作品『わが生涯の歴史』の出版。これはサンド自身や彼女が生きた時代、彼女の家系―先祖についての第一級の歴史的資料です。次に書簡集の出版。これもきわめて重要な資料で、この出版こそがサンド再発見の道を開きました。全二五巻には約一万七千通が収録され、十九世紀の途方もなく貴重な証言を含んでいます。サンドが手紙を交した相手は実に多彩です。第一に家族や親類への手紙。第二に多くの恋人たちへの手紙。さらに二つの群を挙げたいと思います。これらは歴史家にとり非常に興味深いものですが、まず文学的な書簡群。彼女の作品の出版者や、ヴィクトル・ユゴー、サント＝ブーヴ、ツルゲーネフ、なかんずくフロベールといった作家たちへの多数の手紙です。サンドとフロベールの往復書簡は十九世紀後半の知識人たちの生活の優れた証言の書と言えます。そして政治的な書簡群。この時代の政界で重要な役割を演じた人々、民主主義や社会主義のために、あるいは民族運動のために献身した人々への書簡です。

「フランス革命の娘」

ここで政治的領域でのサンドについてお話ししたいと思います。サンドの最も知られていない面だと思われますし、もう一つには、一八四三年から一八五〇年の間にサンドの執筆した政治的論文集『サンド 政治と論争』（邦訳二〇〇〇年、藤原書店）を私が編纂したからです。この時期はサンドが最も積極的に社会参加・政治参加した時期です。この時代、フランスの女性は政治の領域から完全に閉め出されていたばかりでなく、民事上の権利もありませんでした。

サンドの政治思想の核をなしていたものは何か？ まず、サンドはまさしく「フランス革命の娘」であると申し上げたいと思います。貴族を父に、労働者の娘を母に生まれた彼女は、よく自分が社会的混血児であると言い、つねに弱者・民衆の側に身を置いていました。一八三〇年、共和主義者であると宣言し、一八四〇年代には自らを社会主義者と呼んでいます。そして四八年の二月革命を社会的正義の実現という目的を達成する革命と受けとめ、熱狂的に支持したのです。サンドは極めて直接的な政治行動をとります。つまり、臨時革命政府の「公報」に多数の論文を書き、非常に政治的な文章・著作を発表し、『人民の大義』と名づけた新聞を創刊します。さらに民衆教育のための小冊子を多く出します。民衆の教育を通して民主主義を確立し、革命を成就させようと一日中、ペンを走らせたのです。

けれどもサンドに大きな矛盾が見られます。女性の参政権についてです。一八四八年に普通選挙が行われますが、参政権は男性だけのものであるという状況に大きな不満を抱いた女性たちが参政権獲得の運動を展開し、サンドを候補者に仕立て上げます。サンドはきっぱりと拒絶しました。なぜ？　投票権より民事上の権利の獲得の方がはるかに重要、かつ優先されるべき問題とサンドは考えます。現実の生活で女性は夫に従属した地位にある、つまり、個がない以上自らの考えで投票する能力はない、したがって自立のためにまず民事上の権利獲得から始めるべきだと説きます。

二月革命の挫折後、サンドは社会に教育が行き届き、確固としたスタンスができるには時間が必要だと考えるようになります。

ともあれ、彼女は十九世紀という時代の見事な証人と言えましょう。

（持田明子編訳）

（永畑道子氏との対談「サンドと晶子」より。
一九九七年十二月七日　於・熊本県立図書館にて。
『機』一九九八年二月号、藤原書店）

養蚕と女性

網野善彦

このシリーズ（『女と男の時空』）は、編集、監修の立場でなく、一読者として読んでまいりました。といいましても、大変不勉強で、やはりどうしても古代・中世の方に重点をおいた読み方になってしまいましたが、非常に多くの刺激を得ることができました。このように未開拓だった分野に深く切りこんだこの『女と男の時空』がここに見事に完成いたしましたことを、心からお喜び申し上げます。同時に『女の歴史』さらにこのシリーズと、二つの大きな仕事を完成された藤原書店に、また心からの敬意を表したいと思います。

実際、すべてを読んでおりませんので、大変片手落ちな見方になってしまうかもしれませんが、従来のいわゆる「女性史」のまとめ方とは異なって、さまざまな角度から問題がとり上げられ、女性の性そのものを非常に深く追究されると同時に、宗教、思想とのかかわりまで踏み込まれた労作が幾つも並んでおり、そこから啓発されることが大変に多かったのです。それだけではなく、「家」の形成の中での女性のあり方、その財産権、あるいは女性の商人・芸能民としての活動にかかわる堅実な論文からもたくさんのことを教えられました。私はもともと理論は不得手で、具体的なことしか勉強しておらず、史料をもっぱら読むのが好きな男なので、男と女の関係についての理論的な問題ではなく、最近、史料を読んでいるうちに、ちょっと気がついて疑問に思い始めたことを、ここでは勝手に若干お話をさせていただき、責めを果たしたいと思っております。

最近日本の社会の問題を考えておりますうちに——これはこのごろどこにいっても言っていますので、また言い始めたとお考えになる方も多いと思いますが——、これまで我々が「お百姓さんは農民」と思っていたことは大きな間違いで、百姓は農民とは限らず、さまざまな職能を持つ人々をたくさん含んでいることが、私にはわかったような気がしてまいりました。それと同時に今まで百姓=農民と思いこんでいたので、もっぱら農業だけに重点を置いて日本の社会を考えてきたため、見落としたことが非常に多いことに気がつきました。例えば、日本の社会の非常に高度な「職人」の技術——きわめて多様な分野の生産に関わる技術を、一部の職能民だけが担っていたと、私も考えがちでしたが、どうもそうではなく、一般の百姓の広範な生産技術があって、それを基盤として初めて職能民の高度な技術が成り立っているのだという当たり前のことに気がついたわけです。その中で特に女性の問題と不可分のかかわりがあると考えておりますのは、まことに唐突ですが、桑、養蚕と織物の問題であります。

これまでも中世の史料に桑がたくさん出てくることは知られていました。しかし、江戸時代以後は別として、中世以前にさかのぼってみると、西陣のような高度な絹織物についてはさまざまな研究が行なわれていても、一般の百姓が桑を栽培して行なっている養蚕についての研究は、私の不勉強もあろうかと思いますが、全く見当たらないのではないかと思います。なぜそういうことになっているかを推測してみますと、絹織物は非常にぜいたくなもので、一般の庶民、百姓などは着るはずがないという思い込み――最近まで私も持っていた思いこみに原因があると思います。実際、江戸時代の法令の中に「百姓は絹などを着てはならん」という規定が出てまいります。裏返していえばこれは着る者が多かったことを示しているともいえるのですが、そこまで考えることなく、なんとなく百姓は絹など着ないのだと思い込んでおりました。しかも桑は狭い意味の農業、田畠から穀物を収穫する農業とは質的に違うので、ほとんど注意されてこなかったと思うのですが、桑の史料を注意して見ますと、細かく申し上げる時間は全くありませんが、桑はおそくとも弥生時代から始まって、日本列島のほとんど全域で意識的に栽培されていました。それ故、律令国家もわざわざ桑については漆と同じく本数をきちんと数えて掌握を図っております。その数を見ますと、例えば伊勢国の多気郡という一つの小さな郡だけで、九世紀初頭、桑が約一三万五〇〇〇本植えられていたことがわかっており、これぐらいのレベルで桑の栽培が列島全域で行なわれていたと見てよいと思います。

そう考えてみますと、中世では、東国を中心として絹や布、綿、糸を年貢にしている地域が非常に多く、年貢米よりもその方がはるかに多いことに気がつきます。そしてその背景には当然、麻と布だけでなく、桑と養蚕、さらに絹織物の生産があったはずです。これまでの学者は、こういう絹織物の生産はすべて貢納のためであって、実際に百姓などは絹を着ていないと考えてきたのですが、今の数字を考えていただければわかりますように、それをすべて貢納したとしたら、都はすべて絹であふれかえって、恐らく捨てられる絹が出てしまうくらいの莫大な量の絹が生産されていることになってしまいます。

こうしたことに気づいた上で、あらためて調べてみますと、十三、四世紀には布の小袖と同様に絹の小袖は百姓の女性の着物になっており、女性の綿や小袖の商人が市場で盛んに小袖や綿、糸を売買しているということがわかってきました。しかもこの分野の労働はすべて女性が確実に行なっております。これはおそらく弥生時代からそうであると推測できますが、不思議なことにこの分野の史料が極めて少ないのです。しかしこれは不思議なことではなく、これは田地や畠地の農業に国家の制度の中心がおかれており、男性が納税の責任者だったために、文書そのものにもこの分野の事実が現われないことになっているのです。しかし養蚕から糸をとり絹織物をするという仕事は——これは麻の場合も同様だと思いますが——、間違いなく百姓の女性の仕事であったことは、文献上からも明らかです。

時間がございませんので一、二の例だけ挙げておきますと、有名な「尾張国郡司百姓等解文」という九八八年（永延二）に尾張国の郡司・百姓たちが受領の乱暴を訴えた文書がございますが、この中に「農夫、鋤をなげうって耕作のことを怠り、蚕婦《さんぷ》、桑を忘れて、繭《けん》糸の業を倦む」とあり、農業は男性であるのに対して、蚕は女性であったことがよくわかります。

それから、『今昔物語集』には「蛇《くちなわ》にとつげる女を、医師《くすし》のなおせる話」というおもしろい話があり、高い大きな桑の木に登って女性が桑をとっていた——このように高い桑の木に女性が登っているということは非常に大事なことだと思います。桑は管理しないと大木になりますので、最初私は、女性が摘むのは少し無理ではないかと思ったのですが、そうではなく蚕を飼うためには大きな桑の木に登って桑の葉を摘みとる女性のいたことがこれによってわかります。その女性を下から見ていた蛇が、この女性につがってしまうという話なのですが、これは女性と養蚕の関係をよく物語っています。

さらに『今昔物語集』には「参川国《みかわのくに》に犬頭糸《けんとうし》を始めし話」がありますが、内容は長いので別として、三河国の郡司が二人の妻に養蚕をさせ、糸をたくさんとっているという話がその中に出てまいります。本妻の方の蚕はみんな死んでしまい、一つだけ残った蚕を犬が飲み込んで糸を吐いて死んだので、その犬を桑の木の根元に植えたらすばらしい糸がとれたという話でありますが、これによっても、養蚕が女性の仕事であり、それによって女性は生活をしていたことがわかります。

それから『海道記《かいどうき》』という鎌倉時代の初めのころの旅行記がありますが、これにも、尾張国に入ったところ、園の中に桑を植えている小さな家があって、その家では「蓬頭《ほうとう》なる（頭をぼうぼうにしている）女、蚕簀《さく》に向いて蚕養を営み」とあります。やはり養蚕は女性がやっており、鍬をもって耕しているのは年老いた男性ということになっています。このように物語には女性の養蚕が出てくるのですが、文書にはほとんど見られないのです。

私の見た限りですが、鎌倉時代の文書には、まだ二カ所しか気がついておりません。一二九九年（正安元年）、備後国大田庄《おおたのしょう》の代官で、大変なぜいたくをやったので有名な淵信《えんしん》という僧侶がいるのですが、この人が女性を連れて現地に下って養蚕を行なったことは非常に異例だといって、百姓たちから訴えられていますが、ここでも養蚕は女性であることが前提になっています。もう一つ、一三一八年（文保二年）の若狭国御賀尾浦で百姓たちが、地頭の代官が「養女」を入れて蚕養を勝手にやるのはけしからんといって訴えています。ここに出てくる「養女」という言葉は、多分「かいめ」と読み、蚕養《こかい》をする女性を意味していると思います。いまのところたったこれだけの二通の文書の事例ですが、女性と養蚕の関係は明らかだと思います。実際、百姓の農業については厖大な文書に出てきますが、女性の蚕養について鎌倉時代の文書でそれを証明できる文書はわずか二カ所しかありません。しかしいろいろな事例からみて、蚕を養うのは疑いもなく女性であり、糸をとるのも女性でした。

室町時代を飛び越してしまいますが、江戸時代でも全く同様でした。江戸時代の甲斐国――私の郷里の山梨県は養蚕地帯で有名でしたが――の村明細帳を見ておりますと、木綿や養蚕、絹織物、さらに麻織物はすべて女の稼ぎであり、男が農業をやり、山仕事をするのに対して、女性はこういう衣料生産の分野を担って、自分で生産物を売っていると記されています。

こう考えてきますと、衣料生産、繊維産業は、弥生時代から江戸時代に至るまですべて女性の独占的労働分野であるといってよいのではないかと思います。恐らくアジアからヨーロッパなど、世界的にもそうだったのではないでしょうか。しかし、女性史関係の本をいろいろと見てみたのですが、今回のシリーズをふくめて、この点を追究された仕事はなかったように思われるので、ぜひ今後、皆さんにお考えいただきたいと思い、一言申し上げてみました。このように養蚕、絹織物だけではなく、木綿や綿織物まで前近代には女性の仕事だったとすると、明治以降もこの領域が女性の独占的な労働分野であったといえると思います。裏返していうと男性は介入できなかったのです。とすると、これまで「女工」といわれてきた人々の労働の意味を、もう一度問い直す必要が出てくると思います。それは日本の近代産業を支えていたともいえるのです。

実際、女性が男のいうとおり、素直に従ってその労働を補助していたというだけで、果たして本当に男と女の関係をとらえることになるのか、ということも考えてみたくなります。同時にこれらの点はこのシリーズの中に詳細に、しかも見事に書かれているのですが、女性が男のつくった物でも、あまり重い物はありませんが軽いものは売買しています。中世に女の商人がいかに多かったかは、職人歌合によってよくわかります。絹織物など織物関係は完全に女性の商人です。また男は船に乗って魚や貝の漁をするけれども、獲ってきた物は女性が売ります。農業も同様であり、男は鍬を振っていろいろなものを収穫しますが、収穫した米や野菜などを売るのは女性ですし、酒も売るのは女性でした。女性は男のつくった物を売るし、自分のつくった物も売っているのですが、そうして稼いだ銭、金銀をそのまま素直に男に渡しているはずはないと思います。女性は確実に貨幣など動産の財産権を、へそくりといわれようと何といわれようと持っていたに相違ありません。

ルイス・フロイスが、日本とヨーロッパとを比較した有名な書物の中で、夫と妻はともに独自に財産権を持っている点がヨーロッパと違うといっています。しかも財産権を持っている女性が、ときに夫に高利で金を貸すという著名な一言が入っています。これはまさかと思っていましたが、十分あり得ることだと最近は考えるようになりました。

問題は、こういう労働分野の中で女性が大きな地位を占めているということが、女性の社会的地位とどのように関連してくるかという点です。この問題は単純ではないので、これこそより深く、これからの問題として、さらに考えていく必要があるのではないかと考えています。恐らくこの「女と男の関係史」の刊行はこれのみにとどまることはあるはずはないと思います。先ほど藤原さんからもお話がありましたが、これからさまざまな形でこの問題がより深く議論されることは間違いないと思います。そうした新しい機会に、若い方々がぜひこういう問題について本格的な議論をしていただくことを心から期待したいと思っています。短い時間なので大変簡単に要点のみ申し上げました。以上です。

〈第89回紀伊國屋セミナー〉「女と男の時空――日本の歴史を読みかえる」より。
一九九六年十一月十八日　於・紀伊國屋ホール）

「奉公」の変容

【古代から現代までを貫く日本の社会システム】

西宮　紘

現代のサラリーマンは、市場という戦場で厳しい戦いを強いられる企業戦士であり、またそうであればこそ会社のために身を粉にして働かねばならないのが現状である。これは「滅私奉公」とも称されるが、この言葉は戦前以来のもので、いまだ死語となっていないものと漠然と考えられてはいるものの、果たしていつ頃生まれ、どのような変遷を経てきたものか。ここで『年表・女と男の日本史』（以下『年表』）を繙きながら考えてみよう。

男の論理としての主従関係

一〇世紀の前半に起こった承平・天慶の乱、すなわち平将門や藤原純友の乱は武士という存在を世に知らしめた大事件であったが、この頃は、棟梁の「家」を核とする一族的武士団はまだ存在せず、女系親族による「同党」であり、武芸はあくまで個人の能力であった。原初的武士団が成立するのは一〇世紀末から一一世紀にかけてであり、有力武士とそれに従う武士たちとの間に私的主従関係が成立する。主従関係というのは、主人が従者に恩恵や保護を与えるのに対して従者が奉公をもって報いることである。この「奉公」の最も基本的なものは、戦場において主人のために身命を投げ出して戦うということである。主従関係というのは、まさに戦場の中から生まれてきた男の論理であったのである。この「奉公」は従者が主体的に主人を選ぶものであった。

この主従関係は「イエ」意識と結びついて、やがて「惣領《そうりょう》」という概念を生み出すのであるが、「イエ」とは、武士の家とその周囲に開発された田畑（堀垣で囲まれている）、家から離れた土地に政所《まんどころ》や田屋を建ててその周囲を開発して得た田を含み、しかも主人・家子《いえのこ》・郎従《ろうじゅう》・下人《げにん》等の人的支配関係をも内包している。この「イエ」における人的支配関係に主従関係が据えられたとき「家」が成立したといえようか。すなわち「家」は所領と主従関係から成り立っているとすることができる。そして「家」の相続の問題の中から「惣領職《そうりょうしき》」が意識されるようになった。

鎌倉時代までは惣領というのは必ずしも長男とは限らず、一族の器量の人物を惣領としたのであり、場合によっては女でもよかった。北条政子はその例である。しかし所領の細分化と流出を恐れて、鎌倉中期以降、嫡家惣領制が一般化し、女子や庶子の相続は一期分《いちごぶん》（相続人は死後、嫡子に返す）となる。この鎌倉期を通じて、主従関係は、幕府による所領の安堵《あんど》や相続の統制等の御恩に対して、家臣の御家人は軍事的勤務や御家人役という賦課に応ずるという「奉公」に務めたのであり、以後「奉公」は、中世末までは、上位の主家に奉公する武家という形で用いられたのである。

あらゆる階層の雇用関係としての奉公

中世末には武家に仕える侍身分の者をも「奉公人」（譜代奉公）と呼ぶようになるが、江戸時代になると、百姓・町人が武家に雇われる者を、さらには人宿《ひとやど》（口入屋）を通じて商家や職人などに雇われることを「奉公」と呼ぶようになった。あるいは、農家の子女が豪農の下女・下男に雇われるのも「奉公」、さらには廓奉公、妾奉公、乳母奉公など、さまざまな階層間ないし階層内における雇用関係を「奉公」と呼ぶようになった。「奉公」に対する代償は給金である。

『年表』では、江戸幕府の奉公人に関するさまざまな禁令や布令がとりあげられている。例えば、一七〇六年には町方の人宿に、奉公人の給金が高騰し相対で決めるように、と出てくるが、次第に奉公人の給金が上昇していく様が読みとれる。一七三〇年にも給金の値下げを命じている。一七八一（天明元）年、丹波国保津村の清蔵、女奉公人を集めて奉公拒否を煽るとあるが、清蔵は下作人であって、この女奉公人の集会では給米や休暇等を「心儘《こころのまま》」に「相究《あいき》メ」させることを要求して奉公拒否を煽動したのであるが、後に筏差子《いかださし》の闘争の代表になったり、天明七年の百姓一揆でも頭取の疑いで入牢させられている。

商家の場合を見てみると、奉公人は丁稚《でっち》や手代《てだい》がその底辺を作っているが、一七世紀後半以降になると、商品経済が発達し、いわゆる豪商が台頭してくる。三井、鴻池、住友などである。豪商は多くの奉公人を抱え、身を粉にして働く優秀な奉公人には昇進の機会が与えられていた。一八世紀頃になると、豪商は家憲、家訓などを制定し、主人に忠誠を誓う奉公人には昇進や昇給、暖簾分けの制度を確立していた。江戸幕府も、主人に忠誠を誓い、身を粉にして働く奉公人を、社会的安定に寄与するとして表彰さえするようになるのである。

主従関係における従は、中世においては、従者の意志による奉公というものが中心課題であったが、近世においてはむしろ主の意志に従うべく変貌している。そのことは、近世の女の位置づけにもはっきりと現れている。女は舅・姑や夫に従わねばならぬのみならず、子にも従わねばならなかった。しかも、子を産んでも、それを育てるか育てないかは家父長たる夫が決めることである。また、娘たちや次男以下はすべて家を継ぐための控えの駒か、あるいは奉公という道しかなかった。要するに、近世は、男の論理である主従関係と上から下へと強いられる形での奉公が厳格な身分制度と家の相互を結びつける基本原理であったのだ。

「奉公」人は、いわば身分制度を超えて「家」と「家」をつなぐものであり、特に違った階級同士をつなぐ側面を持っており、その場合は、それぞれの階級の双方の内部に精通した人間が「奉公」人だといえる。違った世界を知ることができるのが「奉公」人なのである。幕末に倒幕運動に走る下級武士や浪人者は、武家階級におけるそういった「奉公」人の末裔であり、改めて本来の意味での従者の意志としての奉公を目指した者たちではなかったか。他方で、幕藩体制における上層部の多くは、「繁文に赴《おもむ》き先例旧格に泥《なじ》」（吉田松陰）む弛緩した奉公を通じて世界が見えなくなっていたのである。

国家と企業と奉公

明治期に入って、「奉公」という観念はどうなったのであろうか。『年表』によれば、一八七二年十月に芸娼妓等年期奉公人の解放、人身売買禁止の布告とある。「解放」という言葉は新しい用語であるが、実態は江戸時代の禁令等とどれほどの違いがあったか。一八八九（明治二二）年二月一一日には大日本帝国憲法が発布されている。この憲法作成にかかわった伊藤博文は、わが国の憲法は天皇の恩旨による憲法、恩典の憲法であると言い、伊藤に助言を与えたドイツの憲法学者アルベルト・モッセは、主権は人民にあるのではなく、君主が自己の権利によって国権を総攬すべきだと主張した。伊藤の「恩旨」とか「恩典」という言い方には、主従関係における「御恩」の観念が響いていないだろうか。

さらに一八九〇（明治二三）年、教育勅語が発布される。その文の中に、「一旦緩急アレハ義勇公ニ奉シ」という部分があるが、この「公ニ奉シ」とはまさに「奉公」である。この前後の文言は、いったん国が危機に直面したときは義勇奉公すべし、と言っているのである。実際、一八九四年の八月に日清戦争が勃発したとき、日赤看護婦高山ミツは戦時看護に赴くにあたって、「奉公の義心と忠心より出る親切」が必要であると説いている。ここでの「奉公」は、中世における軍務に就くこと、天皇たる主君の御恩に報いるために戦いに赴くことを意味している。従って、西洋から入ってきた新しい用語、「権利」と「義務」などは、天皇の君権と臣民の奉公という形で解釈規定されたのである。

江戸時代の「奉公」観念を最もストレートに継承したのは商業資本であろう。江戸期の豪商は家族主義的経営原理の上に奉公人制度を確立したのであるが、明治期に入ると、いち早く政商と化し、財閥となり、再び家族主義的経営原理を復活させたのである。一般の庶民にも就職は「奉公」であるとする観念をぬぐい去ることはできなかったが、西洋から入ってくる個人主義的な考え方は「奉公」における原初的な武士団形成時の主体的な党的発想を呼び覚まし、さらには左翼的思想の浸透もあって、労働運動も頻発するようになる。しかし、軍部の台頭は次第に絶えざる戦争の渦に日本を巻き込み、国民は有無を言わさぬ「滅私奉公」を強いられることになった。

第二次大戦後の日本では、主従関係に根ざした行政の在り方を継承したのは官僚機構であり、家族主義的経営原理の上に「奉公」観念を受け継いだのは、金融・企業資本であった。大企業は中小企業を系列下に従え、官僚と癒着しながら戦後の日本を主導し、男を「滅私奉公」する企業戦士に、女を良妻賢母たる専業主婦とするために腐心してきたのである。

（『機』一九九八年一一月号、藤原書店）

生活空間は豊かになった?

柳美代子

関西には町家と呼ばれる近世・近代からの商家が数多く残り、学生時代から間取りを採取する手伝いをしていた。格子の並ぶ表から中に入ると奥に土間が伸びる。その土間に沿って部屋が並び、見上げると剥き出しの梁や束がみえる。土間の奥は台所で竈や流し、水屋が並び、外に出ると明るい中庭、さらにその奥に離れや蔵が続く。間口は数メートルでも敷地の奥行は百メートルを超すことも少なくない。鰻の寝床とはよく言ったものだ。豪商の住まいであれば、部屋の造りも手が込んでいる。欄間の彫り物や障子の桟組み、書院や違い棚などのデザインに趣向が凝らされ、柱、天井板、床《とこ》の地板などは最高の材木を使用。また、地方に行けば、分厚い茅や藁の屋根をのせた豪農の農家が百年以上もの間、たたずんでいる。何も置かれていない畳の部屋が延々と続き、奥には立派な座敷、広々とした土間には大きな竈《かま》が並び、井戸まである。こうした町家や農家の間取り、構造や材料、各部のデザインが詳細に記録されていった。

それにしてもこんなに広い住空間の中で、誰がどの部屋を使っていたのか、家具調度をどう配置していたのか、ずっと疑問に思っていた。妻や嫁、娘、使用人といった立場の女性はどのような生活を送っていたのだろうか。炊事、洗濯、掃除、裁縫など、何一つ電化されない家事をこなし、農作業や商いの手助けをするのはどんなに骨の折れることだったろう。しかし、民家の調査報告書をみても、さまざまな研究書を読んでも、それには答えてくれない。民俗学や女性史研究をつうじてようやくわかった。幼少期は親と一緒、年頃になれば娘宿、結婚すれば、忌み小屋で過ごす数日を除けば夫や幼い子供たちと絶えず一緒。奉公にいけば他の使用人たちと雑魚寝《ざこね》の状態。もちろん、男性の一生も似たり寄ったりだ。祭りや冠婚葬祭、旅回りの芝居小屋を心待ちにし、他愛もないおしゃべりを日々の楽しみとする生活。雪深い村での冬ごもり、温泉地での湯治などは骨休め以上のイベントだっただろう。伊勢や熊野に詣でることが、信仰に名を借りた娯楽であったとしても何も後ろめたさを感じることはないはずだ。

ある町家で、屋根裏のようなスペースがあり、梯子が立てかけてあった。そこは女使用人たちの就寝するところで、最後に上がった者がその梯子を引き上げる。男性の使用人が上がってこられないようにするためだ。プライバシーどころか、身の安全の保障もない。今で言う個室を持っていたのは大名屋敷の奥方や側室、稼ぎのいい遊女。しかし彼女たちには監視がつき、自由に外出すらできない。

今や町家や農家も建て替わり、そこに住む女性には、個室も、溢れんばかりのもの、自由もある。だが現代に生きる私たちは、豊かな生活と引き換えに何一つ失っていないのだろうか。

(『機』二〇〇〇年一一月号、藤原書店)

人権意識と性の差別

奥田暁子

この世界に女だけの社会も男だけの社会も存在しないことを考えると、女性史は男性史とイコールではないとはいえ、少なくとも男性との関係を色濃く反映したものにならざるを得ないだろう。なぜこんなことを言うかというと、最近、『弊風一斑蓄妾の実例』という本を読んで、あまりにも低劣な明治の男性のセクシュアリティに呆然となったからである。

日本の近代の始まりである明治期は男の時代だった。政治がすべて男性の手に握られていただけでなく、男と女の間にはそもそも関係が成立していなかったように思われる。

『弊風一斑蓄妾の実例』は黒岩涙香が明治三十一年七月七日から九月二十七日まで『萬朝報』に連載した日本の「紳士」の性生活五一〇例の記録である。リストアップされているのは伊藤博文、犬養毅、山県有朋などの政治家から華族、大学教授、銀行頭取、官僚、弁護士、軍人、住職まで、金も地位もある、いわゆるエリートと呼ばれる階層の男たちである。四〇代、五〇代、六〇代の男たちが一〇代、二〇代の若い女性を（時には複数で）妾として囲い、妻妾同居も珍しいことではなく、同じ時期に複数の女性に子どもを産ませる例もあった。

一夫多妻や公娼制はかつてはどこの社会でも見られた現象で、日本だけが特殊なのではないという見方もあるだろうが、この記録が書かれたのは、自由民権運動や鹿鳴館時代を経験し、一夫一婦の道徳観を説くキリスト教にも触れた後のことである。わたしは男性のこのような性意識が近代日本に深く浸透していたことに衝撃を受ける。

日本の近代初期がこのような性風土であったとすれば、今日の私たちの目からは性差別の元凶であったように見える良妻賢母教育も、当時の女性にとっては解放とまではいかなくとも、現実を改善するための一歩と映ったかもしれない。これほど絶望的な状況では、女性の選択できる道は良妻賢母となって、家の中に確固とした居場所を築くか、男性の性的対象となって経済生活を保障されるかのどちらかしかなかっただろうから。

近代は人権意識を誕生させたが、他方で性差別を拡大、深化させたとも言われる。西欧社会に関してはこの説は一面では正しいが、日本の場合、そもそも差別を云々できる土壌があったかどうかは疑問である。相手との関係が対等でないと認識する時に被差別意識が生まれるのだと思うが、そのためには自分と相手が同じ基盤に立っていなければならない。

わたしは近代をひとまとめにして女性にとっての暗黒の時代だったと言うつもりはないが、近代女性史がきわめて厳しい状況から出発したことだけは心に留めておきたい。

（『機』一九九三年四月号、藤原書店）

宣教師の出会った日本女性

岡野治子

歴史意識とは、時間感覚のみならず、空間感覚を通じて醸成されるものであるということは、もう自明なことになっている。目下その翻訳が公刊され、話題になっているF・ブローデルの大著『地中海』の魅力は、それが人文諸科学の総合知を結集させた巨人的作品であるということのほかに、全編を貫く彼の立体的な歴史意識にあるのではないだろうか。

日本史もこうした視点から様々に問い直されてはきた。しかし高群逸枝の先駆的業績があるにせよ、日本の女性史研究の歴史はまだ若い。時間軸レベルでの考察に終始してきた観さえある。そうしてみると、「いま、女性史を問い直す」という課題は途方もないものに思える。しかしこのような先達の研究を踏まえながら、学際的研究の成果を盛り込むこと、そして時間・空間的広がりを視野にいれることによって、女性史の新しい方向性が開示されるように思う。異文化との関係史を意識することにより、自己の文化が相対化され、見えやすくなるからである。

日本は、中世において初めてキリスト教と西欧文化に出会う。西欧人にとっても日本は未知の国であったから、彼等は目にするもの、耳にするもの、あらゆるものを記録にとどめている。「ヨーロッパでは、妻は夫の許可が無くては、家から外へ出ない。日本の女性は夫に知らせず、好きな所に行く自由を持っている」と、宣教師ルイス・フロイスは記している。外出における自由が、即、女性の解放度をあらわしているとは言えないが、現代でも家計費は男性の管理下にあるといった西欧的家父長制とは異質の日本的男女の関係が、ここには暗示されている。また別のイエズス会士は、西欧の女性に比べて日本の上層階級の女性たちがいかに豊かな教養を身につけているか、繰り返し驚きをもって報告している。

宣教師たちの出会った高貴なる女性たちのなかで、とりわけ細川ガラシアは、彼等の記録文書のなかのヒロインである。ガラシアは、宣教師たちによって高い教養、貞潔さ、女らしさそして従順さを兼備した理想の女性として賛美されている。ガラシアがこのように聖化・理想化された背景には、女性の教養とは、家事と育児に役立てるものであり、貞潔と従順さにおいてのみ女性に許容されるものであるという、当時の西欧の家父長的倫理のトポスが作動していたことを見逃すわけにはいくまい。

ガラシアに関する日本の一次史料である『細川家記』もまた、夫の政治的立場のために死を選んだガラシアを貞女の鑑と称えている。この点では、西欧史料との一致が見られるが、多くの点でくいちがっている。また日本の諸史料においても、ガラシア像は微妙に異なっている。史料を読み取る難しさがここにある。その史料が、いつ、誰によって、誰のために、どの地域で書かれたものなのかを問うことから、始めねばなるまい。

（『機』一九九四年二月号、藤原書店）

『女の歴史』によせて

【ギリシア史の視点から】

栗原麻子

『女の歴史Ⅰ　古代』が編纂されて一〇年になる。『「女の歴史」を批判する』や『女性史は可能か』といった先行出版物が伝える、本書をとりまく熱っぽい空気は、その後のギリシア史研究に、どのような影響をもたらしたのだろうか。

筆者は女性史にかんするヒストリオグラフィーを書く立場にはない。むしろ、ここでは、女性史のそとから、とりわけ女性史の関連領域である家族史の立場から、本書第一一章でシュミット＝パンテルが「おおきな見通し」とよんでいる、女性史と全体史とのかかわりあいについて考えてみる。まず女性の置かれた空間の問題に焦点をあてる。つぎに、女性についての表象研究の比重が高いという、本書の特徴についても若干触れておきたい。

一　家のなかと家のそと

家のなかの女性たち　女性たちを社会のなかに置いてみようとするとき、伝統的に、女性の場として前提とされてきたのは、家＝オイコスであった。その結果、女性史的な研究は、ギリシアの家族史研究の一動向を形成するにいたっている。

一例を挙げるならば、ジュスト（一九九〇年）は、家族制度のなかに女性を位置づけることによって、アテナイの親族関係が、女性を結節点としてなりたっていたことを示し、男系の血のつながりが強調されてきた従来の家族像を覆した。あるいはフォックスオル（一九八九年）は、ギリシアの家が、法制的には家長である男性の全権下にあったにもかかわらず、事実上、社会的、経済的な単位であり、財産もまた、家長の財産というよりも家族全員のためのものととらえられていたことに着目し、この家という社会的存在のなかで、女性たちが一定の権限を持っていたことを強調している。

このような親族のつながりのなかで、女性は周囲の男性たちの相談相手となり、人間関係を調整していた。相続をめぐる紛争が裁判に持ち出された場合に、紛争の過程を説明する法廷での弁論には、そのような女性たちのすがたを見いだすことができる。それ以前の家族史の定番であった、レイシィの『古代ギリシアの家族』（一九六三年）が、男性市民を中心として、どちらかといえば法制度上の家の位置づけに重点を置いていたのにたいして、女性史の視点にたつ研究は、家の社会的実態を徐々に明らかにしていったといえるだろう。

家と市民権　しかも家についての研究は、たんなる「私生活の歴史」にとどまるものではない。民主制期のアテナイにおいて、家は事実上、市民権の基盤であった。女性がポリスの構造と関わりを持つのは、結婚によって市民の家に属し、生殖によって市民を再生産する、妻として母としてであったのである。それゆえ家や結婚をめぐる研究と市民権研究との接点は社会史以前からのものである。ただし、従来の市民権研究の重点は、家や結婚をめぐる法制史にあった。これにたいして、本書第五章のルデュック論文は、贈与というきわめて社会史的、文化人類学的な視点から、ホメロス社会と、クレタ島のゴルテュン、そしてアテナイの比較をおこない、婚姻制度と、結婚した女性の立場が、市民権の定義、ひいては「政治的なるものの出現」という、よりひろく、またより中心的な問題の一部であることを論じたのである。

家のそとの女性たち　しかしながら、ルデュックが「熱い社会」と見なし、制度上、花嫁が「夫の後見に服する未成年者であった」とするアテナイにおいても、女性たちは家のなかにとどまっていたわけではない。

まず、女性たちは家をつうじて政治に関与した可能性がある。もちろん彼女たちには民会や民衆法廷等の公的な場での発言権はなかった。だが、デモステネスの弁論集に収められている『ネアイラ弾劾』は、にもかかわらず女性たちの声が国政に反映された可能性を示している。『ネアイラ弾劾』は、非市民の遊女でありながら、その娘を市民の娘と偽って結婚させたネアイラという女性と、その夫ステファノスをめぐる裁判である。裁判に判決を下すのは、もちろん男性たちであった。しかし弁論の最終部はつぎのように論じられている。すなわち男性たちが、ネアイラのような女性を許すならば、彼らが家庭にかえって妻女に裁判の結果を聞かれたときに、どんなにか彼らは非難にさらされることであろう、というのである。

さらにV・ハンターは、『アテナイにおける秩序維持』のなかで、アテナイの公的秩序維持が、家の内外の、女性たちの手になる噂や、噂による社会統制に依存していたことに着目し、国家による裁判にいたる以前の、親類や知己による争いの調停（そこでは親族ネットワークのなかで女性たちが活躍している姿をみることができる）や、家の内外での噂による非制度的な社会統制といった、私的領域における自力救済的な秩序維持活動によるところが大きかったと論じている。だが、噂ばなしにあずかっていたのは女性のみではない。女性たちの社会的な活動に眼をむけることは、アテナイにおける家と、より公的な領域の関係に、疑問を投げかけることにもなるのである。

公的領域と私的領域　元来、家＝オイコスは、ポリスの公的領域にたいして対立的に、私的領域を形成するものととらえられてきた。そして女性たちが私的領域である家に、男性たちが公的領域であるポリスに割り当てられてきたのである。しかし『女性史は可能か』のなかでシュミット＝パンテルは、つぎのように述べている。

「家庭的」（または「私的」）および「公的」なるカテゴリー分類は、われわれにとってたいへんなじみ深く、現代のわれわれの文化のなかにはびこっている。そのため、これを他の諸文化に適用した場合、それが有効であるのかどうかをはっきりさせるのは、このうえなくむつかしいことなのである。第一、「家庭的なもの」対「公的なもの」という、この「あまりに安易で、あまりに明らかな」対立が、人類学者たちの不信感をよび起こしたのは、ごく最近のことにすぎないほどなのだ。

人類学者たちが、「家庭的なもの」と「公的なもの」の対立を問題視し始めたのは、エリカ・ブルギニョン（一九八〇年）によれば、一九七〇年代中葉のことである。たとえば、親族の取り扱いがある。親族は、社会的なものと区別された「家庭的な」領域なのか、それとも、家々を組織化し序列づける「公的な」存在なのか、はたまた両者の間に位置する中間的な存在なのか。人類学者たちが親族にたいして採る視点は、公私の定義の仕方で異なってくるという。これは、「女性=家」「男性=公的領域」という二項対立が、ひとつのイデオロギーの表明として、それ自体分析の対象とされなくてはいけないということを示している。

思うに、ここには二重の問題が潜んでいる。ひとつは、はたして家と公的領域を二項対立的にとらえることが、ギリシアの場合にあたっているのかどうかというイデオロギーの問題である。いまひとつの問題は、男性と女性が、それぞれ別の領域に振り分けられていたのかということである。

女たちの空間　リサラッグは、本書第四章で、アッティカ陶器に描かれた女性たちの図像を資料として、この問題に取り組んでいる。結婚の儀礼にもちいられた壺絵では女性は家のなかに隠された存在として描かれ、家のそとに描かれる男性と、空間的に好対照をなしている。これは女性は家のなか、男性は家のそとという、一般的なギリシア社会の理解と変わるところがない。しかし泉の場面の図像は、家のそとの女性たちの社会生活を描いている。泉の場面は、じっさいに女性たちの行動が社会的立場によって多様であったということを示唆するだけでない。図像表現における女性の空間的配置が、理念上の女性のいちづけを示しているとするならば、これらの図像が示すのは、女性の空間についてのアテナイ社会の理念が、そもそも単純でなかったということである。リサラッグはまた、戦士図を扱ったほかの著作のなかで、外と内、男と女、戦争と平和という伝統的な二項対立では、壺絵の表現は説明しきれないと述べる。このようにリサラッグの図像研究は、「女=家」「男=外」というステロタイプな空間理解への反省を促しているのである。

男たちの空間　公共的空間における女性の活動としては、本書でも第七章「パンドラの娘たち」でブリュイ=ゼドマンが扱っている、女性たちの宗教儀礼が注目される。たとえば女性史研究のパイオニア的存在であるS・C・ハンフリーズは、『家族・女性・死』の第二版の序文（一九九三年）において、宗教儀礼における女性の役割に注目する必要を唱えている。ポリスの政治から女性は排除されているいっぽうで、宗教儀礼における女性の役割には、男性とのあいだに対称性が認められると指摘するのである。

このような、女性たちの公的活動にたいする問いかけは、ポリス市民団における私的空間と公的空間の関係を再検討しようという動きと連動している。具体的には、男性たちの私的饗宴をめぐる諸研究や、ジョーンズの『古典期アテナイの結社』（一九九九年）、そしてカートリッジ他編の論文集『コスモス——古典期アテナイにおける秩序・紛争・共同体』（一九九九年）などをあげることができる。とくに、最後にあげた『コスモス』の特徴は、愛情や敵意といった私的感情を考察の対象としていることにある。女性と男性の関係性をポリス空間のなかに位置づけるためには、感情の問題も避けてとおることができない。もっとも、女性史の資料的限界が、たちはだかってはいるのだが。

二　表象と現実のあいだ

最後に資料の問題について述べておきたい。ギリシア史において女性史をこころみるときの最大の問題点は、他の時代以上に、女性自身ののこした史料が欠けているということであろう。このしばしば指摘される資料的限界に対処する一つの方法は、のこされた史料から、史料をのこした男性たちのまなざしを読みとり、そこからギリシア社会のなかで女性たちが占めていた位置を割り出そうとする方法である。

わが国では、桜井万里子氏が、男性たちによる女性にたいする言説のなかに、ポリスという「男性クラブ」（女性たちは市民権から排除されていた）の輪郭を浮き上がらせることに成功している。そのなかに影絵のように、そこから排除された女性たちの姿がみえてくるのである。女性たちについての記録をのこしたのが男性たちであったということを、いわば逆手にとったかたちである。

『女の歴史I　古代』もまた、のこされた史料から現実の女たちの姿を読みとろうとするよりは、史料のもつまなざしを分析するかたちをとっている。つまり女性にかんする、男性による表象の歴史である。第一章「女神とはなにか？」（ニコール・ロロー）は、女神をめぐる言語上・神話上の分析である。女神にそなわる女性性を、神々の系譜と、万神殿の構造のなかから描き出している。第二章「性別の哲学」（ジュリア・シッサ）は、女性という「種」をめぐる思想の系譜を辿っている。これらはテクストをもちいた分析であるが、リサラッグによる第四章は、アッティカ陶器の図像を「男性の視線」を表象するものととらえることで、きわめてヴィジュアルなかたちで、壺絵という空間のなかでの女性たちの位置づけを明らかにしている。これら前半の各章は、言語や神話、図像や思想における、女性たちの表象の分析に当てられているのである。それでは、女性にかんする表象の研究と現実の女性の研究という、これらの二種類の研究領域は、ギリシア女性史の全体の中で、どのように関連づけられるのだろうか。

本書のこのような関心の限定の仕方については、批判もある。『「女の歴史」を批判する』所収のクロード・モッセ論文を見てみよう。モッセの批判は次の二点に集約できる。まず、表象研究が通時的考察に欠ける嫌いがあるということである。この点についてはシュミット＝パンテルも認めている。だが、表象研究にたいするより本質的な批判は、表象についての研究が、資料批判的な厳密性と引き替えに、研究の対象を限定しているのではないかという指摘である。

だが、「表象の歴史」と現実の女性たちを描くこととのあいだに、それほどふかい断絶はないのかもしれない。そう思わせるのが、先述のリサラッグをはじめとする近年の図像研究である。

図像は、たとえ現実生活を描いているようにみえる場合でも、「男性の視線」(陶工の視線であれ、宴席で壺絵を楽しむ男たちの視線であれ)の反映であり、ストレートに現実の女性たちの生活を写したものではない。選び取られたものである。図像が現実にたいして働きかけ、現実が図像をかたちづくるという、視るものと視られるものの双方向性のもとで、図像表現は理解されるべきなのである。

あるいは、フランス流の図像研究にたいする書評のなかで、オズボーンは、壺絵の図像表現を鏡にみたてて、つぎのように述べている。

図像イメージをあつかう過去の試みは、画家にたいして注意を払いすぎてきた。だが、図像イメージをポリスのなかにおいてみるとき、われわれは、図像を観察する個々人がもっていた力から目を離してはならない。図像の観察者は、ポリスを照らす鏡を作り出す力をもっていた。その鏡は、ポリスによって無自覚的にうみだされたイメージをたんに受動的に反映するような鏡ではなく、映し出されたイメージにたいして、市民たちに、積極的に注意を喚起するような特別な鏡なのである。

資料が解釈され、受容されていく社会的・文化的コンテクストへの注目は、図像研究にとどまらない。アッティカ悲劇・喜劇の上演や、詩歌の朗唱、法廷弁論のテキストの流布にともなうリテラシーの問題など、文献史料の読解においても、資料が受けとめられる場の問題は、近年強調されるところである。

このようなパーフォーマンスと受容の問題へのとりくみによって、古代ギリシアの女性をめぐる、リアリティとイメージとのギャップも、より理解可能となるのではないだろうか。

［参考文献］

G・デュビイ、M・ペロー編（小倉和子訳）『「女の歴史」を批判する』（藤原書店、一九九六年）。

M・ペロー編（杉村和子・志賀亮一監訳）『女性史は可能か』（藤原書店、一九九二年、新版、二〇〇一年）。

Roger Just. 1989. *Women in Athenian Law and Life*. London : Routledge.

Lin Foxhall. 1989. "Household, gender, and property in classical Athens". *Classical Quarterly*, 39. 22-44.

Virginia J. Hunter. 1994. *Policing Athens*. Princeton, New Jersey : Princeton U. P.

W. K. Lacey. 1963. *Family in Classical Greece*. London : Thames and Hudson.

Erika Bourguignon. 1980. *A World of Women, Anthropological Studies of Women in the Socities of the World*. New York : Praeger Publishers.

P. Schmitt-Pantel and F. Thelamon. 1983. "Image et histoire: illustration ou document". In: François Lissarrague and Françoise Thelamon. (eds). 1983. Image et céramique qrecque : actes du colloque de Rouen, 25-26 novembre 1982. 9-20.

Sally C. Humphreys. 1993. *Family, Women and Death*, 2nd edition. Clarendon : Oxford U. P.

Paul Cartledge, Paul Millett, and Sitta von Reden. 1998. *Kosmos: Essays in Order, Conflict and Community in Classical Athens*. Cambridge : Cambridge U. P.

Nicholas F. Jones. 1999. *The Associations of Classical Athens*, New York, Oxford : Oxford U. K.

桜井万里子（一九九六年）『古代ギリシア社会史研究――宗教・女性・他者』、岩波書店。

Robin Osborne. 1979. "Whose Image and Superscription is This?" *Arion third series 1*. 255-275.

Simon Goldhill and Robin Osborne. 1994. *Art and Text in Ancient Greek Culture*, Cambridge : Cambridge U. P.

なお原著出版以後の女性史研究については、桜井（一九九六年）の著者解題と、ハンフリーズ（一九九三年）の新版への序文が参考になる。また、Barbara Levick & Richard Hawley (eds.), *Women in Antiquity: New assessments*, Routledge 1995. も参照のこと。とくに Beryl Rawson の論文が、、本書出版前後の古代史における女性史研究について、ローマ史に重点を置きつつ論じている。

（『女の歴史Ⅰ　古代2』「古代ギリシア史研究者からのコメント」、二〇〇一年、藤原書店）

古代ローマの家族と女性

南川高志

一

古代ローマ人の社会において、女性はいかなる境位におかれ、どのように生きたのか。この問題に対して、本訳書『女の歴史』の著者たちはたいへん魅力的な説明を提示している。本訳書の原著が刊行されたとき、それが与えたローマ女性像は、丁度同類の刊行物『私生活の歴史』の第一巻(一九八五年)でコレージュ・ド・フランス教授ポール・ヴェーヌが提示したローマ社会像と同じように、たいへん新鮮で衝撃的な印象を私に与えた。しかし、同時にそれはまた、実にフランス学界らしい柔軟な、そして「社会史」的な思考の産物との印象も私に残した。というのも、日本でローマ史に親しんできた研究者や読者にとって、ローマの女性を描くそれまでの基本的枠組みは、なんといってもローマ法に基づくローマ家族の法制史的説明であったのであり、この点に関してはドイツやイギリスの学者の業績に多くを負っていたからである。もちろん、後述するように、ローマ時代の女性を捉えるに当たって、日常生活における女性を活写することで広い読者層に大きく貢献したジェローム・カルコピーノのフランス語研究書(皮肉なことに今日でも英語訳でよく読まれている）もあった。しかし、そうした柔軟性のある社会史的説明や解釈も、実は骨太の法制史的説明を踏まえてはじめて可能であったのである。

ところが、長らく定説として不動の地位を保ってきたローマ家族に関する法制史的説明が、一九八〇年代以降急激に批判され始め、女性を捉える基本的枠組みに激しい動揺が生ずることとなった。例えば、ローマ家族は強大な家長権に支配された大家族の典型と従来みなされてきたのに、ローマ家族の世帯の主流は核家族との新説が出されて、伝統的な定説は崩れてしまった。家族に関する近年の議論は主として英語による論著でなされているが、本訳書の原著が準備されたのはこうした学界の変化と時期を同じくしている。本訳書は、一部の章を除けば、学界の変化と直接的な連関を有してはいないようであり、また旧説の持主として論争の中で批判されたローマ法学者ヤン・トマが本書の一章（第三章）を担当してもいる。

この小論では、本訳書の内容の性格と特色を読者に理解していただく助けとなるように、まず法制史的研究に基づく伝統的なローマ家族と女性の像を、ついで論議が始まって以降のローマ家族と女性の解釈を私なりに整理してみたいと思う。本訳書の内容は、一口にいえばアナール学派の生み出した新しいローマ女性像ということになるであろうが、それがどういう点で「アナール学派的」で「新しい」のか、間接的にではあれ感得できるための素材として小論が役立てば幸いである。

二

古代ギリシア人の社会では、歴史上に名を残した女性の数は多くはない。それは、アテナイについてよく知られるように、女性が表に出て活躍することが困難であったからであろう。しかし、ローマの場合は少なからざる女性の名が史書に残り、その行動や生涯が知られている。例えば、ハンニバル戦争の勝利者大スキピオの娘であったコルネリアは、嫁いで一二人の子供たちの母となった。夫に先立たれた後、エジプト王からの求婚すらあったようであるが、彼女は寡婦を通した。子供たちの多くが夭折したが、生き残った子供に彼女は当時最高の教育を与えた。その子供たちのうちの二人、すなわちティベリウスとガイウスのグラックス兄弟は、母の努力のかいあって立派に成長し、有名な改革者となったが、兄は殺害され弟は自殺に追い込まれるなど、悲惨な最期を遂げた。結局、母コルネリアは、この兄弟や夭折した者など一一人の子供たちを弔うことになってしまったのである。このコルネリアや初代ローマ皇帝アウグストゥスの母親アティアについては、ローマ人自身が賢母として称揚している。また、帝政初期に生きた貴族の婦人アッリアは、皇帝に迫害された夫と常に行動を共にして挫けず、ついに最期が来た時も、自分が先に剣を身体に突き立てて、夫に「パエトゥス！ 痛くありませんよ」と言ったという。これは烈女の典型かもしれない。もちろん、彼女たちのような称賛や驚嘆に値する女性ばかりでなく、アウグストゥス帝の娘ユリアやクラウディウス帝の妃メッサリーナのごとく、乱行で有名になった女性もいた。ローマの女性に関する解説は、ギリシア史には登場しないこうした著名なローマ人女性たちの紹介で始まったといってよい。

有名な人物に限らない女性一般に関する解説は、その法的な地位に関するローマ法学者の説明に現れた。とくに、ローマの家族に関する法的説明において、女性の地位が論じられたのである。それに拠れば、ローマの家族（familia）は、家長中心の生活団体であり、本来家長とその妻、息子や娘、そして息子の子や奴隷、財産から成るとされた。家族の中では家長のみが自権者、つまり誰の権力にも従わない者で、それ以外の家族構成員は、家長の権限に服する他権者であった。女性は、結婚するまでは家長（父親）の父権の下に、嫁いでからは夫の夫権の下に服するものとされた。家長の権限は絶対的であり、また女性は家長となることはできなかった。ローマ社会は男性や男系親族が優位の社会で、父系制の原理に貫かれていたため、女性は財産の所有や相続においておおいに不利な状態におかれていたのである。そもそも、男性の初婚年齢は二〇代後半が普通であるのに対して、女性は一〇代の中頃が一般的で、こうした年齢差も女性の地位を不利なものとしていた。

しかし、女性にとって不利な事態は少しずつ改善される方向へ変化した。共和政の後期になると結婚が手権（manus＝夫権）をともなわぬ「自由結婚」となり、結婚しても妻は法的には父の下に留まり、夫の「夫権」下に入らぬこととなった。自由結婚の時代となっても、女性は後見人を持たねばならなかったが、帝政時代の初め、アウグストゥス帝の法律によって、女性がもし「多子の権」、すなわち三人以上の子を有する母親の権利を認められておれば、この後見人も必要なしとされた。かつては家長や夫のみが有した離婚の権限が妻にも認められるようになり、また結婚に際して妻が持参した「嫁資（dos）」が、事実上妻の財産と認められるようにもなって、女性の男性ないし夫に対する立場が強化されていったのである。

ローマ人最初の成文法である前五世紀の十二表法以来、親族関係のうちで法上の効力を持ったのは男系親族（agnati）であったから、母親は法的には家長を介して子と繫がるのみであり、そのため母親は無遺言で死んだ息子から財産を相続することが出来なかった。しかし、帝政時代に入って、紀元二世紀前半に母親が先述の「多子の権」を保持しておれば、無遺言で死んだ子供の相続から排除されなくなり、さらに同世紀後半には、無遺言で死亡した母親の財産相続にあたって、子供を母親の兄弟姉妹などの親族よりも優先させることが可能となって、男系親族でなくとも法上の効果を持つようになった。古代の末期には母方親族も父方親族と同等の法的効果を有するようになった。こうして、法的な説明においては、ローマの女性の地位は、ずいぶん時間はかかっているとはいえ、次第に向上してきたと説明されるのである。

こうした歴史的推移は、強大であった家長権の衰退を示している。変化は女性の地位の向上だけでなかった。家長は家族構成員に対する生殺の権、売却の権を有していたが、生殺の権は次第に制限され、帝政期には禁止されるに至った。売却の権も早くから制限され、養子縁組のための形式として残るだけとなった。共和政時代には、息子が家長権から解放（emancipatio）されることは、家族的な繋がりから切り離す一種の罰則を意味したけれども、後になると相続権も失わず、息子にとって有利なものとなった。息子の財産所有も認められるようになった。このように、女性の地位向上と思われる現象は、父親の子供に対する父権や主人の奴隷・財産に対する所有権の変化とあわせて理解されねばならないのである。

三

さて、以上のような法的な説明を基礎としながらも、ローマの女性の実態を説明しようと試みたのは、習俗ないし日常生活史の研究を発表した人々である。とくに、J・カルコピーノは『古代ローマの日常生活』（フランス語原著一九三九年、英語版一九四〇年）において、当時の結婚や離婚の実態、女性の生活などをわかりやすく論じた。とりわけ、法制史的な説明が家長権の強大さと男系優位の家族・親族関係を印象づけていたのに対し、カルコピーノの書物は帝政時代における家長権の衰退という見通しに立って、父や夫の支配権から「解放」された女性たちを描いたのが特徴である。史料として小プリニウスの『書簡集』や諷刺詩などを用いながら、男と張り合う教養を持つ女性、容姿の美しさを保つために母となることを避けようとする女性、夫以外の男性とのアヴァンテュールを楽しむ女性、そして離婚・再婚を繰り返す女性など、「解放された」ローマの婦人たち（matrona）の姿を印象深く描いたのである。引用された諷刺詩には、不義の現場を押さえられた女性の開き直った次のような発言もある。

「ずっと以前に、これはあなたと同意しあったことです。あなたは自分の欲することをなし、私も気ままに振る舞えないわけではないということでしょう。あなたが喚きたてようと、天と海とを引っくり返そうとなさってもかまいません。でも、私は人間なのです！」

（ユウェナーリス『諷刺詩』六巻、二八二～二八四　本村凌二訳）

また、姦通禁止法が再施行されるようになってわずか三〇日足らずしか経っていないのに一〇人目の男性と結婚したテレシッラなる女性を取り上げて「そんなに何度も結婚する女は、結婚しているんじゃないのだ。合法的に姦通しているのだ」（藤井昇訳）と怒る詩人マールティアーリスの詩の一節（六巻、七）も紹介されている。

こうしたカルコピーノの叙述や引用史料を読めば、当時の夫婦関係、夫と妻の絆がきわめて緩やかで、家族が不安定な印象を受ける。しかし、ローマ人の遺した史料のうち、墓石に刻まれた文句を読めば、われわれはまた違った印象を持つことになる。ローマ人は共和政時代末期から庶民のレヴェルでも小さな墓石に被葬者について書き記すようになった。社会の上層ばかりでなく、下層の市民や女性、まれには奴隷すらも、自分の生きた証を石板の上に残そうとしたのである。そのため、今日でも膨大な数のラテン語墓碑銘が残されているが、その中には、例えば次のような印象深い文章を読むことができる。

「わが前を通る見知らぬ人よ。私が述べることはわずかですから、どうか立ち止まって読んでいってください。これは、ある美しい女性の、しかし、決して美しくはない墓であります。彼女の両親は、彼女をクラウディアと呼びました。彼女はその夫を心から愛しました。彼女は二人の息子を産みましたが、そのうちの一人を地上に残し、もう一人を大地に返しました。彼女の話し方はそれは優美で、そしてさらには、快い歩き方をしたのです。彼女は家をよく守り、織物を作りました。私が述べることはこれでおしまいです。どうぞ立ち去って下さい。」 (H・デッサウ編『ラテン碑文選集』八四〇三 南川試訳)

「亡きスクリボニア・ヘドネの霊に。クィントゥス・タンピウス・ヘルメロスが最愛の妻のためにこれを建てる。彼女とは一八年間喧嘩することなく暮らした。彼女を慕う気持ちから、私は彼女のあとに妻を持たないことを誓った。」 (同上、八四六一 南川試訳)

こうした墓碑銘からは、当時の夫婦が固い絆で結ばれている印象を受ける。結婚は一度だけだったことを誇りにしている墓碑も少なからずある。諷刺詩から得る印象との差は大きいといわねばならない。もっとも、諷刺詩は男性が書いたもので現実を正確に写したわけではないし、墓碑銘にも死者を顕彰する際の常套句があって、両者ともに万全の史料とはいえない。ローマの女性の実像はどの辺にあったと考えるべきであろうか。

四

さて、これまで見てきたように、ローマの女性をめぐる説明の基礎には、ローマ法学者の、主として法史料の解釈に基づいて築かれた学説が存在した。その学説、すなわち、ローマの家族は強大な家長権に支配された大家族であるという根本的解釈は、長らく不動の定説であった。近代初頭においてすでに、フランスの思想家ジャン・ボダンはその著『国家論』においてこの解釈に立ち、家族は国家の基本的構成要素であり、その家族の構成員を家長は絶対的な権力でもって支配するのであるが、ローマの没落以来家長権が衰退して、あらゆる無秩序の原因となってしまったと考えている。このローマの家族が大家族、より正確に言えば「三世代同居の複合大家族」であるとの解釈は、主として法史料に基づいて作られたものであった。また、男系親族が三世代にわたって共住するという理解も、例えばプルタルコス『アエミリウス・パウルス伝』(五)にみえる、一つの竈《かまど》を使って一六人の家族がともに暮らしていたというような文学作品の記述に拠って成り立っていたのである。

こうした解釈に最初に疑問を呈したのは、奇しくも法学者のジョン・クルックであり、彼は一九六七年の論文で、既婚の兄弟たちが共住していたとの記述は、実は文学的史料の中で異例なものとして言及されており、そうした世帯がローマ家族の主流ではなく、通例結婚とともに子供たちは独立して生活を営んだと主張したのである。一九七〇年代にはいると、フランスの学者ポール・ヴェーヌが『アナール』誌に発表した論文の中で、帝政成立以降の時代のローマ家族は、夫と妻との結びつきを中心にした核家族的な性格を強めたことを示唆した。しかし、ローマ家族の解釈に重大な転機が訪れたのは、一九八〇年代であろう。この転機は、さまざまな要因から生じたと考えられる。まず、ヨーロッパ史の他の時代に関する家族史研究が進み、また歴史人口学の発展によって、ローマ時代以外の時期について世帯の主流は核家族であったことが明らかになり、ローマの家族の再検討が迫られたことがあげられよう。ローマ史研究者が社会学や人類学の影響を一層受けるようになるとともに、碑文学やそれに基づいたプロソポグラフィー的研究の進歩が技術的に研究の領域を拡大することを支えたのである。そして、現代社会における家族生活に関わる問題が深刻化して、家族の意味が改めて問い直されるようになったことが全般的な背景にあると考えられる。こうした一九八〇年代以降の家族史研究の急激な興隆の中で、女性史に関する研究の発展が大きな貢献をしていた。それ以前の、とりわけフェミニズム運動の影響や現代社会への問題関心から発した古代ローマ家族・女性研究が、八〇年代に入って一気に出版され始めたからである。

精力的に論じられるようになった家族史のテーマの中には、父親と娘の関係、夫婦や親子の感情、乳母、妊娠の理論、嬰児遺棄など新しいテーマもあるが、最も注目されるのは、主たる史料を法史料や文学的史料ではなく墓碑銘に求めて、家族の規模や構成、親族の性格を再検討した研究であり、その中心的な担い手はR・P・サラーであった。サラーは墓碑の奉献者や内容の分析から、ローマの家族は核家族が主流であると結論した。また、歴史人口学の方法を適用して史料を分析することにより、誕生時に祖父が存命中であるローマ人の割合は一〇パーセントに過ぎず、二〇歳になったときに父親が存命中のローマ人の割合も四〇パーセントに過ぎないと計算して、男系三世代の同居は不可能であると論じた。さらに、ローマ社会では近親婚、とりわけ平行イトコ婚はまれであったとして、ローマ帝政前期とキリスト教化以後の時代との差を強調する通説に反対した。一方、親族関係についてもサラーは再検討を行い、家族を表すラテン語familiaが父系親族を示すのを確認した後、domusという語が共和政時代には立派な建造物を示していたのに対して、帝政成立期以降は頻繁に親族を表す呼称として使用されるようになり、しかもその際の親族とは父系、母系のいずれの親族も示すようになったことを述べて、ローマの親族構造が早くも帝政成立期には変化したことを強調したのであった。こうしたサラーの精力的な研究によって、ローマの家族の基本的な見方は、三世代同居の複合大家族で男系親族優位という理解から、核家族で近親婚もまれ、親族構造も共系という解釈へと一気に変化したのである。

新しいローマ家族の解釈は、女性のイメージにも少なからざる影響を与えた。家族や親族の中で女性の占める意義は旧説よりも一層高く評価されるようになるからである。ところが、このサラーの研究に対して、一九九〇年代に入って批判が出されるようになり、新しい定説がまた動揺し始めた。サラーの主史料である墓碑銘は死の時点での家族関係を表すに過ぎず、万全の史料ではないこと、当時の平均余命からすれば誕生時に祖父が存命する割合は低いかもしれないが、男女の初婚の年齢差がきわめて大きい社会であったから、誕生時に祖父は死亡していても祖母は存命している可能性が高く、したがって三世代同居の可能性は捨てられないこと、familiaという語はすでに前二世紀頃より共系親族を表すようになってきており、親族の構造変化はサラーの想定よりも早く生じた可能性があること、などである。近親婚の実態についても、わが国の樋脇博敏氏が有効な批判を展開した。

サラーは核家族を重要なキー概念として議論の軸においたのであるが、K・ブラッドレーはこれにたいして、共和政時代末期からローマ社会では離婚・再婚が頻繁になって、核家族と呼ばれる世帯の構成はとっていても、夫婦、親子、そして兄弟姉妹の年齢差や感情がきわめて複雑なものとなっており、「核家族」ではなく、the blended family という概念で捉えるべきだと主張している。

一方、サラーも一九九四年に著書を刊行して、コンピュータを用いた新研究で自己の立場を強化しようとした。こうして、ローマの家族・親族をめぐる論議は続行中であり、確固たる定説はしばらくは成り立ちにくいかもしれない。しかし、研究の活況の中で論議すべき問題が一層明確化したことは成果である。もはや「核家族」という概念を安易に万全の道具として用いることは難しくなった。ただ、ブラッドレーの掲げた新しい概念も、現代の欧米社会の現実の強い反映と私には感じられ、かつての「核家族」のような有効性を持ちうるか否か、より精緻な議論が必要と思われる。

女性の実像をめぐっても、家族史研究の進展から果たされるべき課題が浮かび上がってきた。「老母」あるいは「老女」のローマ社会における実態と意義をよりたちいって研究すべきことは緊急を要する課題である。また、夫権をともなわぬ結婚が「自由結婚」と呼ばれて女性の「解放」を意味するものと一般に解されてきたが、夫権の下に入らず父権の下に法的におかれ続けることが直ちに女性の「解放」を意味したかどうか再考される必要がある。総じて、父権社会の強大な家長権による女性支配、そして家長権の弱体化にともなう女性の「解放」といった比較的単純な説明の枠組みを越えて、新たなローマ女性像が構築されなければならない。本訳書に盛り込まれたフランスの「社会史」的なローマ女性論は、小論で紹介した英語圏の論者を中心とする家族史研究といささか趣を異にするように感じられるが、わが国でもローマ女性史研究の専門家が現れて、近い将来両者の総合の試みをおこなってくれることを期待したい。

【参考文献】

ローマ法における家族と女性の位置づけについては、船田享二『ローマ法』第四巻（家族・相続）、岩波書店、一九四四年が今日でもまず基本的文献である。カルコピーノの業績は英語版J. Carcopino, *Daily Life in Ancient Rome*, London, 1940のリプリントが今日も入手可。これを参考にした弓削達『素顔のローマ人』河出書房新社、一九七五年も好著である。近年の家族史研究、とくにサラーの業績については、拙稿「ローマ帝政時代の家族と結婚」前川和也編『家族・世帯・家門』ミネルヴァ書房、一九九三年所収が簡単に紹介している。サラーの近著はR. P. Saller, *Patriarchy, Property and Death in the Roman Family*, Cambridge, 1994。家族史研究の動向の詳細については、わが国初の本格的なローマ家族史研究の専門家樋脇博敏氏が精力的に紹介しており、小論でも大いに参考にさせていただいた。氏自身も問題点の本格的な検討をおこなっているが、ここでは主要な二論文のみ掲げておく。樋脇博敏「古代ローマ社会における近親婚」『史学雑誌』一〇二編三、一九九三年。同「ローマの家族」『岩波講座　世界歴史　四』、岩波書店、一九九八年所収。ブラッドレーの新しい提案は、さしあたり次の著書を参照されたい。K. R. Bradley, *Discovering the Roman Family*, Oxford, 1991.

（『女の歴史Ⅰ　古代2』「古代ローマ史研究者からのコメント」、二〇〇一年、藤原書店）

古代の女の性
【妊娠・悪阻考】

関　和彦

妊娠を歴史学の俎上に

女性の解放が叫ばれる現代においても女性の一生の中で結婚・妊娠・出産が重要な比重を占めていることは間違いない。最近、独身を貫く女性も増えているが、そのような生き方においても「結婚・妊娠・出産」ということが選択肢として念頭に浮かぶこともあったであろう。結婚への道、独身の人生、どちらにしても女性にとって結婚・妊娠・出産は大きな関心事である。

「日本女性史再考」を目指した『女と男の時空Ⅰ　ヒメとヒコの時代――原始・古代』においては山口康子氏が『日本霊異記』、『今昔物語』の説話から「結婚」「子育て」「老後」という女の一生について「生命」という観点から新鮮に論じている。その新鮮さを受け止め、改めて古代の女性の「性」の古代における歴史的、社会的位置づけを行ってみよう。

ここでは「性」の一部である古代の出産について新たなる観点を導入し、眺めてみたいと思う。それは余りにも自明のことであるが、「出産」の前提として「妊娠」という事態があるという事実を見つめることから始まる。

古代史・女性史研究において「出産」を取り上げるのは一般的であるが、女性の本来的喜びである「妊娠」という現象は取り上げられることはなかった。

「妊娠」は動物世界も含めて生物としての本能的性交の結果として表れる現象であり、時代を越えた存在であるという認識が歴史的視点を欠落させてきたのであろう。つまり、「妊娠」という生物的現象に関して歴史的価値を見いだすことが出来なかったのである。確かに古代も現代も、そして未来においても変化はないであろう「妊娠」、しかし、「妊娠」は生物としての人間（女性）が有する本来的資質であり、「出産」を生み出す根源である。その聖なる現象に古代びとは何をみていたのであろうか。

妊娠の兆候

女性が妊娠を自覚するのは生理の不順、そして性交後五～六週間後に現れる悪心、嘔吐、食欲不振、嗜好の変化という「妊娠悪阻」、つまり「つわり」の生じた時であろう。「つわり」は漢字で「悪阻」と書く。字が示すように妊娠した女性にとって最初に迎える生理的負担である。それが生理的現象なのか、一つの病気なのかに関してはともかく、その重い負担の中ではあるが、「つわり」は母親への道の第一歩、大いなる喜びとして家族などから歓迎される。

現代医学では「つわり」現象以外にも妊娠を知ることは可能であるが、今でも「つわり」で女性は自身の妊娠を知るのが一般的である。

では古代の女性は自身の妊娠の兆候をどのようにして知ったのであろうか。

平安時代後期に書かれた著名な継子いじめの物語である『落窪物語』に大変興味深い叙述がみえる。「四《よん》の君《きみ》」は婚約相手の「少将」と勘違いし、通ってきた顔も知らない「兵部少輔《ひょうぶしょうふ》」と同衾し結ばれる。兵部少輔はその顔ゆえに女官の間でも「面白《おもしろ》の駒《こま》」と知られる笑われ者であった。「面白の駒」とは「首から顔は細く小さく、顔は粉化粧したように白く、鼻を膨れ動かす」（小学館『日本古典文学全集』）馬のような容姿へのあだ名であった。「四の君」は同衾したのが「兵部少輔」だったことを後で知り、以後は避けようとするが、前世の因縁か、「つは（わ）り」になってしまったという。

この物語では明らかに、「四の君」は「つはり」で「兵部少輔」の子を妊娠したことを知ったという展開となっていることがわかる。そこに「つはり」＝妊娠という古代びとの認識がうかがえるであろう。

「つはり」の苦しみ

また『栄華物語』には藤原為光《ふじわらのためみつ》の娘、花山天皇の女御（弘徽殿）であった忯子《しし》の「悪阻」の状態が詳細に記されている。

はじめは御悪阻とて物もきこしめさざりけるに、月頃過れども同じやうにつゆものきこしめさで、いみじう痩せ細らせ給。いみじきわざにおぼして、よろづ手惑ひ、し残す事なく祈らせ給に、橘一つもきこしめしては御身にもとどめず……（傍点引用者）

それによれば女御忯子はひどく痩せ衰え、橘（柑橘類）を食べても直ぐに吐き（御身にもとどめず）、全く食べ物を受け付けなかった様子がうかがえる。周囲の人々は女御の身を案じ加持祈祷を行うが、その後の花山天皇の献身的な看病も虚しく、「妊ませて給て八月といふにうせ給ぬ」とあるようにこの世を去っていく。著名な日記、藤原実資《さねすけ》の『小右記』にも彼女の死は寛和元年七月十八日「午の時ばかり、弘徽殿女御卒」とみえ、その時「この女御のご懐妊七ヵ月に及ぶ」とされている。

このような死を招く「悪阻」が一般的とは思えないが、「妊娠」「出産」は死と隣り合わせにあったのである。ここにみえる「懐妊七ヵ月」は、現在とは異なり妊娠の兆候である「つはり」を基準に数えたものであろう。

「つはり」と芽生え

平安末の勅撰和歌集の『金葉和歌集』巻九雑部上に読人不知の歌として次のような一首が載せられている。

葉隠れてつはると見えし程もなく　こはうみうめになりけるかな

(木の葉に隠れて、芽が出たと見たのも束の間、直ぐ熟した梅になっているよ)

この歌は本来的には梅を歌ったものではなく、「あなたは悪阻を隠して、気づいたらもう子供を生んでしまった」という男の気持を述べたものである。

ここで注目したいのは「悪阻」と「つはる」、すなわち「芽が出た」とがかけられている点である。「妊娠」が新たなる生命の芽生えという認識が当時すでにあったということであろう。

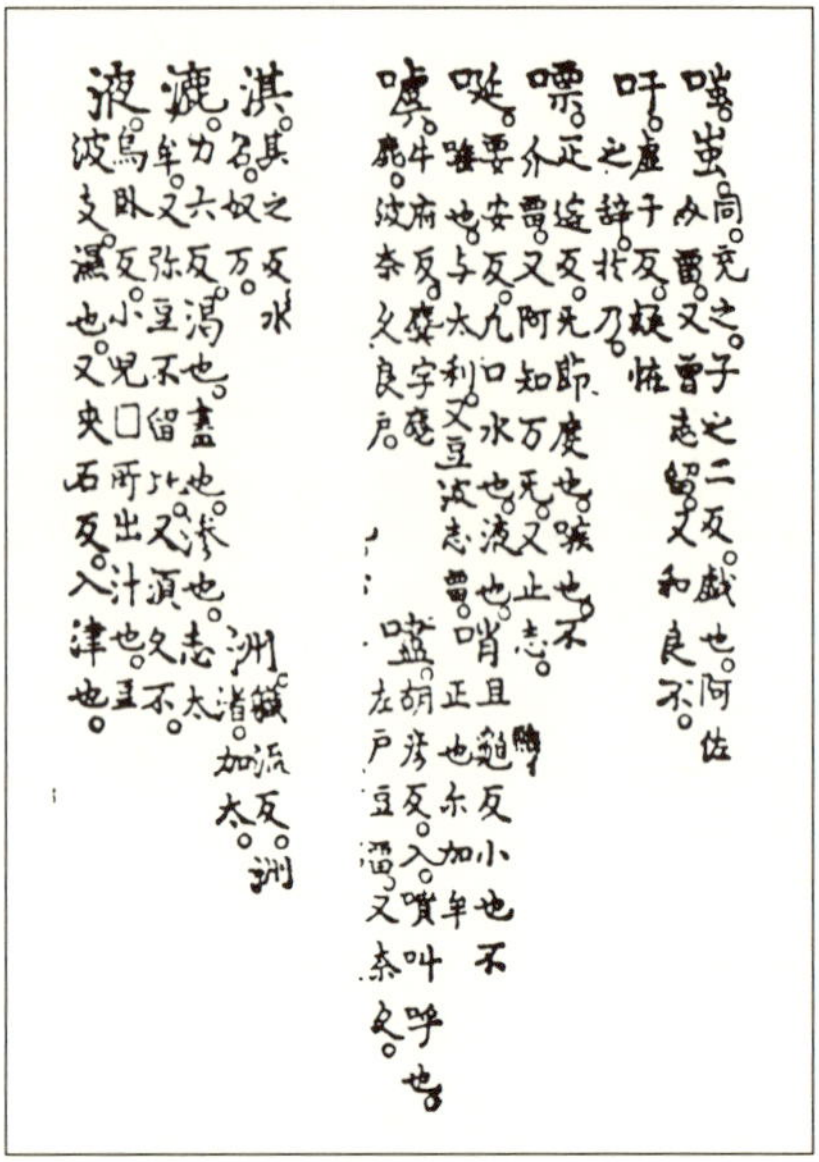

▲『新撰字鏡』の一部。「啵」と「液」に注目。

平安初期の漢和辞典の『新撰字鏡』肉部四には「孕始兆也。豆波利乃登支（つはりのとき）。」とみえ、平安時代末の『類聚名義抄』でも「胚ツハリ」とし、古代びとの「妊娠」認識が理解できる。また源順が編纂した平安中期の著名な『和名類聚抄』では形體部疾病類の編に「擇食　ツハリ」とみえる。「擇食」は「食を擇《えら》ぶ」ことであり、悪阻の症状の一つである食欲不振、嗜好の変化を表しているのであろう。

問題は芽生える「つはり」と妊娠の「つはり」とのかかわりである。どちらが本来の用語であったのであろうか。植物の芽生えの状況の観察から妊娠の兆候をも「つはり」と呼ぶようになったのであろうか。

柳田・本居に学ぶ

古代史料上、「つはり」は上記の事例以外に認められない。現に事例が少ないからであろうか、『時代別国語大辞典』（三省堂）は「つはり」を項目として取り扱っていない。

「つはり」は一般に「つは・り」と品詞分解されているが、「つは」に関して適当な説明がなされていない。「つは」といえば『大辞典』は植物の「つは」を立項し、「つわぶき」と説明するが、そこには「芽生える」という意、また雰囲気も全くみえない。

しかし、「つは」の次の「つはき（唾）」の項目をみると、古くは「ツハという語形があった」とする。そこで思い出すのは民俗学の柳田国男の「方言覚書」（『定本　柳田国男集』18）という小論である。柳田は唾の語源として「つ」の存在を想像し、「ツを長めてツワとすることが心安かった」のではないかとする。確かに鋭い指摘である。先の『新撰字鏡』をみると、唾を説明し、「与太利、又、豆波志留（よだり、また、つはしる）」とする。「与太利」は「よだれ」のことであるが、それを「つ・はしる（走る）」、すなわち唾が口から「走り出る」としていることから、唾を「つ」と呼んでいたことがうかがえる。「つばき（唾）」は「口」と「垂（たれる）」の合成語であり、元々は「涎（よだれ）」と相通じていたのであろう。また同書は「液」の説明の中で「唾」を「津」と訓んでいたことも判明する。

本居宣長はその大著『古事記伝』で「都婆伎（つばき）てふ言に疑あり」と疑問を呈し、「口水にたまる水を津といへば」、津は「船の泊まる所の名なれば、それより転じて、津液の津をも都（つ）といふか」、つばきは「古言にはあらで、津字より出でたる言なり」と論じる。その「唾（つばき）」の「つ」を港の津「つ」から解く手腕は見事という他はない。

「つはり」と「つばき」

以上みてきたように、古く「つば（は）き」を「つ」と呼んでいた時代があったことが判明した。唾（つばき）はその「つ」を「吐く」ことから形成されてきた読みであろう。今日、唾を吐く行為は非常識とされているが、古代においては極めて神聖な宗教的行為であった。『日本書紀』神代紀には「唾を以て白和幣とし」、「唾く神を速玉男神」、「御頸の玉を解きて口に含み、その玉器に唾き入れたまひき」などがみえ、その宗教性を示す事例は多い。

その点を勘案しながら「つはり」に戻ると、「つは・り」ではなく、「つ・はり」と解釈できそうである。この場合の「つ」は当然「唾」のことである。「はり」は「張り」のことであろう。当然、用言は「張る」であり、また「春」に通じる言葉である。「張り」には「広がる・伸びる・膨らむ」などの意があり、「つ・はり」は唾が口中に広がる状態を語っているのであろう。

妊娠悪阻の症状としては悪心、嘔吐、食欲不振、嗜好の変化が指摘されているが、注目したいのは「唾液の増加」という症状である。「つ・はり」は妊娠した女性がいち早く「唾液の増加」でその事態を認識したことから、呼ばれるようになった用語であろう。つまり、「つはり」という言葉は女性自身の「妊娠」症状の自覚から生まれたものであり、その「つはり」がやがて新しい生命を出産する前兆であったことから、やがて植物の「芽生え」をも「つはり」と呼ぶようになったのであろう。

神話の中に「つはり」を見る

現在、「つはり」の史料は管見の限り平安初期の『新撰字鏡』が最も古いようである。それ以前に関しては不明と言わざるをえない状況である。しかし、『古事記』にみえる須佐之男（スサノオ）の高天原《たかまがはら》追放神話の一部に大変興味深い記述がみえる。それは須佐之男が高天原を追放された直後の話である。

食物を大気都比売に乞ひたまひき。ここに大気都比売、鼻・口及び尻より種々の味物を取り出して、種々作り具へて進る時、速須佐之男命、その態を立ち伺ひて、穢して奉進ると、すなわちその大気都比売を殺したまひき。故、殺さえし神の身に生れる物は、頭に蚕生り、二つの目に稲種生り、二つの耳に粟生り、鼻に小豆生り、陰に麦生り、尻に大豆生りき。

ここでは女神の大気都比売（オオゲツヒメ）が鼻・口・尻から多くの食物を取り出すとみえる。その「鼻・口・尻から多くの食物を取り出す」行為とは具体的に何かは明確ではないが、幸いにも『日本書紀』にも同様の神話がみえる。そこでは登場の神が月読命（ツキヨミノミコト）と保食神（ウケモチノカミ）にかわるが、保食神は口から飯、魚類・肉類の食物を「出っ」という表現をとる。

一般にこの神話は五穀起源、死体化生神話として注目され、「穀物の死とその復活」の信仰の反映などと言われている。そのように理解することも一理あるようにおもえるが、月読命の「穢しきかも、いやしきかも。いづくにか口より吐れる物」と叫ぶ点を勘案すれば、保食神を殺す展開をもう少し素直に読むべきであろう。

女神の大気都比売・保食神とも食物を「吐いた」ことになる。この女神の「吐いた」行為は伝承の流れをおさえれば妊娠、出産の過程における「妊娠悪阻」のそれであろう。大気都比売が「尻より種々の味物」を出したという行為に疑問を感じるが、明和二（一七五六）年に賀川玄悦が著した『産論』という産科書には悪阻の症状として「腹痛下痢」を挙げていることを勘案すれば、それも「妊娠悪阻」の状態を物語っていると考えられる。

古代びとの「つはり」観

妊娠にともなう「悪阻」の症状を『日本書紀』は月読命をして「穢しきかも、いやしきかも」と言わせ、あたかも不浄のものとして描いている。それは古代びとの「悪阻」観を表しているのであろうか。その神話で大変興味深いのはその後の話の展開である。

月読命は「保食神」を撃ち殺したことを天照大神に報告するが、天照大神は「汝は是悪しき神なり。相見じ」と激しく怒り、二度と顔を合わせることはなかったという。そこには「つはり」を不浄として扱った月読命に対する激しい天照大神の怒りがみえる。天照大神は殺された「保食神」が心配で天熊人を派遣して見にいかせるが、「保食神」の死体には沢山の食物が生まれていた。天照大神はそれを「顕見蒼生」を支える食物だと称賛する。「顕見蒼生」とは「うつしきあをひとくさ」と読み、「あをひとくさ」とは「人が生まれて青草のようにますます栄える」という意味である。

記紀の二つの神話、そして『栄華物語』の恮子女御の事例からみて、古代における妊娠、そして出産は女性にとって死を招く可能性もあったことがわかる。「保食神」は「つはり」に伴う危険、死を賭けて「あをひとくさ」の誕生、繁栄の為に人々の生を保障する五穀をはじめとする食物を生んだのである。

まさに「悪阻」の怖さである。妊娠の兆候は女性自身がその「つはり」を自覚することにより認識され、来る「出産（新たなる生命の誕生）」への準備につながる。その「つはり」を植物が「芽生える」状況と重ね合わせたのである。古代びとが妊娠の前兆の「つはり」に何を読み取っていたか明らかになったであろう。

月読命に男性の「つはり」観、天照大神に女性の「つはり」観を読み取ることも可能ではあるが、『栄華物語』に描かれている「つはり」で苦しむ女性を救おうと男女別なく「手を分ちて」対応している様子をみるとそのような理解は否定せざるをえないであろう。月読命の「つはり」観は「反吐」という物質的な次元でのものであり、天照大神のそれは古代びとの心意的、社会的な「つはり」観を表したものであろう。古代びとは「つはり」に予兆される妊娠を人・物、社会すべての生産と重ね合わせていたのである。

(藤原セレクション『女と男の時空』②『女と男の時空』を読んで」、二〇〇〇年、藤原書店)

江戸の性空間

吉原健一郎

江戸時代をあつかった『女と男の時空Ⅳ』(藤原セレクション版⑦⑧巻)は、「爛熟する女と男」という副題がついている。そして、さまざまな角度からの興味深い論考で構成されている。ただし、私の関心からいえば、江戸時代に各所に展開された性空間についての考察も加えて欲しかったと思う。こうした空間は、城下町の遊郭ばかりでなく、街道筋の宿場や港町などにも存在し、江戸時代の特色のひとつであると思われるからである。そして、その空間が近代から現代にいたる歴史のなかで、どのような変質をみせたのか、またどんな伝統をもたらしているかについて考えてみる必要があると思う。

たとえば、東京のJRのほとんどの駅の近くに盛り場があり、その一角にはかならずと言ってよいほど風俗産業が展開している。こうした風景はヨーロッパの諸都市には存在しないだろう。たしかに、オランダのアムステルダムの一角には「飾り窓」と呼ばれる空間がある。しかし、それは都市のなかの一定地域に限られていて、東京のように拡散してはいない。こうした野放図な遊興空間のあり方は、江戸の岡場所(私娼街)に由来するのではないかと私は考えている。

徳川将軍の都市江戸は、当初から男性都市という宿命を負って生まれた町であった。世界にも例をみない特色として、大名屋敷に勤務する武士たちのほとんどが、国もとに妻子のある武士の単身赴任か、独身者であった。さらに、大量の寺院の僧侶、関西から進出してきた商人の奉公人たちも近江や伊勢などの現地採用で江戸に来た独身者であった。これらの人々の欲望を満たす場所として、市中には遊所がそちこちに生まれたのである。元和三年（一六一七年）に創設が許され、翌年開業した遊郭吉原は江戸の中心部の日本橋に、市中の遊女屋を集めて性空間の一元化を実現しようとした。こうした公娼制度は設置目的にもみられるように、犯罪捜査などにも有効性を発揮するという利点もあったが、裏返して考えれば、統制による遊びの管理という反発を招くことにもなった。

しかも、明暦三年（一六五七年）の大火後、日本橋から浅草の北、日本堤に吉原が移転させられることになり、地理的な不便さも加わって市中での岡場所形成の条件が整ったのである。しかも、この公娼制度維持のために、幕府は従来黙認していた湯女《ゆな》風呂を禁止したため、公然たる私娼はなくなり、いわゆる隠売女（ばいた女）という非合法の私娼が岡場所に存在するようになったのである。元禄十五年（一七〇二年）に吉原からの調査で掌握された「遊女商売」の場所は十八か所で、北方の浅草辺から神田・日本橋・京橋・新橋など中心部の町人居住地に多く、また青山・四谷・雑司谷などにも散在していた。さらに飯盛女《めしもりおんな》を抱える旅籠屋がある準公認の遊所としての四宿（品川・千住・板橋・内藤新宿）も加えられている。

宝永二年（一七〇五年）の記録によれば、こうした岡場所では幼女が踊り子として養成され、二十歳を過ぎると綿摘《わたつみ》や三味線師匠と称して遊女商売をさせていると指摘されている。しかも、吉原に奉公する遊女が少ない原因は、地方の女子が四宿の者に買い取られ、そこから町々の茶屋などへ女子を供給しているという実態もみられ、岡場所も三十五か所が確認されたという。また、これらの遊女を合法化するための下女奉公の証文や養子手形の作成、ひいては偽装結婚などさまざまな工夫がなされていた。昨今の諸外国からわが国に入ってくる風俗産業の女性たちにみられる種々の合法化の手口のルーツであろう。

江戸への流入人口が増加していくにもかかわらず、年季奉公人が不足しているという状況は男女奉公人のいずれも同じであった。江戸に入る時点では奉公人として雇われていても、逃亡などによって裏店に住み貧乏でも気楽な生活を好む風潮が一般化していくのである。とくに女性にとっては、男性都市江戸での岡場所は魅惑的職場であったと思われる。享保五年（一七二〇年）に吉原から町奉行所へ提出した訴状は、その状況を具体的に説明している。このなかに「岡（外）の遊女屋」といわれる表現がみられるが、これが「岡場所」の語の原型であろう。これを要約すると、（1）吉原は遠方にあり、遊びに行くと目立つが、岡場所は近所にあって便利である。（2）江戸市中や武家方の下女が不足しているのは、遊女奉公の給金が高いからである。下女の給金が年に一両二分であるのにたいし、遊女のそれは一か月に一両二分以上である。また廓《くるわ》とちがって外出なども自由である。（3）町人の逃亡者などは人相書が廓へ配布され、公儀のお尋ね者ともども調査される。しかし、岡場所では遊女屋自体が違法であるから、かえって逃亡者をかくまうことになる、というのである。こうした訴状にもとづいて、町奉行所では岡場所の隠売女の摘発を実施したが充分な成果をあげたとはいえない。

享保の改革で進められた都市政策の一つとして、公娼制度維持のための岡場所統制があった。享保二年（一七一七年）にいち早く実施された内藤新宿の廃駅、護国寺門前など寺社奉行支配地域への圧力がそれである。さらに享保十六年（一七三一年）には町奉行大岡越前守・稲生下野守は、新たに公認の遊所を設置したらどうかとの上申を行った。すなわち、護国寺音羽町・根津門前・新氷川門前・深川洲崎辺・同所八幡町・本所横堀鐘撞堂辺の六か所を公認し、吉原とともに遊女改めを行わせれば、他地域の私娼を廃することが可能となり、諸商売の繁栄も期待できるというのである。この提案は、岡場所の一部を公認することで、市中の遊所統制の実をあげようとする苦肉の策であったといえよう。しかし、これは寺社奉行の積極的な支持もなく、結局老中から現状維持でよいとの決定が出されている。

このように、江戸という都市全体の問題が支配系統の違いによって解決されないというのも、大きな問題点である。それでも、享保四年（一七一九年）には、本所奉行の管理下にあった本所・深川の地域を江戸に編入し、町奉行の支配下においた。さらに延享二年（一七四五年）以降、寺社奉行に昇進していた大岡忠相を中心として、寺社門前地の町人を町奉行支配とする政策を実現したが、こうした政策も、岡場所統制の問題と深くかかわっていたのではないかと推測される。

十八世紀後半になると、田沼の政権下で、岡場所は全盛期をむかえた。明和七年（一七七〇年）の内藤新宿の再開許可や、宿駅での飯盛女の増員許可がその引き金になっている。この結果、江戸の岡場所は六十～七十か所にのぼったという。なかでも深川は七場所といわれ、いわば広域遊興空間としての発展をみせた。いわゆる辰巳の空間は、北里の廓を凌駕することとなり、深川を舞台とする多数の文芸作品を生みだすようになる。十八世紀末、寛政改革によって、これらの岡場所の多くが廃絶された。その特色は、吉原に近い浅草地域の岡場所のほとんどが廃されたこと、市中各所の岡場所のうち、地域ごとに岡場所が整理されたこと、ただし本所・深川に関しては比較的整理がゆるやかであったことである。これは、さしもの松平定信政権の風俗統制下にあっても岡場所の根絶が不可能であったことをしめすものである。

しかも、改革終了以後しだいに性空間は拡張する方向にむかった。その象徴が女浄瑠璃の盛行にみられた。文化二年（一八〇五年）九月の町触によれば、町娘が席料を取って浄瑠璃を語り、そのなかには「売女同様」の働きをするものもいると指摘している。こうした動きは市中の寄場（寄席）にもあらわれ、大きな問題となっていく。幕府の認識では、この風潮は芸能者の職分にたいする一般町人の浸入として把握され、人形芝居の衰退をも招くものとされた。また、公娼制度をもおびやかす存在としても認識されている。つまり、芸能空間・性空間の両面において、その境界が明確ではなくなってきているのである。天保改革によって寄場の数が制限され、しかも演目が神道講釈・心学・軍書講談・昔噺の四業に限定されたこと、すべての岡場所が廃止されたことは、江戸の性空間が拡散した結果の対策であって、両者は深くむすびついているのである。

しかし、ここで指摘しておきたいことは、こうした性空間の展開が江戸の文化社会の成立・発展と深くむすびついていたことである。鈴木春信にはじまる錦絵にみられた笠森おせんに代表される水茶屋の看板娘、洒落本や黄表紙にみられる岡場所の機微や美意識、各種芸能の浚会《さらいかい》などで配布される刷物など、絵画・文学・印刷物にみられる江戸文化の展開は、江戸の性空間のもつ文化的複雑さ、多様さのあらわれであったと解してよいだろう。

明治の近代化のなかで、こうした性空間はしだいに即物的なものとして、たんなる売春の問題として理解されるようになってしまった。その結果、江戸の性空間に裏づけられた文化空間も、しだいに衰退してしまった。たとえば、女性の教養のひとつであった三味線音楽、市中いたる所で聞かれた音曲の数かずも、一部の芸能や好事家の趣味とされ、遊所のものであるとして教育の場からも排除されてしまった。その結果、江戸の岡場所に代表される文化とのかかわりは否定され、はじめに述べたように他国にはみられない文化なき風俗空間の乱立というわが国の都市の姿がみられるにいたったのである。こうした現象をわが国の国民性から説明したり、近代化の問題から説明することもできるだろう。しかし、私としてはまずは文化史の問題として考える必要があるのではないかと考えている。

（藤原セレクション『女と男の時空』⑦『女と男の時空』を読んで」、二〇〇〇年、藤原書店）

「向老期」と女性

宮坂靖子

「向老期」と老後問題

女性と老いの問題というと、老人介護の問題を思い浮かべやすい。「老人問題は女性問題」というように、特に介護役割を付与されている女性にとっての老人問題の大きさは、男性の比ではない。しかし、「女は三度老いを生きる」という言葉が象徴するように、介護者として親・夫にかかわるだけでなく、三度めに自らの老いと直面することも厳然とした事実である。

今回私は、自らの老いにいかに主体的にかかわるかという問題を、老人問題ではなく「老後問題」と設定し、中年期と高齢期の間に存在する「向老期」というライフステージにおいて、女性たちが自らの老いをいかに認識し、アイデンティティ再編の問題にいかに向き合っているのかを探ってみたいと考えた。

このテーマを抱えて、地元の女性センターへとまず足を向けた。そこで出会った女性たちは、「なら女性ゼミナール」という女性学に関する講座を修了し、その後も自主学習グループに参加しているだけあり、現代日本の平均的な女性とはいえないかもしれない。実際、自分の人生や社会の問題に主体的にかかわっている個性的な人々だった。夫婦の問題、老親の問題、子どもの問題と世代をこえてからみあうテーマに、笑いあり涙あり、悲喜交々の想いを語ってくれ、今ここにこうして生きる人達の人生にほんの一瞬でも触れ合うことができたのは、何にもかえがたい体験であった。しかし、この感動に浸っていられないところに、研究者の辛さもある。

老後問題とアイデンティティ再編

老親介護の意識の希薄化と変質が、しばしば指摘される今日にあって、むしろ私が感じたことは、自分の親を看《み》たいのに看ることのできない不条理に対する女性たちの嘆きであった。父系的なイエ意識を引きずる実際の生活のなかで、自分の親と夫の親との間に引き裂かれる既婚の女性たちの悲しみと抵抗は、私の実感とも一致していたため共感を覚えた。

もう一つ私が強く感じたことは、子育て後のアイデンティティ・クライシスとその再編という、私たちの慣れ親しんでいるテーマを、生殖家族における夫や子どもとの関係、つまり「エディプスの三角形」を前提として捉えてきたことに対する反省である。子どもの手が離れてくると今度は徐々に親の介護がのしかかってくることは、主婦の日常会話ではよく言われることであるのに、研究上ではその視点は意外と欠落していたのではないか。

実際多くの女性たちは、親の生き方を鏡として自分たちの老後を考えているし、夫の親に対する嫁役割と自分の親に対する想いとの間にさまざまな葛藤を感じながら、自分の来るべき老後を考えていた。

平均寿命の男女間格差は、配偶者の世話になれる確率の低い女性に深刻な問題を提起している。妻や嫁に看取られて死ぬものだと、懐疑の念をもたずに考えられる傾向のある男性は老後問題にあえて向き合う必然性がないにちがいない。しかしこの不平等は女性にとって幸運であった。女性たちが、まず友達作り・ネットワーク作りへと、家族に限定されない人間関係を築く努力をしていることは、豊かな人間関係に支えられた老後の生活のための保障であるとともに、何よりもまさに今を豊かに生きていることに他ならないからである。

〝生きた〟女性史をめざして

議論をより一般化していくためには、本研究の調査対象も方法論も問題であるという批判を受けるにちがいない。しかし、少数のインフォーマント（情報提供者）ではあっても、丹念な聞きとり調査を行うことから、個別的な事象をもとに、現代社会に生きる人々の心性を一般化・普遍化することも可能なはずである。

現実に生きている（生きてきた）人々の実感を、生き生きと描きながらも、それを単なる個別的な記述に終わらせることなく、学問化していくための方法論を確立すること。この大きな難問に向かって、私は試行錯誤の歩みを続けている。

（『機』一九九六年九月号、藤原書店）

声

【女と男をむすぶもの】

阿部泰郎

〈聖なるもの〉とは何か——宗教のみならず、世界の根底に横たわる不可視の超越的存在を、中世日本の伝承世界のなかに尋ねた一連の探究は、この企画に稿を需《もと》められたのを契機に一冊に纏《まと》まった。女と性をめぐる伝承の裡に立ち現われる〈聖なるもの〉の諸相を扱った『湯屋の皇后』(名古屋大学出版会、一九九八年)を集約した論が「〈聖なるもの〉と女性」(『女と男の時空』第Ⅱ巻所収)であるといえよう。繰り返して捲《う》む事のなかったこの主題をひとまず吐露し了《おわ》ってみると、やはり以前から拘《こだわ》り続けている、もうひとつの主題が立ちあがってくる。それが〈声〉だ。

たとえば『梁塵秘抄』を例にとれば、収められた今様の多くは神歌《かみうた》や法文歌《ほうもんか》という、仏神に祈り祀《まつ》る〈声〉として歌われた。この「あそび」の声を担《にな》ったのは、海道上に生きた遊女《あそび》やクグツたちであったが、その歌が後白河院に習得され記録されて、「声わざ」も王家の芸能に摂《と》りこまれたのである。そこには、実に興味深い関係が現出している。

仏法における声明《しょうみょう》がそうであるように、〈声〉は、〈聖なるもの〉を直截にもたらす媒体といえよう。また〈声〉はエロスに深く根ざす官能として、〈聖なるもの〉と性の臨界にはたらくものでもあった。その消息は、『新猿楽記』に巫女と遊女が等しくその声の魅力を讃えられ、前者が卜占や口寄《くちよ》せの神遊《あそ》びのワザと、後者が性愛術の遊びの手管に並べて記されるところに鮮かに記しづけられる。だが、その構図は元より無前提に在ったのではなく、時代の過程で創りだされた文化の所産であったかも知れぬ。

後白河院の今様伝受日記というべき『口伝集巻第十』にしても、その末に記された、ひとたび発すれば消えてしまうはかない〈声〉を哀惜し愛《いとお》しみ後代の為に記し留めようとするロマンティックな情念に幻惑されて、そこに院が企て成し遂げようとしたことの姿が見えずにしまう。神田龍身氏（『偽装の言説』森話社）や三田村雅子氏（「声のジェンダー」『国文学』44—13）が鋭く指摘し投げかけるのは、遊女（女）の声を院（男）の側に拉《らっ》し来たることにより新たな権力を生みだそうとした結果が『梁塵秘抄』や『口伝集』ではなかったか、という問いである。

声明においても、後白河院は譜を付した法則本を献呈させて正統を保証し、更には法華持経者として己れの読経の音《こえ》を以て博士《はかせ》を定め「読経道」を成立せしめたが、それらの営みは今様の声わざと通底するものだろう。

ただし、それらを全て王権による一方的な収奪と支配の構図によって説明し切れるだろうか。『秘抄』には、法華読経の聖《ヒジリ》に凝《こ》らした遊女たちの交 名《きょうみょう》というべき歌があり、「聖《ヒジリ》を立てじばや」と歌いかけて、男による〈聖なるもの〉の秩序は女の声に戯《たわむ》れかかられて容易に転倒させられる。そのような〈声〉をめぐる女と男の、また聖と俗の競う翻《ひるがえ》りは、声がはらむ越境性の変幻として顕《あらわ》れるところであり、児《ちご》や白拍子《しらびょうし》が代表する性のゆらぎや仮装もその一端を担う。そうした転換を生みだすような逸脱する〈声〉のはたらきを、王の権力は果して本当に支配しえたのであろうか。

(『機』二〇〇〇年六月号、藤原書店)

今様の時空

五味文彦

シリーズ『女と男の時空』には、時間と空間のカテゴリーから、女と男の関係史を考察する意図がこめられている。そのうちの本書は、古代から中世への転換の時期を対象とした論稿を収録しており、極めて多彩な考察が展開されている。

歴史・文学・美術・宗教の多面的な分野の研究者が、それぞれに「女と男の時空」という切り口から論を展開していて興味がそそられるものであるが、実は、私にも執筆のお誘いがあったものの、当時は関心が他に向けられており、書く余裕がなかったことからお断りしてしまった。しかし、もし、今の段階で書くことになったならば、どのようなものが書けるのであろうかと考えてみると、素材として浮かんできたのが、後白河法皇が編集した今様集『梁塵《りょうじん》秘《ひ》抄《しょう》』である。

なぜか本書では『梁塵秘抄』が一言も触れられていない。「遊女幻想」（鈴鹿千代乃）という論文があり、『梁塵秘抄』の今様が流行した時代の『源氏物語』や『新猿楽記』に触れた論文はあっても、全く言及がない。しかし『梁塵秘抄』に載る歌は、「女と男の時空」という切り口からすれば、絶好の素材であろう。

今様が流行したのは、十世紀後半の摂関時代から院政時代にかけてであり、十三世紀の後半になるとすでに衰退をみていた。したがって今様の展開は古代から中世へという社会の展開と揆を一にするものである。そうであれば遊女によって謡われた今様を読み解くことによって、この時代の「女と男の時空」が見えてこよう。そこで『梁塵秘抄』を手掛かりに若干の考察を加えることにしたい。

1

今様は遊女によって詠まれ、謡われたと指摘したが、それはたとえば次のような歌が見えるからである。

淀河の底の深きに鮎の子の　鵜といふ鳥に背中食はれてきりきりめく　いとをしや　（四七五番）

淀川に船を浮かべて、鮎を取る鵜飼の風景を詠んだ遊女の姿が浮かんでくるであろう。摂津国の江口や神崎の遊女は京と瀬戸内海を結ぶ水系を足場に活動しており、そこで見た風景が謡われているのである。その際、この歌からは遊女の自らの境遇が小さな鮎に投影されていることがうかがえる。次のような歌も見える。

鵜飼はいとほしや　万劫《まんごう》年経る亀殺し　鵜の首を結ひ　現世はかくてもありぬべし　後生我が身をいかにせん　（三五七番）

（鵜飼は気の毒なことだ。鵜の餌に万劫も生きる亀を殺し、鵜の首を結んで鮎を吐かせている。現世はそうしても過ごせ

ようう。だが後生はその身をどうするのだろうか）

『平家物語』は、桂の鵜飼が鵜の餌に亀を殺して用いたと記しており、そうした鵜飼の罪深さを詠んだものである。鵜飼は地獄に落ちざるをえないが、実はそれは遊女であるおのが身の罪業にも通じており、それと引き比べて詠まれたものである。

今様に遊女からの視線のうかがえることがわかったところで、そのまなざしに映った社会をとらえてみよう。そこで聴きたいのが受領《ずりょう》に関わる歌である。

黄金の中山に　鶴と亀とは物語り　仙人童の密かに立ち聞けば　殿は受領に成り給ふ　（三二〇番）

（黄金の輝く中山での、鶴と亀との物語りを、仙人童が密かに立ち聞いたところ、殿は受領になられたという）

「黄金の中山」とは、渤海の近く、黄金の宮殿があると伝えられる蓬萊山のことで、中国の神仙思想に登場する山である。そこにいる長寿の鶴と亀とが語る話を、仙人に付き添っている童が密かに立ち聞きし、殿が受領になられたことを知った、と謡っている。宴席に召された遊女が謡ったものであろう。

摂関時代の経済を担ったのは地方の国司（受領）であり、摂関はその受領の蓄積した富を吸収して栄華を築いていた。彼らは淀川を下って西国の諸国に赴任するが、その際に遊女らを招いて宴を開いており、この歌は富と長寿を与えられた殿を祝い、あるいはそうなるであろうことを予祝しているのである。次の歌も聴こう。

此の殿に良き筆柄の有るものを　諸国の富をかき寄せる　筆の軸の有るものを　（四七八番）

（この殿には良い筆の軸が有るらしい。諸国の富をかき寄せる筆の軸がたんと有るらしい）

諸国の富をかき寄せる存在といえば受領である。その受領が富をかき寄せるのに使う筆が、この殿にはたくさんあることよ、と謡うことで、殿がこれから受領になるであろうこと、あるいは受領であることを祝ったものと見られる。

これ以外にも受領が赴任してゆく任国を称える歌、その国の有力な神社である一宮を称える歌、一宮に神宝を奉納する歌、国の特産物をねだる歌など、受領と遊女との交歓風景を詠む歌が多く見えるが、このように受領が任国に下って行くのは白河院政の時代までであって、以後はほとんど下らなくなり、諸国の富は京において国を知行する上級貴族の手に入った。したがって遊女と今様の最盛期もこの頃までであったといえよう。

事実、『梁塵秘抄』には和歌や朗詠、和讃などが謡われているものが多いが、特に摂関時代の『拾遺和歌抄』や『和漢朗詠集』などに見える歌が多くあり、さらに院政時代になってからは白河院政期の『続拾遺和歌集』『高陽院歌合』までが中心であって、その後では鳥羽院政期の『崇徳百首』に一致する歌が数首見える程度である。

ところで摂関時代はよく知られているように、宮中の女房を担い手とする女房文学の時代であったが、遊女もまた芸能の担い手として重要な存在であったことがわかる。そして女房が宮中に出仕するに際しては多大の費用が必要とされ、それには受領の富が大いに役立ったことを考えるならば、受領の富がこの時代の文芸の物質的な基礎をなしていたともいえよう。

2

今様には、ほかにも聖や山伏、樵や博打など、まことに多様な人々が登場しており、そうした歌の考察がさらに求められるが、ここでは女性の登場する歌に絞って探ってゆくと、次の三六二番の歌が注目される。

嫗が子どもはただ二人　一人の女子は　二位中将殿の厨雑仕に召ししかば　たてまてき
弟の男子は　宇佐の大宮司が早船舟子に請ひしかば　またいてき　神も仏も御覧ぜよ
何を祟りたまふ　若宮の御前ぞ

（ばばの子どもはただ二人。一人の女子は二位中将殿が厨の雑仕に召したゆえ、差し上げました。弟の男子は宇佐の大宮司が早船の舟子に請うたゆえ、差し上げました。神も仏も御覧下さい。何を祟られるのでしょう。若宮の神よ）

注目したいのは、この老女が訴えた「若宮の御前」である。男子を宇佐の大宮司の早船の舟子に差し出したとあることや、二四二番の若宮の列挙した歌が「神の家の小公達は八幡の若宮」と最初に八幡の若宮をあげていることから、これは石清水八幡の若宮のことと見られる。石清水八幡は宇佐宮が勧請されて成立した神社であった。したがって次の三五一番歌に見える若宮も石清水八幡の若宮のことであろう。

年来撫《な》で飼う龍の駒　馬場の末にぞ練《れん》ずなる　すは走り出でて　若宮三所は乗り給ひ　慈悲の袖をぞ垂れ給ふ

（年来、大事に飼いきたった立派な馬たちが、馬場の隅にて訓練中。そら走り出した。若宮三所がお乗りになられ、慈悲をおかけになられよう）

この若宮三所とは、ただ若宮とあることや、石清水八幡の若宮が若宮・水若宮・姫若宮の三所からなっていることなどから見ても、石清水八幡の若宮のことと考えられる。

こうした若宮の信仰が広がったのも摂関時代であって、疫病の流行とともに、京では御霊会が祇園社などで盛大に行われるようになり、各地に若宮や今宮・王子などの神が誕生した。

奈良の春日社に若宮が生れ、巫女が神託を告げるようになったのもこの頃であり、『春日権現験記絵』にはその話が載っている。巫女はこうした若宮の信仰とともに成長し、神との通路を握っていたのである。

さらに三六五番の歌も聴くことにしよう。

わが子は二十になりぬらん　博打してこそ歩くなれ　国々の博党に　さすがに子なれば憎かなし　負かいたまふな　王子の住吉西宮

（わが子は二十歳になったのだろうか。博打をして流浪っているらしい。国々の博党に交わって。さすがに子なので憎くはない。負かさないでほしいものよ。王子の住吉や西宮の神たち）

博打打ちになった子を思う母親の心が詠まれている。この女性が祈りを捧げている「王子の住吉、西宮」であるが、住吉と西宮の王子というべきところをひっくり返して詠んだものであろう。二四九番の「関より西なる軍神は」と始まる「軍神」列挙の歌に「住吉・西宮」とある。歌の神としても知られた摂津国の住吉と広田社は、近くの神崎や江口の遊女からの信仰も得ていたのである。

したがってこの歌は住吉と西宮の王子を頼む、遊女や巫女などの近くにあった女性の歌であろう。

このように見てくると、摂関時代は女性たちの時代といっても過言ではない。古代国家が揺らいで、様々な組織が緩んだなかから、活躍の場を広げていった女性たちの活動の輝いた時代である。あたかも現代の国民国家の揺らぎとともに女性の活躍が目立つようになったのとよく似た状況ともいえようか。

3

摂関時代のそうした状況を象徴しているのが天皇の母である国母である。慈円の『愚管抄』が「女人入眼の日本国」と指摘し、女性が政治を助けて完成させる好例と見做したところの国母である。摂関政治とは、いわば摂関が国母を媒介として国政に主導権を握った時代だったのである。

そして次の院政時代とは、天皇の父である上皇が天皇を後見して政治を行なう時代であったから、国母の力を国父が握って政治を行うようになったものが院政であったと評価されるべきであろう。

こうした国母から国父への転換に象徴されるように、院政時代には女性の活動が様々な場において男にとってかわられてゆくことになる。たとえば乳母の存在の変化である。摂関時代には乳母の存在は極めて重要であって、皇子や皇女を養い、様々な情報を集めて世に出す仕事があった。院政時代になると、その乳母の力を乳母の夫や兄弟が握るようになり、乳父や乳兄弟として皇子を養った結果、ついには天皇や上皇の後見となって、政治に実権を振るうようになってゆく。後白河の乳父の藤原信西や、二条天皇の乳父の平清盛などはその代表的な例である。

今様の芸能においても、貴族が遊女から今様を学ぶようになって、藤原敦家や藤原成通・源資賢らの名手が登場するところとなり、やがて後白河が登場するに至ったのである。法皇は様々な身分の人々の今様を聴き、また自ら今様を謡い、特に遊女の乙前《おとまえ》を師匠にして今様の伝授を受けた。こうして今様は王朝の芸能の一つに加えられ、『梁塵秘抄』や『梁塵秘抄口伝集』が編纂されるところとなったわけである。

しかし『梁塵秘抄口伝集』に見えるように、この事態は今様の芸能の衰退を物語っていた。法皇には今様を伝える弟子がなかなか生れなかったといい、このままでは滅びてしまうという危機感があった。今様を芸能とする遊女に代わって、男舞を芸能とする白拍子が台頭しつつあったことも忘れてはならない。

『梁塵秘抄』に載る今様から「女と男の時空」を考えてきたが、さらに今様の具体的な分析を通じて問題を広げてゆく必要があろう。今様の詞章が、我々に考察せよと求めているように思えてならない。

（藤原セレクション『女と男の時空』③「『女と男の時空』を読んで」、二〇〇〇年、藤原書店）

御伽草子の男女と近代恋愛

【男女関係をめぐる普遍的幻想】

佐伯順子

時代を越境する問題意識

比較文学比較文化という私の学んだ研究室では、時代区分による「専門」という形をとらず、通史的に一定主題の系譜を追うという方法が往々にしてとられる。高群逸枝の『女性の歴史』が狭い「専門」意識を越えた通史的研究となっているように、広く女性なるものについて考えるには、こうした時代を越境する問題意識が必要であろう。

今回私は『女と男の時空Ⅲ　中世』の巻で執筆させていただいたが、御伽草子における男女関係の描写を見てみると、明治の知識人が提唱した結婚観、恋愛観と実質的に同じものが提示されているのが興味深い。明治の知識人は、遊廓や蓄妾風俗に見られる一対多、または多対多の男女関係を男女平等の理想に反するものとしてしりぞけ、「一男一女」が「永遠の交わり」を遂げる夫婦関係こそ、人間の男女の理想的関係である、と主張した。

明治の「文明開化」期の女性論は、こうした理想は過去の日本に存在しなかったかのように、江戸時代以前の日本の男女関係を一括して猥雑なものとして批判する傾向があったが、それは過去の日本をいたずらに〝悪玉〟視する「文明開化」期のメンタリティーによくある歴史の歪曲であって、御伽草子の描く男女関係を見ると、一対一の夫婦関係を賛美するものが目立つ。

御伽草子における夫婦関係の賛美

たとえば『浦島太郎』では、一般によく知られた玉手箱を開けて浦島太郎が老人になってしまう結末とは異なり、鶴になった浦島太郎と〝乙姫〟に相当する亀が「夫婦の明神」としてあがめられ、「情深き夫婦は、二世《にせ》の契りと申すが、まことにありがたきことどもかな」と夫婦の仲が賛美されて終わる。夫婦関係は「二世」にわたるものとして、親子関係に優越する価値を持つものとされ、妻は夫と定めた相手に対して「火の中水の底までも」運命を共にする決意を表明し、夫の方もまた、妻と別れるくらいなら命をとってくれ、というほどの思い入れの強さを示すのである（『梵天国』）。

ここには、不特定多数の男女の結びつきではなく、一対一の関係としての夫婦の絆を、神聖で強靱な関係として尊重する価値観が認められ、それだけに二人が「思ふ中」、いわゆる〝相思相愛〟であることが、最重要視されるのである。これは、明治になって前近代的習慣として批判の対象となった、当事者の意思を無視した結婚風俗とは著しい対照をなしている。恋を結婚に結びつけ、子供とともに形成される家族の繁栄を、人生至上の幸福とする価値観を打ち出している点で、御伽草子の男女関係観は、明治の知識人の打ち出した近代恋愛と一夫一婦の理想に極めて近いのである。

近代恋愛の限界と普遍性

しかし、近代恋愛と一夫一婦の理想もまた、女性に対する性的抑圧の一形態にすぎないという批判も当然なされている。「夫婦愛」の理想は、家族という生活単位と密接に結びついているが、夫と妻、そこに生まれる子供、という単位が経済上、生活上の共同体であり、運命共同体である場合、その生活共同体を確保するために自分を「恋愛」という物語の主人公に仕立てあげる必要も生じてくる。しかし女性が経済的自立を確保し、子供を産み育てることが必ずしも人間の義務としてとらえられなくなると、そこには一対一という規範に束縛されないゆるやかな男女関係が浮上し、小野小町や在原業平等の伝説に体現される、多対多を是とする「色好み」の文化や、通い婚的男女関係が復活する余地が生じる。

現代の男女関係は、一見こうした状況を呈しかけているかに見えるが、事態はそれほど単純ではない。多くの相手との交際は確かに人間の自由の可能性を広げるが、経済上、生活上の必然的要求、社会的規範といったものを別にしても、特定の相手と永遠の絆を結ぶことへの神秘的感覚や欲求も、一方で存在し続けている。御伽草子の提示しているのは、東西の昔話や伝説に通じる、こうした男女の関係性をめぐる普遍的幻想の一端であり、今改めて読みなおすに足る問題をはらんでいるといえよう。

（『機』一九九六年二月号、藤原書店）

おはもじながら

小林千草

わが失敗談を友達にうちあける際、現代のコギャルたちも、「超はずかしいはなしなんだけどぉ」と、切り出しているようである。〝恥〟の文化が健在と思いきや、切り出した内容が、われわれの想像を絶していることが多いのが昨今の現状である。

さて、「とてもおはずかしい話なのですが、実は……」という表現で切り出す私などの世代の、さらに前、「おはもじながら……」と切り出す表現があった。

近松門左衛門（一六五三―一七二四）の浄瑠璃『夕霧阿波鳴渡』の初演は、正徳二（一七一二）年だから、今から約二八〇年ほど前のことである。侍である平岡左近の妻雪は、夫が遊女夕霧に生ました子を引き取って育てているが、その子のために夕霧も引き取ろうと思い、彼女の心底を見きわめんと男装の麗人となって郭《くるわ》に潜入していた。ところが、夕霧とその愛人伊佐衛門との会話から、子が左近の子ではなく、伊佐衛門の子であることが判明。そこで、雪は女の姿を現わし、二人の前に。

「オオいかにも不審の立つはず。男にばけたる其の間はなんのそのと思ひしが、をなごの姿をあらはして此の中で申すはおはもじながら、かの阿波の大盡《だいじん》平岡左近が本妻雪と申すは我が身こと。夕霧殿の仮の情つれあひの子をたん生とて、此方へ請取り、いはば我がよろこぶ子。はらもいたまず苦労せずうんで貰ひし忝《かたじけな》さ。あだにもせず守り育て（中略）只今聞けば、我がつれあひを誑《たぶらか》して伊佐衛門の子をつきつけたと聞くよりはっと胸ふさがり」

と、このように語り出す。

このなかに、「おはもじ」「よろこぶ」という、いわゆる「女房ことば」（一般に「女房詞」と表記される）が使われている。「よろこぶ」は、〝出産〟を婉曲的に表わすやや特殊な表現であるが、「おはもじ」は、「はずかし」という形容詞の語頭音「は」に「文字」（もじ）をつけて、同じ意味を表わそうとしたもので、女房ことばの造語法として代表的なものの一つに拠っている。

室町後期に生まれた「はもじ」は、近世に入ると、美化語の「お」をつけた「おはもじ」の他に、「はもじい」「はもじがる」「はもじさ」「はもじげ」など新たな形容詞・動詞・名詞を生み出し、むしろ、近世人のコミュニケーションに一役かっている。江戸時代の人間関係・思考回路・文化が、「はもじ」を育てたとも言える。『女と男の時空　Ⅲ』所載の小論「女性の意識と女性語の形成――女房詞を中心に」を経て、私の興味はかぎりなく近世に入りこんでいる。室町の生命《いのち》をうけつぐ近世に。

（『機』二〇〇〇年一〇月号、藤原書店）

江戸の女流文学

門　玲子

切り捨てられる女性の自己表現

一九九一年三月のこと。埼玉県の武蔵嵐山にある国立婦人教育会館で、第二回環太平洋女性学会議があった。その年のテーマが「女性の自己表現と文化」だったので、私は興味を感じて受講した。会議にはその名称の示すように、アメリカ西海岸、オーストラリア、フィリピン、マレーシア、台湾そして日本の比較文学、女性学の研究者たちが参加していた。

興味深い報告がいくつもあったが、私が驚いたのはオーストラリアの研究者が報告の冒頭で「オーストラリアは複合文化圏であるが、この国では最近まで女性が文学を作り出す存在と見られていなかった」と発言したことである。さらにフィリピンの研究者は「フィリピンではイメルダやアキノなど著名な女性の伝記はあるが、無名の庶民の女性たちの自己表現は、マルコス政権との闘争の過程でようやく始まったばかりだ」と発言した。

これらが特に印象に残ったのは、私が江戸の女流文学について、何故文学史上切りすてられているかを考えていたからである。いくつもの優れた作品があり、和歌や俳諧にも無数の女性たちの自己表現があるにもかかわらず。

その日の日本の研究者の報告も「日本の女性の自己表現は、平安時代に確立したが近世には衰微し、近代に至って復活した」という、一般通念に沿った発言であった。日本で、女性が文字を書いたり、文学を作り出す存在ではないと考えられていた時代があっただろうか。

女流文学の存在のたしかさ

『万葉集』の昔から、女性は歌を作りつづけ、優れたものは伝えられ人々に愛唱されてきた。時代が降って、平安前期には漢詩を作って父帝を喜ばせた皇女がいた。後期には優れた歌人が輩出し、世界的に広く読みつがれる物語が書かれた。そのことで女性が賞讃されることはあっても、非難されたりはしなかった。

その伝統が近世に至って途切れたのか途切れなかったのか。途切れたと思っているのは現代人だけではないだろうか。

江戸の女流文学作品を読んでいると、その周囲に多くの男性の指導者、協力者、鑑賞者がいたことがわかる。「をみなの才ある国なりければ……」と女性の弟子を励ます俳人がいる。若くして逝った女性歌人を悼んで「言霊《ことだま》の幸人《さきびと》」と賞讃する高名の作家がいる。清の詩人に倣って女性の弟子を多く育てた漢詩人がいる。女性の詩人に会うごとに、その伝記と作品を抄録する文学者もいた。女性だという理由で、文字を書き、文学を作り出す場から排除されるようなことはなかった。文学作品が生まれれば、それが優れているかどうかが問題となった。

同時代人の眼差し

正親町《おおぎまち》町子（？―一七二四）という公家の娘は、江戸に下り大奥に入った。のち五代将軍徳川綱吉の側用人柳沢吉保の側室となった。宝永六（一七〇九）年に綱吉が没したあと、彼女はおそらく吉保のすすめによって『松蔭《まつかげ》日記』という物語を書きはじめる。内容は繁栄をきわめた元禄・宝永時代の綱吉の治世と、綱吉に重く用いられて大老格にまで昇りつめた吉保の二十年の歳月の記録である。

吉保の立身出世ぶりがあまりにも目ざましかったためにさまざまな臆測が生まれ、綱吉の没後、実録物といわれる興味本位のきわどい読物がいくつか出版された。『三王外記』『護国女太平記』などである。

肥前平戸藩主松浦静山（一七六〇―一八四一）はその著『甲子夜話《かっしやわ》』の巻十九の中で次のように述べている。「世に『護国女太平記』と云《いふ》書あり。憲廟（綱吉）御代の事、影も形も無きことを造《つくり》て書けり……其頃誰有て信ずる者も無《なか》りしに、時移りて実事にもやと思ふ人も出来《いできた》り……残念至極のことなり……柳沢家の妾が『松蔭日記』に書《かき》し所、真実のことどもなり」。

静山は世に流布していた実録物よりも、『松蔭日記』を信ずべきものと評価している。これは文学批評とは言えないが、女性の作品を低く見るという考えはない。そこには公平な眼差しがあるだけである。

江戸時代の人々にとって、女流文学は確かに存在した。無視されたり、低く貶められたりはしていなかった。

明治以後、江戸時代の文学をふり返った時に、女流文学を周縁に排除する枠組が確かに出来上ったのだ。江戸の漢詩文もまた同じ憂き目にあっていた。

近年ようやく江戸漢詩文に新しい文学批評の光があてられるようになってきた。江戸の女流文学にも同様の光があてられる日が近いことであろう。

(『機』一九九六年九月号、藤原書店)

女流漢詩人を探す

高橋昌彦

すでにさまざまな人によって指摘されているが、江戸時代も後期に入ると、全国各地ですぐれて名を残す女流漢詩人が輩出してくる。九州においては、中でも原采蘋《さいひん》と亀井少琴《しょうきん》の同庚《どうこう》二人がよく知られるところである。共に原古処《こしょ》、亀井昭陽という一流の学者を父に持ったわけで、家庭環境がそのまま二人を育てたともいえるのだが、漢詩文という男中心の文学の間に、足跡を残すためには、それなりの土壌があったと考えるべきであろう。

そう思い、二人に影響を与えられる範囲を北部九州内に絞って、遡ってみると、この二人よりも二世代ほど前に、立花玉蘭という人物がいることがわかる。筑後柳河藩主の一族で、詩集『中山詩稿』(明和元年刊)を出版しており、少琴の祖父南冥《なんめい》もその実力を認めている(『我昔詩集』)。女流漢詩人という存在を認知させた点では、玉蘭は大きな人物であった。だが、その結婚後には文事の跡が見えず、二人の誕生以前に他界していて、直接影響を与えたとはやや考えにくい。

そこで、あらためて一世代前、つまりは親の世代、彼女たちの近くに適当な人物がなかったかと探してみると、今までに紹介される機会のなかった一人の女性が見つかったのである。などというと、さも新発見のように聞こえるが、かの広瀬淡窓もよく知っているほどの、天領日田《ひた》では有名な女性であったのだ。名を信といい、字は如麟《じょりん》、姫島と号した。紹介をかねて、淡窓の文を引いてみよう。

円什《えんじゅう》上人ノ室ヲ阿信ト云フ。府内光西寺ノ女ナリ。詩ヲ能クセリ。其寺ニ会アレバ出席セリ。又匿名稿ヲ以テ。社中ヨリ甲乙ヲ法蘭《ほうらん》上人ニ乞フコトアリ。此人往々甲科ニ居レリ。人トナリ風神洒落ニシテ。頗ル塵表《じんぴょう》ノ物ナリ。晩ニ妙信院ト号ス。円什ニ先ツテ没ス。円什其詩ヲ編ンデ。姫島集ト号セリ。

（『懐旧楼筆記』巻三）

夫である円什上人は、日田広円寺の住職。法蘭上人はその父親で、信にとっては舅にあたる。この法蘭こそが、南冥が慕い兄事《けいじ》したほどの漢詩人であった。そのころの日田では、寺院などで盛んに詩会が催されており、若き日の淡窓もしばしば参加していた。題を与えて詩作を行い、その優劣を競った場で、信は優れた成績を残したという。彼女の詩集『姫島遺稿』（写本一冊）は、今も広円寺に所蔵されている。夫は、中に百六十七首の詩を収めた。淡窓の序文（文化十一年五月）、跋に代えて、円什の古処がこの遺稿に寄せた詩文に感謝する五言絶句が載っている。他に同寺には、草稿が三冊残り、内一冊『姫島詩稿』には、南冥と古処の批正《ひせい》が入っている。

亀井・原両家の身近にいた優れた女流漢詩人、信の存在、この人物なくして、後の詩人たちの登場はなかったのではないかと思われる。

（『機』二〇〇〇年一一月号、藤原書店）

与謝野晶子の出現

佐佐木幸綱

1

出産に取材した短歌を作ったのは、与謝野晶子が最初であろう。十二世紀後半の作とされる『餓鬼草紙』に出産の場面があるのを知っておどろいたことがあるが、古典短歌にはむろんない。晶子は明治四十四(一九一一)年二月に四女宇智子を出産した。このとき双生児の一人が死亡している。その体験に取材した作二十五首が、歌集『青海波』に収録されている。

男をば罵《ののし》る彼ら子を生まず命を賭けず暇《いとま》あるかな
悪龍《あくりよう》となりて苦み猪《ゐ》となりて啼かずは人の生み難きかな
その母の骨ことごとく砕かるる呵責の中に健《たけ》き子は啼く
血に染める小《ちさ》き双手《もろで》に死にし児がねむたき母の目の皮を剥ぐ

『青海波』

すでに幾度も出産を体験してきた晶子だったが、つらい体験だったようだ。晶子はここで、思い切って〈本当のこと〉をうたい切ろうとしている。男を罵るとうたい、人間を放棄したくなる苦しみだとうたっている。すさまじいのは四首目。双生児の一人が死んで生まれたことを知ったときの衝撃を、血だらけの小さな手が、眠くてしかたがない自分の瞼をむりにこじ開けたとうたっている。「ねむたき母の目の皮を剥ぐ」。晶子の歌はリアリズムではないから、事実の重さで読者を引き込むのではなく象徴味をおびてしまっているがそれでも、すごい。

評論集『一隅より』収録の「産屋物語」「産褥の記」をはじめとして、晶子は評論、エッセイのたぐいでも出産についてしばしば書いているが、やはり短歌作品の方が迫力がある。

出産の歌に先立つ晶子の先駆的な作としてやはり、『みだれ髪』の恋愛歌をあげなくてはならない。恋愛歌というよりも性愛の歌と言った方がふさわしい作もふくめて、思い切って大胆な場面に取材した歌が『みだれ髪』にはたくさんある。

血ぞもゆるかさむひと夜の夢のやど春を行く人神おとしめな
今はゆかむさらばと云ひし夜の神の御裾さはりてわが髪ぬれぬ
春みじかし何に不滅の命ぞとちからある乳を手にさぐらせぬ

後に記すように『みだれ髪』の文学史的な新しさは、『古今集』の明快さの美学とは逆の〈意味の曖昧さ〉を短歌に実現した点にあった。ここに引用した作も分かりにくい。特に一首目は難解な作として知られている（私の読みは最後に記そう）。この時代、性愛に関する表現、まして若い女性が一人称で表現する場合は、相当の社会的チェックを覚悟しなければならなかった。〈意味の曖昧さ〉はこうした時代的チェックをかいくぐって〈本当のこと〉をうたいきるための手だてでもあった。

2

『みだれ髪』の刊行は明治三十四（一九〇一）年。晶子が出現したおかげで、明治二十年代からはじまる近代短歌史にはごく早期から女性歌人が登場することになる。このことはなんでもないことのようだが、俳句史とくらべるとずいぶんちがう。

近代俳句史に女性が登場するのは大正時代に入ってからであり、女性ならではの俳句がつくられはじめるのは大正中期になってからである。たとえば、杉田久女《ひさじょ》、竹下しづの女《じょ》の次の有名な句が作られるのは、いずれも大正期の半ば過ぎであった。

花衣ぬぐやまつはる紐いろいろ　　杉田久女『杉田久女句集』
足袋つぐやノラともならず教師妻　　同
短夜や乳ぜり泣く児を須可捨焉乎《すてちまをか》　　竹下しづの女『颱《はやて》』

一句目、花見から帰ってきて外出用の着物を脱ぎつつある女性の艶麗さ、あるいはナルシシズムをうたった句とされるが、「まつはる」という語の用い方からみて、美しい一方の句ではなく、わずらわしいあれこれにまつわりつかれているうっとうしさを、ちらばっている紐に読みとることは可能だろう。女性ゆえの社会的なわずらわしさを象徴的に表現した句と読みたい。大正八（一九一九）年の作である。

大正十一（一九二二）年に発表された二句目は、『人形の家』を下敷きにした句で久女三十三歳の作。久女の夫杉田宇内は美校出の画家だったが、小倉の中学教師となってからは学校業務に専念して絵を描かなくなった。久女の目にはそれが無気力な生活とうつったようだ。古足袋の修理という地味でしんどい日常の仕事への言及は、当時の女性が置かれた立場の非社会的な面を表現していよう。

しづの女の句は、昼間の仕事と暑さとでただでさえ睡眠不足の夏の夜に、乳を求めて泣く子に起こされた場面である。口語表現「棄てっちまおうか」をあえて万葉仮名で「須可捨焉乎」と表記しているところに工夫と作者の意図がこめられている。育児に拘束される束縛感を、ストレートにではなく、ずらしの感覚で表現したことで、挑戦的な激しさが読者に伝わってくる。これは大正九（一九二〇）年の句。

さらに、杉田久女《ひさじょ》、竹下しづの女《じょ》という名前に注意してほしい。久女のライバルとして知られる長谷川かな女《じょ》などもふくめて昭和初期までの俳句界では、女性は「……女」というペンネームをつけるのが一般的だった。千代女、勝女、りん女等々、江戸期の女性俳人のペンネームの名残である。その後も、中村汀女、阿部みどり女、三橋鷹女といった女流俳人らがおり、橋本多佳子さえ初期は多加女の名を使っていた。ペンネームをみても、俳句史において女性がいかにきびしい束縛にあってきたかがわかる。大正中期ごろからじょじょに束縛が意識されはじめ、新しい状況が開かれはじめる。

3

短歌史は俳句史に比較すると事情がちがっていた。与謝野晶子は革新的だったし、時代的に早かった。彼女が自身を生きるための〈本当のこと〉をうたう恋歌を詠んだのは明治三十年代だった。出産をうたったのは四十年代だった。なぜ晶子は新しく早かったのか。晶子登場にいたるまでの前史がどうなっていたかが気になってくる。

山田謙益編『明治現存・三十六歌撰』(一八七七年)には、間宮八十子、松門三艸子、鶴久子、大野定子、中島歌子、橘東世子、小原燕子、以上合計七人の女流歌人が撰ばれている。さらに、豊島有常編『明治現存・続三十六歌撰』(一八八五年)には、税所敦子、下田歌子、小池道子の三人が撰ばれている。彼女たちはどういう女性だったのか。

中島歌子は、樋口一葉の短歌の師としても知られている人物である。天保十二(一八四一)年に日本橋に生まれた江戸っ子で、水戸藩士林忠右衛門と結婚。忠右衛門は天狗党の一人として戦死、歌子は投獄された。彼女が本格的に歌をはじめたのは、放免後である。加藤千浪の門下として頭角をあらわし、東京の伝通院に短歌塾「萩の舎《や》」を開いた。明治二十年前後の最盛期の「萩の舎」には、当時の上流・中流の女性千人の門下生がいたという。田辺(三宅)花圃、樋口一葉ら小説を書く女性がここから出ており、一葉はこの「萩の舎」の代稽古となって生活費をかせごうと勉強した。一葉の日記には「萩の舎」のことがくわしく書かれている。

下田歌子は、華族女学校の創設、帝国婦人協会の創設、実践女学校の創設等々にかかわり、明治から大正にかけての女子教育界の大物として知られた人物だった。明治五年に宮中に出仕。「程もなき袖にはいかがつつむべき大内山につめる若菜を」という短歌を皇后に献じたところ皇后が感心され、歌子という名前を賜ったという有名なエピソードがある。まだ十代のころである。歌子は岐阜県恵那の出身だった。辺境の出身でありながら皇后に名を賜る栄誉をうる、そんな夢の実現者として知られたりもした。林真理子の小説『ミカドの淑女《おんな》』（一九九〇年刊）や『平民新聞』の明治四十一（一九〇八）年の暴露キャンペーンを収めた『妖婦・下田歌子』（二〇〇〇年刊）で、近年、この人に光が当てられた。

明治初年の歌壇ではこうした女性が歌人として活躍をしていた。与謝野晶子は先行者がいないところに突然にぽっと出現したのではなかった。むしろ、彼女の前にあった先輩女性たちの壁は厚かったと見る方が正確である。

4

歌人与謝野晶子の出現を、堺という町の革新的気風や晶子個人の才能としてのみ論じるのでは十分ではない。

彼女の眼前には古今集という文学史的な壁と、歌壇という状況的な壁とがあった。短歌の理想型は古今集であるという見方は、古今伝授が文化史の問題として尊重されたことからも分かるように、文学の問題にとどまらず社会的なコンセンサスとして千年の間持続してきた見方だった。それが壁となって立っている。さらにそうした旧来の短歌観をわがものとして立つ先輩女性たちが活躍している歌壇という制度的な壁。こうした眼前の厚い壁が与謝野晶子を作った。そう見るべきだと私は思う。

この二つの壁を晶子が突破した経緯をどう理解すればいいのか。

古今集は普遍性、抽象性をよしとする短歌観に立っていた。たとえば、こういう歌がある。下田歌子の師の八田知紀の歌である。彼は古今集を尊重する桂園派の歌人であった。

秋はきのした葉そめんとふる雨のさむきゆふべに雁なきわたる　八田知紀

この歌、読んでもらえば分かるが、作者が男でも女でもよく、作者が青年でも年輩者でもいいように作られている。さらに、場所もどこでもよく、時代がいつの時代でもいい。意識的にそう作られている。このように具体性、現実性を注意深く排除するのが古今集の方法だった（三島由紀夫の評論「古今集と新古今集」は、「それだけが観念に正確さを与へ、イメージのふくらみによる誤謬を避けうる方法」だとして、正確さ明快さを実現する日本語の理想形は古今集にあるとしている）。つまり、女っぽい歌だとか男っぽい歌だとかは認められない時代だったのである。

そんな時代に与謝野鉄幹は「亡国の音」という評論を書き「現代の非丈夫和歌を罵る」とのサブタイトルをつけた。明治二十七（一八九四）年のことである。「丈夫」とはここでは男の意味である。日清戦争に向かう時代の国粋的な雰囲気を背景としたネーミングだったが、古今集的方法とはちがう男性ならではの歌を提唱した点で注目されるのである。鉄幹はさらにその実践として「丈夫《ますらお》ぶり」を前面に出した詩歌集『東西南北』を明治二十九（一八九六）年に刊行した。『みだれ髪』が刊行されるのはその五年後である。女性を全面的に押し出してうたいえたのは、そうした流れがあってのことであった。

第二の壁はどうか。旧来の短歌観に立つ女性たちが君臨する歌壇という壁。換言すれば門人制度という壁。

中島歌子は加藤千浪の門人、下田歌子は八田知紀の門人であった。短歌はしかるべき師に入門して、型の理想的具現、技術的達成をめざす詩と考えられていた。前に引用した八田知紀の歌を例にいえば、先行作品を視野に入れつつ「夕雁」という題をいかにうたいこなすかが勝負のしどころであった。

『明星』はそこで、「非専門家」集団であることを打ち出す。門人制度とはちがう結社制度を採用することで、素人でいいのだという立場をとる。素人なのだから理想的な型の追求とは無関係でいい。キーワードは「自我」。それぞれの作者おのがじしの思いの表現を作歌の目標にすえればいいとするのである。晶子は自分にとっての〈本当のこと〉の表現に賭けた。古今集の明快さとは反対の〈意味の曖昧さ〉を引き寄せた。そんな歌人与謝野晶子出現の背景にはこのように鉄幹らの営為があり、『明星』という集団の新しいあり方があった。晶子の才能、晶子が育った堺の気風ももちろん晶子出現の重要な要因だったが、こうした背景も正確に見ておかなければならないだろう。

くりかえし言ってきたように、晶子の歌は難解である。意味が曖昧である。どれほど意味的に曖昧で、どれほど分かりにくいか、最初の方で引用した歌について、私なりの理解を書いておこう。

血ぞもゆるかさむひと夜の夢のやど春を行く人神おとしめな

この歌は、初句、三句、四句でそれぞれ切れており、句切れの部分には大きな飛躍ないしは省略がある。しかも第二句は「かさむ／ひと夜の」と句割れになっており、「かさむ」は通常の語順ならば「夢のやど……かさむ」となるべきはずが倒置されているわけで、文脈はひどく屈折している。しかもその上、「神おとしめな」は「神おとしむな」の誤用と見られる。これでは読者が分からなくて当たり前だ。省略をおぎない、誤用をただして、書き直してみる。

（わが）血ぞもゆる／（われ）貸さん／（春を行く人に）ひと夜の夢の宿を／春を行く人よ／神をおとしむな

青春を謳歌する人よ、私の家に泊まって行ってほしい。私の願いを断って、青春の神を貶めるようなことはしないように。そんな意味なのであろう。基本は青春讃歌だが、意味的には若い女が若い男を誘う歌である。しかも誘い方は相当に露骨だ。

晶子の時代、女性が娘・妻・母以外の選択肢を生きることは困難な時代だった。娘でも妻でも母を生きるでもなく、自分自身を生きる、青春を生きる、女性を生きる、といった選択肢もありうること、短歌はそうしたありうべき〈本当の自分〉、自分にとっての〈本当のこと〉を表現できる詩だと晶子は考えた。明快さ、正確さを第一に考える古今集の美学が、彼女には色あせて見えたのであった。

千年つづいた古今集の権威を否定し、専門家集団として歌壇の壁を突破するには、無理を承知のこのような力技が必要であり、果敢で極端な内容がうたわれなければならなかったのである。つまりそれほど、歌人与謝野晶子の出現は歴史的な事件だったのであった。

（藤原セレクション『女と男の時空』⑩「『女と男の時空』を読んで」、二〇〇〇年、藤原書店）

〈満洲国〉と女性

川崎賢子

満洲・堆積する複数の時空

『女と男の時空Ⅴ　近代』のために「満洲国にわたった女性たち——文芸運動を手がかりに」を執筆してからほぼ一年が過ぎようとしている。この機会にふりかえって、今後の課題についても考えてみたい。

小論が対象とした〈満洲国〉は、日中十五年戦争下、一九三二年に建国を宣言され、一九四五年の敗戦とともに消滅した。日本の軍事力を背景に成立した、短命な、また国際法上独立国家の概念にあてはまるかどうか疑問の余地のある〈国家〉ではあるが、はんめん、十九世紀的な植民地の概念によって語りつくすこともむずかしい。潜在的に全土が戦線であり、前線であり、境界そのものでもあるような時空であった。

文芸というフィールドに限定しても、中国系、朝鮮系、亡命ロシア人系の文芸があり、日本語で書かれた文芸がある。日本語の書き手たちについてみると、満洲国建国以前に渡満した人々、あるいはそこで幼時から育った人々、そこで生まれた人々と、満洲国建国以後に渡満した人々とでは、それぞれの背負う文脈が異なる。満洲国建国以後に渡満した書き手の多くは、すでに物書きとしてのキャリアをもっていたが、それも、マルキシスト系、アナキスト系から、天皇制国家の拡大を熱狂的に支持する者まで、左右入り乱れていた。

小論では、満洲における日本語文芸を、まず、一九三八年前後という特異点から観察している。

それは、建国以後の物書きの渡満ラッシュの年であり、〈満洲文学〉とはなにか、どうあるべきかという論議がにわかに盛んになった年であり、満洲国建国に深く関与する石原莞爾に師事した小泉菊枝の『満洲人の少女』がベストセラーになった年であり、いっぽうで在満二世の書き手からは〈故郷喪失〉を嘆く声があがった年であった。

きわめて短期間のうちに、あらたな概念が浮上し、既成の概念の諸関係を編みかえ、内容を更新してしまった。そのような言説空間の変容を、クロニクルふうの記述によってとらえることはできない。複数の時空がそこに凝集し、互いに切断／吸収しあい、ふたたび拡散していった。その眩暈をくぐりぬけたのちには、〈建国神話〉と〈故郷喪失〉との二重構造が残された。満洲文学の総体を徒花と見るむきもあろうが、国民文学という幻想が二十世紀の土壌からなにをくみとることになったのか、検証の必要があるというのが筆者の立場だ。

女性性の位相

女性作家がなにを書いたか、あるいは男性作家が女性をいかに書いたか、といった枠組みのなかで自足するしかないのなら、なにもジェンダーなどという概念を持ち出す必要はないだろう。

書く主体が女性であることに、どういう意味があるというのか？　対象が女性であることに、どういう意味があるというのか？　とある民族、文化、階層、あるいは風土が女性をメタファーとして表象されることに、どういう意味があるというのか？　自問を繰り返した結果、小論において女性的なるもの／男性的なるものの差異は、つねに可変的で流動するものとなった。

あえていうなら、女性性を固有なものとみなすことの危険性、特権化することの危険性を、研究対象から教えられたのである。

前線の男たち／銃後の女たちという相互補完的な分業のことだけをいっているのではない。大東亜共栄圏構想、とりわけ満洲国建国が、脱近代を志向した女性解放の論客たちを魅了したこと。いや、彼女たちの実際に即していえば、思想としての満洲は彼女たちの外にあるものではなかったし、そこにおいて彼女たちの果たした役割もけっして受動的なものにとどまらなかった。

小論では、アナキスト系、マルキシスト系、日本浪曼派系など多様な女性の書き手を例にあげ、渡満以前・渡満以後の言説に連続性を指摘した。

なかでも、田中智学の終末論と石原莞爾の最終戦争論の流れを汲み、古代的な両性協力の社会を地上によみがえらせるべく〈島国日本人から東亜日本人への確かな生命弁証法的発展〉の必要を説いた小泉菊枝に、注目する。『女性史開顕』（一九四一年・発禁）を著した小泉は、高群逸枝の名を先達として挙げつつ、日本においては古代より連綿とつづく〈女性史〉の記述が可能であるという点、いわば〈女性史〉の成立可能性それ自体に、日本という国家の絶対的な優位性、日本女性の優位性の根拠を見いだしている。

小泉が高群女性史を誤読したとばかりはいえない。歴史学という制度が十九世紀のステイト・ナショナリズムにたいして果たした役割を、二十世紀初頭に発見された日本女性史という知が反復・変奏したという側面を否定できない。しかも二十世紀初頭の女性解放の言説にふくまれた近代批判、生と性との讃美が、満洲国建国と大東亜共栄圏の思想に見事に回収された、いやむしろその根拠のひとつになったという現実がある。そうした経緯を批評的にとらえなおすことが、つぎの課題となろう。

（『機』一九九六年七・八月号、藤原書店）

「満洲へわたった女性たち」からの再出発

川崎賢子

「みづから燃えなければ光はない」といふ一語迷へるわれの胸を刺し貫く
金大中氏助命救出の署名して欝たるおもひ少しやはらぐ
ふきこぼるる涙こらへ難くわが居りぬ市川房枝女史遂に逝きたる

三宅豊子の遺作歌集『風の日』（勁草社、一九八二年）からの引用である。

三宅豊子は明治三十七（一九〇四）年神田に生まれ、女学校卒業後、当時の呼称にならえば職業婦人の列に連なり、大正十二（一九二三）年、大連で結婚。満鉄拓植課『拓友』歌壇選者、『安東新聞』歌壇選者をつとめ、旧満洲国の日本語文芸に重要な役割をはたす雑誌『作文』同人ともなった。日本交通公社満洲支社編集部員として奉天で敗戦を迎え、引揚げたのち貸本屋をいとなむ。引退後も死の直前まで、彼女のかたわらには歌があった。

時に心余り時に言葉余りて破調をなす骨太の歌、志を詠む歌である。

このひとにとって旧満洲国とは、そこにおける日本語の文芸のいとなみとはどういう意味をもっていたのだろうか。そうして短歌というジャンルの意味は……。

満洲国建国以前から(建国後もまた)、外地の孤独な詩心は、日本のモダニズム詩運動に火をつけ、前衛詩を牽引するという一面もあったのだ。

「テレビに見るベトナム難民の哀れさは杳《くら》き引揚の日を思はする」の歌を、現在の知見に立って検証すれば、侵略する者/流浪する者の力関係の把握が誤っている、と断ずるのはたやすいかもしれない。

ともに旧満洲国の日本語文芸運動にたずさわり、引揚後は「コタンの口笛」によって知られる石森延男に寄せた「省みる過去こそ生活の誤植にて愛しと書ける御文給へる」との歌を読めば、戦後日本に居所を得て、戦時下の文芸活動を「生活の誤植にて愛し」と書きおこした石森の想いと、それをかく歌にとどめた三宅の想いと、解きほぐしきれず惑わされる。

ジェンダー、植民地主義およびポスト・コロニアリズムといったところが、『女と男の時空』論文執筆時のわたくしのキーワードだった。

批評・研究、小説といった散文ジャンルの資料に依存しがちだったことについて、反省すべき点は多い。小説ジャンル中心の文芸観、職業作家中心の文芸観といったものもまた、歴史的な産物で、こうした事後的な枠組みは文学史から、詩歌の世界の重要な担い手であった女性たち、文芸を愛する者(アマトゥール)として売文で生計を立てることのなかった女性たち、さらに社会的経済的な条件によって職業作家としての自活自立を許されなかった植民地の作家たちを、書き落としてしまいがちである。イデオロギー論のみならず、ジャンル論、メディア論の枠組みの洗い直しも、拙論の宿題だ。

(『機』二〇〇〇年一二月号、藤原書店)

ことば・文学

武田泰淳と武田百合子夫婦の「二人三脚」

樋口　覚

今では全くの死語になったが、「夫唱婦随」という言葉がある。昭和二十二年の姦通罪の廃止に象徴されるわが国の性思想における寛容と、家族関係の崩壊からみれば、よほど異質で、むしろ太古の面影さえ帯びる大乗的な夫婦関係を保ちながら、その奇蹟を自由無碍に成就した一組の夫婦がかつてあった。

それは武田泰淳と武田百合子で、その邂逅から別離にいたるまで、戦前、戦後において他にみない関係、初期の武田泰淳の小説の題名からいえば、「異形」な『愛』のかたち」として発し、独自の足跡を日本文学史に残した。

彼らの「『愛』のかたち」は、必ずしもスタンダールのいう「ザルツブルグの小枝」にみられる「結晶」として、西洋のロマネスクのようには現象しなかったところに特色がある。東洋的なおおらかさをもちつつ、相互の激しい瞠目と凄まじい葛藤の劇を生きることによって、武田泰淳は中国文学研究者から小説家になっていった。

武田百合子は、『もの喰う女』あるいは『未来の淫女』など、武田泰淳の初期のモデルないしは霊感者、小説を書く動機と感化を及ぼした存在としてまず現れた。そのことは、ありきたりの男女の把握、描写の枠を踏み外して、「危険な物質」と「利口な野獣」という透徹した人間観を武田泰淳に植えつけた。

その後、より深い女房的存在者として苦楽を共にし、各地をともに旅行することを通じ、全幅において信頼に足りうる共同作業者、あるいはそれ以上の存在として「うまれかわり」を計った女性であった。

こうした関係は歳月をかさねるにつれ次第に世にも不思議な弥次喜多的な同伴者として、人を羨ましめるほどの「夫唱婦随」、あるいは婦唱夫随の関係に変質していった。それを示す代表的な作品は、新趣向の夫婦二人三脚による「カー時代の小説東海道」として書かれた『新・東海道五十三次』である。現代版弥次喜多道中では、車のハンドルを握るのは夫ではなく、女房の百合子であり、夫はすべてを女房にまかせ、指導者の女房に対し手も足もでない同乗者にすぎない。

この作品はほとんど論じられることのない作品だが、彼ら夫婦のドタバタ劇を知るには最適の作品である。弥次さん喜多さんが歩いたと同じ街道を、武田百合子の運転で辿る現代バージョンで、その仲睦まじい道中ぶり、痛快な名所旧蹟めぐりは他のどの文士、いや日本のどの夫婦にも無理であろう。

ただし、この喜劇的な旅に出るには日本の地理と歴史、なかんずく日本人を知り、それを確認したいという強い好奇心が二人にあった。しかつめらしい顔をして一人で机上で考えたり、文献を調べても世態風俗、とりわけ男女のことはわからない。日本人を知るにはなまなかな観察や行動では無理で、いつも二人三脚で街中に出て考えるという姿勢が必要だ。

稀代の好奇心にそそのかされ、相互に刺激しあい、議論と脱線を繰り返す夫婦の旅は好ましい。彼ら夫婦には世の中のことで無関心でいられるというものは存在しない。泰淳には『日本の夫婦』というルポルタージュがあり、その反対に日本の政治家について書いた『政治家の文章』がある所以である。泰淳のこの奇妙な旅に出たもう一つの理由があるとすれば、岡本かの子の描いた『東海道五十三次』という不思議な小説が念頭にあったからである。

泰淳の遺言によって最晩年には中国の故事来歴に倣って、比翼塚を生前に京都の知恩院に作らせるほどの間柄となっていった。

武田百合子の存在は、泰淳の晩年になるとなくてはならぬ存在、とりわけ執筆協力者として重要な存在へと「うまれかわり」をした。

なぜなら、彼女がつける詳細な日記と家計簿は、小説家にとって大切な覚書であり、観察記録でもあったからである。

三島由紀夫の『豊饒の海』と伴走しつつ書いた長編『富士』の執筆と、その完結の寸前に生じた三島の自決による心労困憊や脳卒中の後遺症によって、口述筆記者として武田百合子はさらにその才能を発揮する存在へと変わっていった。三島の自決の際には長い弔文を百合子の口述筆記によって書いて、泰淳は三島に引導を渡すことができた。

武田泰淳のライフワーク『富士』は、富士山麓の別荘での観察と、百合子が書いた膨大な日記によって可能となった稀な作品といえるであろう。たとえば、『富士』序章の「神の餌」と最終章の「神の指」に登場する精神科医（大島覚）の妻マリは武田百合子をイメージして書かれている。また、全章に登場する女性達のすべてには、泰淳が百合子の中に見出した様々な要素を変形させ賦与されているといっても過言ではない。

泰淳が『富士』を執筆中に百合子がつけていた日記は、現在、『富士日記』三巻として広く読まれている。これは、わが国の文芸思想の特徴である日記文学の系譜に連なるものである。武田百合子は紫式部や清少納言の「うまれかわり」として現れたが、中古の日記作者とも断然異なる面をもっていた。

泰淳死後、残された百合子は、夫の全生涯を追うようにして、優れた日記や旅行記を書く人になった。たとえば泰淳とその僚友竹内好とのロシア紀行である『犬が星見た』はその最たるもので、人事百般にわたる無限の好奇心と、日本人離れした人なつこい気象は天性のものといってよく、その天衣無縫の記述の冴えは従来の女性作者にはないものである。

武田泰淳の『富士』は、三島由紀夫の『豊饒の海』と同じく壮大な「うまれかわり物語」である（拙著『富士曼陀羅——三島由紀夫と武田泰淳』）。武田自身、初期に『うまれかわり物語』という小説を書いており、この作品に影響されて三島由紀夫が『豊饒の海』を書いた可能性を三島死後に指摘している。

『うまれかわり物語』にも武田百合子が関係している。彼ら夫婦は前世においてそもそも折り合いが悪かった。なぜなら、十二支によれば泰淳は鼠で、百合子は牛であったからである。そのことを泰淳は何度も触れて書いている。それは一種、運命的な相性であり、百合子は鼠はずるい、とよく泰淳に文句を言っていたらしい。

このことを以前埴谷雄高と対談した折りに、わたしは聞いたことがある。彼ら夫婦のことを最もよく知る埴谷は次のように言っている。

武田はチョロちゃんといいまして、『うまれかわり物語』に書かれているが、鼠年です。百合子さんはいつでも「けしからん」って言うんですが、それはお釈迦様の所へ行くときに、チョロちゃん、つまり武田の鼠が、牛――百合子さんは牛年で――その背中にひょいと乗っていく。お釈迦様の所へ来たとき自分で来たように澄ましているが、鼠は「いんちき」って言うわけですよ。武田はこれまた裏返せば、いんちきなんです。出発点の百合子さんがまさに武田論をやっている。(『生老病死』)

武田泰淳夫婦の「二人三脚」は、まさにこうした前世から始まっており、この「いんちき」さ加減の本質をその出会いから百合子は知っていたという埴谷雄高の指摘は鋭い。男女一対の「ニンゲン」としてこの宇宙に生まれ、夫婦《めおと》となった彼らの間に絶えざる議論とやりとりがあるのは、前世からの定めであり、それが時に珍道中になるのもやむをえない仕儀というべきであろう。

埴谷雄高は、武田泰淳は百合子と会って非常に成長した、もし結婚をしなかったらああいうふうには伸びなかった、「百合子ものの経過を辿ってパッと人類そのものへと行った」と精妙な言い方をしている。

百合子さんはふつうと違って、ムイシュキンふうな天性純粋な全肯定的な天才であったから、武田自身もそれに引かれて暗いニヒリズムから大きな全肯定的な天才的な作家になっちゃった。

脳卒中後の泰淳は、リハビリをかねて百合子とともに都内を散歩し、女房の口述筆記によって『めまいのする散歩』を書いた。時々、強力な指南者である女房が表現について文句を言うところがあってほほえましいが、それはかつてのロシアや東海道の紀行や、富士山麓の逍遥ではありえない。限られた地域の、しかも危険を伴う容易ならざる散歩であった。それは、「あらかじめ定められた散歩」であった。『めまいのする散歩』の最後は次のような暗示的な言葉で閉じられている。

地球上には、安全を保証された散歩など、どこにもない。ただ、安全そうな場所へ、安全らしき場所からふらふらと足を運ぶにすぎない。

この言葉を武田泰淳は、今は介護者でもある女房の百合子に向けて発信し、それを彼女に書き留めさせたということが大切である。

このように書いてから、武田泰淳はもう数年しか生きなかった。従って泰淳は、百合子のその後の書き手としての旺盛な「うまれかわり」を知らなかった。「天性純粋な全肯定的な天才」として埴谷雄高から「女ムイシュキン」と呼ばれた武田百合子は、埴谷が熱望したようには、小説は一度も書かなかった。紀行文と日記しか書かなかった。
最後のエッセイ集となった『日々雑記』には、富士の山荘で隣組であった大岡昇平の逝去を悼み書いた長い回想文や、昭和天皇の病状に関することなどがこくのある文章で書かれている。その最後は、京都旅行に一人娘の花さんと行き、その日の日記を丹念につけるところで終わっている。

三十三間堂入場料（二）八百円。参詣のしおり六百円。博物館入場料（二）七百円。絵葉書（百合子分）三千四百円。にしんそば（二）千五百円。楽京三百円。すぐきと浅漬千円。にしん姿煮六百円。佃煮三種類千五百円。わらび餅抹茶付き四百円。コーヒー四百円。

部屋のテレビで、ベルイマンの映画を延々と深夜まで観た。ベルイマンの映画を見ていると、夫婦っていいなあ、と思う。

（藤原セレクション『女と男の時空』⑫『女と男の時空』を読んで」、二〇〇一年、藤原書店）

縄文のこころ

【古代の意識の裏にひろがる「海」】

西宮　紘

無垢の美しさ

十七年前、神奈川県の津久井町にある寺原遺跡を明星大考古学研究部が発掘している現場に、たまたま私は居合わせた。そこで初めて、何千年もの土中の闇からわずかに解放されかかっている縄文土器に出会ったのである。土から顔を出したばかりで、まだ光になじめず、湿り気を含んで薄緑色を帯びた土器は、実に初々しく無垢な美しさを湛えていた。この闇と光の境目に位置する美しさは奇妙にも私の脳裏にこびりついて離れず、それ以後、縄文の世界にわけいる動機ともなりまた原視点となったのである……私の中の無意識的縄文の意識化という旅の道標として……。

埋甕《うめがめ》と胎盤処理

この遺跡で異様なほど好奇心をそそられたのは、住居入口の床面すれすれに埋められた甕である。それも、口を上にした場合（正立埋甕）と逆さに埋められた場合（倒立埋甕）の二通りがある。どちらも底に穴が穿たれ、あるいは前者の場合は底をわざと割り欠いている場合もある。何のためにこんなことをしたのだろうか。この疑問が端緒となって、ついには、さまざまな縄文関係の文献をあさる羽目に陥ることとなった。

埋甕については諸説粉々だが、出産の際の後産《あとざん》（胎盤など）を入れるという説が有力である。つまり、山岳地帯に住む縄文人の胎盤処理の仕方が埋甕の風習となって現れたとひとまずは言えるのだ。しかし、正立埋甕と倒立埋甕の二通りがあるのはなぜなのだろうか。それに、その二通りが並んで行われたりする場合もある。さらに、胎盤処理という観点から言えば、海岸地方に住む縄文人たちはどういう処理の仕方をしたのであろうか。

円環思考

古ヨーロッパの海岸地方では胎盤は海に流すという処理の仕方が行われたというから、やはり、海に流すというのがその可能性の一つとして考えられる。この海に流すという考え方は記紀の国生み神話の冒頭に出てくる蛭子《ひるこ》の話を彷彿とさせる。蛭子は葦船に載せられて海に放たれる。その海の彼方は黄泉の国につながっている。蛭子を生んだのはイザナミだが、その蛭子を載せた葦船が行きつく先の黄泉の国の主神となるのもイザナミである。ここには古代人に特有の円環思考が現れている。どうやら、イザナミという女神には縄文につながる性格が秘められているようだ。また、蛭子の「ヒル」という言葉についてもこの視点から追究してみる必要がある。折口信夫らの名詞的発想の呪縛から逃れ出ねばなるまい。

精神の闇と光

古代人は意識の裏に隠されていて決して表面には出てこない心のことを「ウラ」と言ったが、現代風に言えば無意識のことだ。「ウラ」は一方では「浦」でもあって、浦は沖に出るにつれて広大な海につながる。つまり、海こそは古代人にとって広大な無意識の表象であったのだ。海辺に住む人々だけではない。山に住む人々でさえ「海」を知っていた。眼前に海を見ることさえできた。それは神聖な森の中にである。ナイーヴな感性の目を持つ人なら気づくことだが、鬱蒼とした森の真っ只中にいるとあたかも海の中にいるような錯覚に襲われることがある。

だから、古事記の大国主神国譲りの段でクシヤタマノ神は海の底から採った土で土器を作り、海草の茎で燧臼《ひきりうす》と燧杵《ひきりきね》を作って火をきり出したとされるのだ。これは海人族の神話であることを越えて、神聖な森の中を海中に見立てていたことを示唆している。それはまさに無意識の中にある羊水の中の無意識的記憶に支えられていたと言えよう。精神の闇の部分に相応する海は単なる客体としての自然ではなかったのだ。闇と光、無意識と意識の境目に位置する「ウラ」という心こそ、私が初めて出会った縄文土器の美しさにピッタリと重なってくる。「ウラ」は縄文の心につながるキーワードではないだろうか。

（『機』一九九六年一月号、藤原書店）

〃さすらいの女神〃から〃さすらいの女君〃へ

鈴鹿千代乃

神戸に来て十年目、あの大地震に遭遇した。幸いにも、六甲山麓の堅い地盤の上に建っていた築三十五年の木造住宅の借家は、無事であった。

それからは、毎日〳〵、立派な家やビルが解体されてゆくのを見た。須磨の山麓にあるわが大学の前の道路は、山奥の災害廃棄物集積場へ行く大型・小型のトラックがひっきりなしに通り、道路には、トラックから落ちた木片が散乱していた。

この大災害で、いったいどれだけの量の廃棄物が出たのか——。そしてそれは、どのように処理されるのか——。焼却か、埋めてしまうのか——。

昨年の二月、三月は、そればかりが気になって、あちこちの処理場を廻ってみたり、報道を注目したりした。

震源地とされた淡路島の北淡町に、新しい焼却炉が設置されたというので、行ってみた。巨大なカニの爪のような機械が、次々と廃棄物を炉に放り込んでゆく。その爪の先にあざやかな花柄のふとんがぶらさがっているのを見た時は、思わず、息を呑んで身ぶるいした。

西宮の甲子園浜では、廃棄物の山がいくつも出来ていて、自然発火して燃えていた。足もとに、結婚式のアルバムが落ちていて、幸せそうなカップルの写真が風に飛んでいった時は、涙が出て立ちつくしてしまった。

あれから一年四ヵ月、公園や海浜に積まれてあった廃棄物は、もうなくなったが、いまでも解体を待つ家やビルがある。

都市災害は、膨大な量の〃穢《けが》れ〃を排出する。

下水処理場も壊れ、一時処理不能となった。大量の汚水が大阪湾に流出したと考えられる。海の浄化作用は、機能できたのだろうか。

私は思わず知らず「大祓詞《おほはらへことば》」を心の中で唱えていた。

海に国土を囲まれたこの国は、定着民の生み出す穢れを、川から海に流してきた。

「大祓詞」は、今もなお生きて唱え続けられる聖なる詞章である。この中に、わが祖先達の人間観があざやかに描かれている。

即ち、人間とは、〃天つ罪・国つ罪〃という、あらゆる罪事を犯す存在であると言い切っている。その中には、農耕妨害をはじめとして、病気、近親婚、動物との通婚、果ては、自然災害までが挙げてある。罪が犯されると穢れが充満して、秩序ある生の営みが破壊され、混沌状態となる。

わが祖先達は、人間は、罪を犯し、限りなく穢れを生み出す存在であるととらえたが、それで手をこまねいていた訳ではない。

罪・穢れを祓い、消滅させる神々の聖なる呪力を信じたのである。その神々こそ「大祓詞」に記された〝祓戸四神《はらへどししん》〟即ち、瀬織津比咩神《せおりつひめのかみ》・速開津比咩神《はやあきつひめのかみ》・気吹戸主神《いぶきどぬしのかみ》、そして速佐須良比咩神《はやさすらひめのかみ》であった。

民の生み出す罪・穢れは、日本の国の王である天皇のもとにまず集められ、天皇の聖性によって、この四柱の神々にゆだねられる。罪・穢れは、川から河口へ、河口から海へと運ばれ、最後にいや果ての〝根の国・底の国〟に坐す速佐須良比咩に渡される。その神が、これを〝持ちさすらう〟ことで、はじめて消滅するのである。

罪・穢れとは、かくもおそろしき何物かではあった。それは、これを生みだす人間にはとうてい祓いきれるものではない。神々の呪力によってのみこそ、このおそるべきものは消滅できる。——これが、わが祖先達の認識であった。

しかも、その四神のうち、三神までが女神である。女性の持つ聖性は「大祓詞」では、海の浄化作用そのものととらえられている。

さらに、罪・穢れは、速佐須良比咩の〝さすらい〟という行為によってはじめて消滅すると説いている。そしてそれは〝根の国・底の国〟という異郷においてでなければならない。

この〝さすらいの女神〟の精神を受け継いで、海道・街道という異郷をさすらったのが、巫女・遊女といった女性達であった。彼等は〝さすらいの女君〟と呼ばれ、定着民の罪・穢れを、芸能や売春によって自らのものとし、さすらいという生活形態によって消滅せしめた聖職者達であった。

今や、こうした人々も存在しないし、おそらく大阪湾にも速佐須良比咩神は坐《ま》しまさぬと思えば、暗澹たる思いしきりである。

（『機』一九九六年六月号、藤原書店）

異形の神・七福神

【福祉の原点】

鈴鹿千代乃

七福神は、福を授けるめでたい神として今も各地で〃七福神詣〃が盛んだが、はたしてそう簡単に考えてよいものかどうか。

　弁天をのぞけば、あとはかたはなり

という江戸川柳がある。江戸の庶民は、弁天様以外は、不具の神であると考えていた。

筑紫舞《つくしまい》を伝えたクグツ族は、この七人の神を次のようにとらえていた。

恵比寿《えびす》は、骨なし皮なし。今で言えば重度の身体障害者。大黒は、喪に服す神。楽しみを味わわない神。

布袋は、食べても食べても満腹感を得られない神。巨食症。毘舎門《びしゃもん》は、門に居て、そこを通る人の穢れを受けて苦しむ神。寿老人《じゅろうじん》と福禄寿《ふくろくじゅ》とは、長生きし過ぎて、死ねない苦しみを託《かこ》つ神。そして、江戸の庶民が、唯一不具ではないと考えた弁天にさえも、彼らは、白血長血《しらちながち》、すなわち、子宮癌という恐ろしい病名を与えている。弁天はそのため、人々から隔れて、海辺に坐して一人琵琶を弾ずるのである——と。

苦しみを負った七人の神々は、穢れを浄化せしめる常世の島へ渡ろうと船出をする。これが〃七福神の宝引き〟である。

この神々は、自らの因によってそうなったのではなく、すべて、人間の身代わりとして、そうさせられたのである。七福神が、人間の罪・穢れを背負って、常世に持ち去ってくれることで、人間は、そういう目に会わず、幸せに暮らすことができるのである。だから、この神々を大切に祀らなければならない。

不完全なるもの、未完成なるものに神性を見る思想は世界的にある。日本にも、近世までは、不具の子が生まれると、その子は、家を栄えさせる〝福子《ふくご》〟として皆で大切に守り育てた。

神から授かった子、神から選ばれた子として共同体がその子を大切にすることで、その共同体に福がもたらされる――これこそ、福祉の原点といえるのではなかろうか。

近代になると、富国強兵策のもと、五体満足な甲種合格の子だけを良しとして、福子は体制から排除されてしまった。

戦後はもっとひどくなった。村落共同体の崩壊によって、福祉は行政にまかせっきりとなった。加えて、かつて共同体の核であった神社の衰退で、神々の力も衰え、神々の物語――神話――が語られなくなった。

神話を語るということは、人間の身代りとなって苦しむ神々を称え、その身代わりの苦しみに感謝することである。蛭児《ひるこ》（恵比寿）という不具の神を生んだ、伊邪那岐《いざなぎ》・伊邪那美《いざなみ》の苦しみ、悲しみを語り、二神の代受苦に手を合わせることである。赤裸の兎《うさぎ》に治療を施し、看病した大国主神（大黒）の心を学ぶことでもある。

神話こそ、民族の心の根。「神話を忘れた民族は滅ぶ」――神話学者デュメジュルの言葉は重い。

（『機』二〇〇〇年九月号、藤原書店）

四国遍路で毘蘭樹に出会う

【さらなる奪衣婆の探索へ】

川村邦光

四国遍路へ

昨年の夏、学生たちとともに、四国遍路に行ってきた。一番札所の霊山寺から二三番札所の薬王寺まで、徳島県内であり、〝阿波一国詣り〟と呼ばれている。女性一〇名、男性五名、総勢一五名であった。

お遍路はほとんど春先である。ポカポカと暖かくなり、木の芽が吹き出て、山々が淡い緑に包まれ、野には菜の花の黄色い花が咲き始める、いい陽気の頃がお遍路にはふさわしいだろう。夏のお遍路はほとんどない。クーラーのきいた車で巡るならまだしも、炎天下のもと、陽射しに晒されながら歩くのはかなり困難だ。

私たちは大阪・天保山桟橋から、高速フェリーに乗り、快適に鳴門へと向かった。しかし、フェリーを降りると、暑い陽射しが待ち構えていた。照り返しでムッとするようなアスファルトの道がつづく。

遍路道はかなり整備されているが、アスファルトの道がきわめて多い。全行程を歩く人は稀であり、車で回る人がほとんどなのである。私たちは道路は人のためではなく、車のためにあることを実感しながら、バスや電車もときおり使ったが、遍路道をできるだけ歩いた。平坦なアスファルトの道はいかにも歩きやすそうだが、きわめてきつかった。田んぼの畦道や山道の土の道は心地よく歩くことができた。一九番の立江寺を経て、二〇番の鶴林寺、二一番の太龍寺へといたる道は、登り降りの山道がつづいている。陽射しをさえぎる木立のあいだを抜け、せせらぎの音を耳にしたり、冷たい川の水に足を浸したり蝉の鳴き声を聞いたりしながら、お遍路としての体験を少しは身につけることができたように思えた。

毘蘭樹という名の樹

空海や西行、一遍といった僧たちも四国の道を歩いたが、それを偲ぶほどのゆとりは私たちにはなかった。しかし、歩くことによって、周りの風景をていねいに見つめることが少なからずでき、文字ではわからない宗教の世界を垣間見たと思った。

小高い所にある、一八番の恩山寺に行く道すがら、それも橋を渡ったところに、毘蘭樹《びらんじゅ》という樹木が枝葉を茂らせているのを眼にした。これが毘蘭樹と呼ばれる樹かと、私はひとり悦に入った。徳島県の天然記念物になっている。辞典によると、毘蘭樹とはインドに生えるマルメロの一種で、樹皮ははがれやすく、そのため〝博打《ばくち》の木〟という異名もあるという。常緑樹で青々とし、幹は赤茶色になっている。〝博打の木〟なる異名の通り、博打で負けて身ぐるみはぎ取られたかのように、樹皮はない。

この毘蘭樹は、室町時代物語の『木連の草子』にでている。ここには、「はしつめ（橋詰）にあかれは、三つのうは（三途の姥）とて、きちよ（鬼女）あり、さいにん（罪人）のいしやう（衣装）をはきとり、ひらんしゆといふ木にかけをく」とある。

三途の姥、すなわち奪衣婆《だつえば》が冥界にやってくる死者や罪人の衣を剥ぎ取って掛ける樹木は衣領樹と呼ばれることが多いが、『木連の草子』では毘蘭樹と称されている。また、室町時代物語『天狗の内裏』では、丸裸で冥界にきた罪人に対して、奪衣婆は衣の代わりに身体の皮を剥ぎ、「ひらのじやうの木」に掛ける。これも毘蘭樹のことであろう。室町時代の頃には、衣領樹は毘蘭樹とされていたことがわかる。

宇宙樹としての毘蘭樹

毘蘭樹は〝博打の木〟という異名のように、衣を剥ぎ取って丸裸にし、衣を掛ける樹としてふさわしい。しかし、それだけではなかった。江戸初期の説経節『釈迦の御本地』にも、「びらんじゅ」がでてくるが、奪衣婆の坐っている三途の川にある樹木ではない。釈迦と因縁のある樹である。この毘蘭樹はその匂いをかぐ者をすべて死なせてしまう大樹である。ここから派生したと考えられることばとして、「毘藍婆《びらんば》」があり、世界の始まりまたは壊滅するとき、劫初・劫末に起こる大暴風を意味する。毘蘭樹は死を支配する樹木として、コスモロジカルな象徴的意味を帯びるにいたっている。とするなら、毘蘭樹は、人類学や神話学でいう、天と地をつなぐ宇宙軸としての聖なる樹木、宇宙樹とみなすことができよう。

奪衣婆の坐している衣領樹が、このような宇宙樹としての毘蘭樹であるなら、奪衣婆のイメージも大きく変わってこよう。大きな体躯で、胸をはだけ、怪異な容貌をした奪衣婆は、冥界の番人になる前、はたしてどのような女人であったのか。お遍路の途中で出会った毘蘭樹は、奪衣婆の始原の姿を照らしだしてくれるかもしれない。

今年は、〝土佐一国詣り〟を学生とする予定だが、どのようなものと新たに出会うことができるであろうか。

(『機』一九九六年七・八月号、藤原書店)

両性具有の系譜

【近世における芸能・宗教・女性】

浅野美和子

ことはじめ

如来教の経典『お経様』を読み始めたころ、教祖喜之《きの》(一七五六—一八二六)が「跡の世(前世)で男でござった」とか、子が生れないから「わが胎内は男」と述べるのを知って不思議に思った。子のない女は石女《うまずめ》と言われてつまはじきされた時代に、喜之はそのことを「如来様のお計らいで本来男の体を女と生れさせ、如来の教えを広めやすいようになされた」と説くのである。しかしやがて、この不思議な考えは、輪廻によって何に生れ変るかわからないという「経廻り《へめぐ》」の論理に基づけられ、これこそが男女ばかりか、身分、場所、他の生物さえも選ばず平等と見る「存在の平等論」であるのを発見した。近世の仏教では仏が人々をもれなく救うという救済の平等は掲げるが、喜之のように人間の存在そのものを平等とする思想はどの宗派にも見いだせない。

また開教当時、「あんな女に神様が乗り移ってたまるものか」と人々にさんざん差別された経験を逆手《さかて》にとって、「女だからこそ人々の中に入り込んで布教ができる」「女は貴い」と男女平等を主張するとともに、女は男に変身しなければ成仏できないという当時の仏教の思想も否定して、女もそのままの体で成仏できると説いた。その論理展開のすばらしさに舌を巻いた。

もうひとつの驚きは、喜之に憑依する金毘羅神が喜之を「嫁《かか》」と呼び、喜之は「神様お入りを楽しみに」思っており、金毘羅は「うい」喜之の側へ「日に五六篇《(ママ)》づつ往くぞやう」と男女の愛の語らいをすることであった。さらに金毘羅は、「喜之は心さびしき」故に、もし神である自分に体があれば縋りつきたく思っているともいうのだ。巫女は神の嫁、という観念があったことは知っていたが、まさにこれだと思った。喜之は巫女、即ち神の嫁であり、それゆえの両性具有なのだとはっきりわかった。現実の生活で男の愛に恵まれなかった喜之は、その無意識の中で逆転の発想を編み出した。それがわたくしの感動を呼んだのである。

比較のために

富士講と、それから派生した不二道は女性教祖ではないが、富士講の教義を初めて定めた身禄《みろく》は、富士の本尊は天地の根源の対等な父母神で、陰陽の和合のために富士山で「男づな女づなのおつなぎ」という神業を行ったと説いた。男女平等でこそ世の中うまくいくという主張である。三代目禄王は身禄とその娘の花を神聖化して「常人二人」を兼ねる、つまり両性具有者と考えた。男女はそれぞれ四木《しぼく》から成り、四木と四木が和合して八木《はちぼく》となって初めて完全な人間となる。八木とは米を指し、人間は米と同根であるが、両性具有の身禄と花ははじめから八木の人だという。このような人間観は安藤昌益や増穂残口《ますほざんこう》にもみられ、その淵源を探っていけば限りない民衆の人間観、身体観の海につながる。不二道初代の三志はそれをさらに徹底し、一般の人々の男女の役割や性向、つまりジェンダーを入れ替えるのを理想とした。

こうしてわたくしは民衆宗教の歴史に両性具有観の系譜が流れており、男女平等論もそれに基づいていることを知った。またそれを分析するのにジェンダーの概念が有効だと思われた。

芸能と両性具有

両性具有のもうひとつの流れとして芸能史にも興味をもった。出雲阿国一座の芸態が両性具有的であることはつとに知られているが、それを記録した『国女歌舞妓絵詞』『かふきのさうし』という二つの草紙がこれまたおもしろい。業平《なりひら》の描写の、「女かと見れば男なり」を美の極致とする民衆の美意識がそこにあった。阿国ら芸人は巫女という身分において民衆宗教の教祖らと立場を同じくしており、芸はもと神仏を慰める行為でもあった。後には、宗教的な意味のない舞子・踊子・芸者らも、初めはなぜか男の姿で登場する。

近世後期に上方で流行した「蝶々踊」では人々が女装の男・男装の女や神仏・動物などの扮装を競って乱舞した。幕府崩壊直前の「ええじゃないか」の熱狂ではこれが最高潮に達した。

ここにおいて宗教と芸能は、その発祥時と同じく一つのものになった。巫女・芸人を初めとして人々が神に近づこうとするとき、ジェンダーの共有、攪拌、転倒が起り、両性具有が具現するのではないだろうか。

(『機』一九九五年一二月号、藤原書店)

「大聖年」

【罪とゆるし】

田沼眞弓

日本女性と祭祀との関わりは、「女性の霊能・神秘性に依るものではなく、男女の日常的働きに由来するもので、男女の模擬的生殖儀礼と男女それぞれの生業の捧げものと云う二点に基礎を持つもの」とする義江明子氏の見解は、日本女性の聖性・宗教的役割を過大に評価し過ぎる学会の風潮に対し、警鐘を発するものとして傾聴すべき見解と思われる。

しかしその一方、神聖な宗教的・信仰的時空間に於て活躍してきた日本女性の姿は、祭祀構造を異にする世界の諸宗教の中にあっては特異な存在として記憶しておく必要はあろう。例えば、キリスト教では、神にかたどって造られ「神の似姿」となったアダムは、神の息を吹き入れられて人間となり、彼の肉体の一部からは女・エバが造られ彼の伴侶とされたが、彼女はアダムの原罪の源と考えられた。つまり、女は蛇（悪魔）にだまされやすい無知で弱い生き物であり、男にとっては堕罪と堕落の原因になったのである。

ところで、この「罪」とは、単純に神の命令（「禁断の木の実を食べてはいけない」）に背いた不従順を指すのではなく、神の似姿でもある人間が、禁断の知恵の木の実を食べることにより、全知全能の神と同じ知恵と能力を身につけ、神のように或いは神と等しい存在になれると思い違えたことを指す。人が神のように成れるのならば、もはや神など必要とはせず信仰は崩壊する。この原罪は、自らを生け贄として神に捧げ、神との和解を果たしたイエスによってのみ清められ、「まことの神の子」であると同時に「まことの人の子」であるイエスの「大司祭」としての面目が、ここにある。十字架の磔刑とはまさにその象徴でもあった。

さて、このような意味内容を持つ「原罪」を犯したアダムとエバは、楽園を追放されそれぞれの罰が宣告されて制裁を受けたにも拘わらず、その後の地上生活に於ても原罪は子々孫々に至るまで継承されてゆく。アダムは神の息（霊）を吹き入れられた存在であるのに対し、エバには神の息の吹き入れはなく、グラティアヌスの法令集を基礎にして作られた教会法は「女性は神の似姿ではない」として女性の権利の制限を正当と考え、聖書研究や司祭等の聖職就任を許すことはなかった。

キリスト生誕二千年に当たる「大聖年」の今年三月十二日、ローマ法王ヨハネ・パウロ二世はバチカンの聖ペテロ大聖堂で「ゆるしを願うミサ」を行った。その中で「女性の尊厳・人類の一致を犯した罪」を告白して、神に赦しを求めている。原罪の源として女性の尊厳を犯してきたカトリック教会の悔い改めの時が、今はじまろうとしている。

このような世界情勢の中で、聖なる時空間を古代より生き続けてきた日本女性の姿は、今日に於ても称揚するだけの価値はあろう。

（『機』二〇〇〇年六月号、藤原書店）

女人始祖の物語

山本ひろ子

筆者は「女性史」とか「ジェンダーの歴史」という主題について追いかけてきたわけではないので、執筆者として適任ではないし、ましてや新装版刊行に際し、本巻（『女と男の時空Ⅱ　古代から中世へ』）で提出された成果を吟味するなどという作業は手に余る。そこで日本宗教思想史の立場から、いささかの事例を付け加える程度でご寛恕を願いたい。

政治史のような領野とは異なり、宗教という場面では、女性ないし女性性に関わる主題はきわめて豊富で、こういった主題の研究にとって示唆的な事例も数多く見受けられる。ここでは、そのひとつとして、「始祖としての女性」というテーマに一瞥を投げてみたい。

1

最初の一人は、「いざなぎ流」という民間祈禱にかかわるヒロインである。

高知県香美《かみ》郡物部村《ものべそん》に伝わるいざなぎ流は、「太夫」と呼ばれる職能者によって信仰実践として営まれてきた。日月・星宿の祭から、死霊祭祀、治病祈禱、神楽、調伏呪詛まで、多彩な儀礼と行法を抱えるその世界は、陰陽道、仏教、神道、シャーマニズムといった単一のレッテルには納まらない魅力を放つ。

数多くの祭文を伝承・使用しているのも特徴の一つで、太夫ごとにさまざまなヴァリアントがあるが、いざなぎ流の始源を語る祭文「いざなぎの祭文」(1)はほぼ共通の筋立てを持つ。

天地開闢の後、日本に大いなる島ができた。その島の大王の世継ぎとして「天中姫宮《てんちゅうひめみや》」が生まれた。姫宮は、幼い頃から聡明で、十五歳になるまでに法華経を中心としたさまざまな経典・教学を修得したが、日本には祈念祈禱の師匠がいないため、災厄や病に苦しむ衆生を救うことができなかった。これを憂えた姫宮は「日月さま」に祈願をすると、天竺天に祈念祈禱の達人である「いざなぎ様」がいると教わり、三年三月かかる道のりを一時で行く秘法も授けられ、求法の旅に出る。

天竺天に着いた姫宮は、川のほとりでいざなぎ様の一行に出会う。姫宮が祈念祈禱を教えてくれと頼むと、いざなぎ様は、「自分は近隣の国の大王に頼まれ、その娘の病気平癒の祈念祈禱に雇われていくところだが、自分が三年余も祈禱をしているのに効験がない。その原因を占ってほしい」と逆に尋ねる。姫宮は「自分は米占《ふまうら》(米を撒いてその姿によって吉凶などを判ずる修法)ならばできる」と答え、米の代わりに川砂を使って占うと、「取り分け祈禱・湯の祈禱・荒神鎮めなどを行なうがよい」というお告げが出た。

いざなぎ様はこれを喜び、姫宮の占いの力をほめるが、その時傍らにいたいざなぎ様の弟子がさらに挑む。「いざなぎ様が背負っている笈《おい》の中に何かが棲んでいないか」。姫宮が再び占うと、「十二匹の外法のものがいる」と宣告した。これを聞くといざなぎ様は逆上し、「自分は、そのような式神を使ったりしない、占い直せ」と迫る。姫宮はこれにひるまず笈の蓋を取ってみさせると、中から十二のネズミが這い出した。

笈に入れてあったミカンが変じたのだった。ネズミはいざなぎ様や弟子が呼び集めようとしても効き目がなかったが、姫宮が呪文を唱えると見事に戻ってきた。……。

このあとも色々と面白いエピソードが続くが、物語の大要だけを述べると、姫宮の験力を認めたいざなぎ様は、「人形祈り」を始めとする祈念祈禱のすべてを伝授し、その証拠の品として桑の木の弓を与える。

このように「いざなぎの祭文」は、天中姫宮が修得した祈念祈禱をいざなぎ流の源流だと伝えているのである。(2)

それにしてもなぜ、いざなぎ流の始祖は、「天中姫宮」という女性として造型されているのか。この問題は、いざなぎ流の奥深さと複雑さが絡み合い、簡単には解けそうもない。ただ、かつては女性の太夫たちも実在していたし、いざなぎ流がもともとは、巫女の修法として成立した可能性も否定できない。

小松和彦は、「いざなぎの祭文」に、易術を専門とする陰陽師と、米占・弓祈禱を専門とする博士、そして巫女という三つの異なる職掌の絡み合い、特に博士と巫女の習合を見た。そしてこの祭文は、巫女が、本来は博士の職掌であった弓祈禱をすることの正統性を主張した祭文で、それが博士と巫女の習合形態であるいざなぎ流全体の始源を語るものになったのではないかと分析している。(3) さしあたりここでは、天中姫宮という「女性始祖」の特性だけを確認しておこう。

天中姫宮は、幼くして聡明で法華経を始めとするあらゆる教学を修めた。また姫宮は、教理に通じているだけではなく、いざなぎ様に試されて病人祈禱の不成功の原因を占ったり、式神を「ふま占」によって見破ったりする、優れた法力を備えていた。

しかし姫宮は、それだけでは災厄や病に苦しむ人民を助けることができないと決意、単身天竺天に赴き、いざなぎ様の修法のすべてを学び、日本に戻ってくる。教理でもなく、また部分的な占法・験術でもなく、民衆の救済という大志こそが、この女性始祖の身上なのだ。

2

第二の女性始祖は、伊豆・走湯山《そうとうざん》の縁起に登場する。

静岡県熱海市伊豆山の伊豆山神社は、古来「走湯山」と呼ばれ、平安期に山岳修行の拠点となり、中世には鎌倉・室町幕府からの庇護を受け繁栄した。一山の縁起・事跡を記した五巻本『走湯山縁起』には、『走湯山秘決』と題された、本編とは内容も性格も異なる所伝が附されている。

この『秘決』の成立は、本編と同様、南北朝以前にさかのぼるが、『群書類従』に収録されなかったためか、あまり注目されることがなかった。(4)『秘決』に描かれた走湯山の起源譚は、独創性とダイナミズムに溢れており、なかでも主人公の像容と役回りがひときわ印象深い。そのヒロインの名は「巫女初木《はつき》」。

人王第五代・孝昭天皇の御宇に、巫女初木は、海底より玉の輿に乗って忽然と誕生する。彼女は自ら島を造り出して屋敷とし、初木島と名付けた(初島の名の由来)。初木は、月の初めごとに「水木」(あるいは「水牛」)に乗って、走湯山の一角である「久地良山」に住んだ。

そのような暮らしをしていた初木は、ある時、久地良山の麓に温泉を発見する。その温泉の中には、背に輝く月輪を載せた「金亀」がいた。そしてこの月輪の光の中から出現した月光童子は、「自分は、イザナギ・イザナミが生んだ月神の子」と名乗り、初木に「やがて生まれる自分の妹・弟を育てよ」と託す。

第十二代景行天皇の御宇に、久地良山の杉の脂から日精・月精という一男一女の童子神が誕生し、初木は二人の養母となった。ところがこの二童子は、月の上旬になると、行方不明になり、下旬に戻ってくるという不思議な行動を繰り返す。初木がその理由を問うと、二童子は、「父・母・兄の神がいる国に、神楽と神饌を奉納しに行くのだ」と答え、初木を連れて行くと約束する。

二童子に連れられて、久地良山の岩窟に入った初木は、走湯権現・女体権現、赤白二龍、千手観音らが住まう地底の異界を探訪する……。(地底世界の描写も興味深いものであるが、ここでは省略する。)

さらに『秘決』は、十六代の帝の時、「月の鏡」が走湯山の主峰・日金山《ひがねさん》に移って走湯権現として祀られたこと、以来、「日精・月精の氏人」が権現を奉斎するようになったことを述べ、最後にこの『秘決』は「氏人の上首一人ばかりに面授口伝」するものと結語する。つまり、日精・月精の養母である初木は、「走湯山氏人」の始祖とみなされているのだ。

多種多様な中世の物語縁起の中でも、きわだって個性的な「異能の巫女・初木」。彼女は、海底から忽然と誕生すると、初島を造り、走湯山の信仰の要《かなめ》というべき温泉を発見し、「日精・月精」の誕生に立ち会い、この二童子神を養育し、氏人の始祖となった——。この女性始祖の背後に、巫女という表現につながる女性たちの姿が浮かびあがってこないだろうか。

『走湯山縁起』本編には、『秘決』の簡単な紹介とともに氏人の系図が載せられているが、そこには「木・月・日」などの文字を冠した、巫女らしき名前がいくつも認められる。また、初島の初木神社で発見された観応二年(一三五一年)作製の棟札には、「伊豆焉法師《いずせん》」と「同初嶋比丘尼」が勧進を行なったことが記されており、「初嶋比丘尼」という尼集団の存在が想定できる。

歴史的な実証はないが、ここに、初島を拠点とし、毎月走湯山において神楽や神饌奉献を行なったり、一山のキヨメを担ったりした、女性宗教者集団の影がほのみえてこよう。彼女らはおそらく、潮の干満を司る「月」の信仰を持つ、海の民の女性たちではなかったか。

修験の霊山・走湯山は、天台・真言の仏教勢力の傘下に入り、鎌倉・室町幕府からの庇護・崇敬を受ける枢要寺院に成長を遂げる。それを縁起的に裏付けるごとく、『走湯山縁起』で活躍するのは、仙人や行者・僧侶であり、その所伝・事跡にも書き振りにも、山岳仏教色が強く打ち出されている。しかし、一方で走湯山は、在地の民衆の信仰を集める神々の居館でもあった。

正統的な『走湯山縁起』に対抗するかのように、「巫女」や精霊たちの神話を伝える『走湯山秘決』。それは、奉斎者である「氏人」の聖性をきわだたせることによって、走湯山の在地的・民衆的信仰――海民・農民・商人たちの信仰――の側面をブリリアントに物語る。「氏人」とは、そうした在地の信仰のリーダーとして、仏教僧たちとは一線を画す活動を展開していた集団だったのだろうし、その中核には、「初木」として造型されていくような、「巫女」たちの存在があったにちがいない。

3

思い返してみれば日本の場合、宗教領域における女性たちの活動は、「周縁的」と言えるような性質のものではなかった。本巻はもちろん、さまざまな研究が言及しているように、巫女、斎宮、神仕えの童女として、また宗教集団の実際の担い手として、女性たちは多彩な活動を展開していた。文書史料や教理にこそほとんど姿を留めてはいないが、それを、政治の中心から排除された女性が、宗教という周縁の部分を担ったと単純化することはできない。

すでに多くの民俗信仰研究、シャーマニズム研究などが、神霊との媒介者としての女性の活躍を考察している。神霊をわが身に憑依させる巫女と、その憑霊をコントロールし、言葉を診断・翻訳する「審神者《さにわ》」とのペアによる活動の事例も少なくない。

シャーマニズム研究では、脱魂（修法者の魂が他界へ赴く）型のシャーマンは、女性にはほとんど見られないこと、憑霊（神霊が修法者の身体へ入ってくる）型は、両性に見られるが、女性がしばしば優勢であることが報告されている。

脱魂型シャーマンは、意志統御性が強く、教理・ロゴスや政治性・組織性を重んじる男性優位的傾向を持つのに対して、憑霊型シャーマンは、受動性を必要とし、病気治癒といった具体的な民衆の要求に応える性格も強いので、女性が活躍するのにふさわしい、といった見解もある（これを「実体としての性差」と見るか「文化的構築」と見るかは、せめぎあうところだろうが、筆者は論議する任ではない）。

ともあれ、特に日本においては、東北のイタコやゴミソ、あるいは沖縄のユタといった実例をあげるまでもなく、女性の憑霊型シャーマンの活動が盛んなことは、周知の事実だ。

シャーマニズムを原始的として蔑視するのではなく、通文化的・普遍的で宗教の基盤となるものと捉える立場から言えば、憑霊型シャーマンを徹底的に弾圧してきた西洋文化は、むしろ奇形に属すると言えもしよう。父権的・ロゴセントリックで、しかもそのコードが強固である一神教文化においては、意識的・理性的な営みに沿いやすい脱魂型シャーマンは許容されても、秩序壊乱的傾向を持つ憑霊型は排除されてしまう（「魔女狩り」にはそういった側面があった）。憑霊型シャーマンの弾圧は、女性の排除、ないし周縁化とどこかで相関関係を持つ、西洋文化の病理と思えなくもない。

このことは、近代に入っても、日本においては、女性を主役とした宗教運動がダイナミックに展開していった歴史からも窺える。大本教の出口ナオ、そして天理教の中山みきはその代表格であり、近代における「女性始祖」の実例であろう。大本教の場合は、出口王仁三郎といういわば脱魂型シャーマンに近い教祖や、浅野和三郎といった「審神者」ないし理論家がいたこともあって、宗教界に大きな影響を与えた。一方、中山みきの場合は、その憑霊型の託宣と治病行為によって、ほとんど単独で大教団を作り上げたわけで、これは世界史的に見ても希有な事例ではなかろうか。

大本教も天理教も共に巨大な宗教となったが、二つを比較して見てみると、そこには色合いの違いがある。大本はもっぱら「霊交」を核にして、それを求めるための行法実践や、それによって得られた体系的霊学によって人々を惹きつけたが、天理教（少なくとも初期）は、安産護符や病気治しや貧民救済という、民衆によりそった奉仕活動によって信仰基盤を獲得していったようだ。近代の女性始祖・中山みきには、憑霊型シャーマンとして民衆の中に分け入り導く、日本の女性宗教者の伝統が息づいている（ちなみに、中山みきが神楽を重要視したということも興味深いところだ）。

伝承のなかの天中姫宮と巫女初木、そして天理教の中山みき。彼女らをめぐる「女性始祖」というテーマは、日本における女性の宗教活動の豊かさを示すだけではなく、民衆救済、在地の信仰、病気治しなど、宗教活動におけるきわめて重要な側面——教理や組織とは異なる側面であり、史料に残りにくい側面——を、あぶり出すものと言えるだろう。さらに言えば、こういった女性たちへのまなざしは、教理史や教団史に偏りがちな宗教研究を、より多面的な視野へと拡げるものとなるにちがいない。

注

（1）『いざなぎ流祭文帳』所収本による。高知県立歴史民俗資料館発行。

（2）「いざなぎの祭文」の詳細については、「天中姫宮の修行の旅」『土佐・物部村　神々のかたち』（ＩＮＡＸ出版、一九九九年）で考察した。またいざなぎ流の儀礼については、『みすず』（みすず書房）で、「呪術と神楽」と題して連載中である。

（3）『いざなぎの祭文』と『山の神の祭文』――いざなぎ流祭文の背景と考察」（五来重編『山岳宗教史研究叢書15　修験道の美術・芸能・文学Ⅱ』名著出版）

（4）『走湯山秘決』については、澤井英樹「行者・巫女・氏人――走湯山縁起の世界２」（『神語り研究』第四号所収、神語り研究会発行、一九九四年、現在発売は岩田書院）参照。

（藤原セレクション『女と男の時空』④『女と男の時空』を読んで」、二〇〇〇年、藤原書店）

女と男のまなざしの位相

山本博文

「女と男の時空」という魅力的な題名の本書は、別題「日本女性史再考」とされており、帯によれば「高群逸枝とアナールの歴史的邂逅から生まれた初の女と男の関係史!」とのことである。従来の歴史が、「男性原理に貫かれた歴史」(序より)であったことから、男性と女性の近世を見直そうという。

確かに、ある時点までの歴史は事件史中心であり、女性の影が薄かった。そのような歴史を長期的な視点の中で、アナール派の人々が主張したようにその日常性において捉え直すことが必要であり、その場合、人口の約半数を占める女性の位置は大きい。そして、初期の女性史研究が女性像の掘り起こしを課題としていたことはやむを得ないとして、研究の現状から見れば、両性の関係史こそ明らかにされなければならない点であろう。なお、筆者はたまたま男性であるので、これまで使い慣れた「男女」関係史という用語を使うことをお許しいただきたい。

この「男女」関係史には、たとえば最近刊行された若い女性研究者である戸矢理衣奈氏の『下着の誕生』(講談社、二〇〇〇年)という本に、萌芽的な動向を見ることができる。戸矢氏の本は、イギリスのヴィクトリア朝時代を、下着の変遷を軸にして描いた社会史である。

戸矢氏は、一八三七年に幕をあけるヴィクトリア朝初期の女性のファッションとして名高い「スケルトン（骨格）ペチコート」を取り上げる。金属製のフープ（輪）でできたこの下着は、何枚ものペチコートを重ね着しなくてもスカートのふくらみを保つことができるという画期的なもので、急速に普及していく。戸矢氏によれば、「後世に鳥かごにも似た形や材質から、『女性抑圧の象徴』とも捉えられがちな金属製フープであるが、実際のところ女性の外出はこのフープによって可能になったと言っても決して過言ではない」という。ただ、スケルトンペチコートは、過剰に幅が広がっていたため、馬車に巻き込まれたりスカートに引火して火傷を負うというような事故も多く、一八六〇年代には急速に衰退する。その結果、スカートの膨らみがなくなり、女性たちはコルセットで強くウエストを引き締めることによって、砂時計のようなシルエットをつくることが流行するようになる。効果的にそのようなシルエットをつくるためには、幼い頃からコルセットを利用することが有効で、このためイギリス女性は、骨格の歪みや内臓の上昇などという重大な弊害に悩まされることになる。

中国女性の纏足を想起させるようなタイト・レイシング（きつく締めた衣服）が、なぜ流行したのであろうか。それは、纏足をしていない女性が育ちの悪いものと見なされたのと同じように、イギリスではウエストの太い女性は「粗野で不格好」で「田舎女みたい」とみなされたからである。これについても戸矢氏は、「コルセットをきつく締めた女性は『男性による女性抑圧の象徴』としてステレオタイプ的に捉えられがちであるが、当時のタイト・レイシングもまた現代における女性の痩身への飽くなき追求と同じように、むしろ女性独自の価値観によって展開された美容戦争の一環として理解できる一面がある」と評価する。

ここに、現在の女性史研究の動向と問題点が読みとれるように思われる。この評価の新鮮な点は、さまざまな事象をステレオタイプ的に女性抑圧とみなすのではなく、当時の女性の感情に沿って理解しようとしていることである。また、スケルトンペチコートが女性に外出をもたらしたというように、現代の高みから過去を断罪するのではなく、その時点での進歩性を正当に評価していることである。

しかし、忘れてはならないことは、一見女性の欲求であるように見える砂時計のようなシルエットも、男性と無関係ではないということである。戸矢氏は別の箇所で、女性が身体美を追求するようになった背景として、一八七〇年代の結婚難という歴史的背景をあげる。化粧が娼婦の象徴であったこの時代において、身体美こそがよい男性を魅きつける武器であったのだという。そうして見ると、ビクトリア朝における身体美の追求は、必ずしも「女性独自の価値観によって展開された」だけではなく、結婚難という社会的状況の中で男性の視線というものも大きな要素を占めていたということにならないだろうか。男性は、女性がウエストを細くすることに狂奔する姿を見て嫌悪感すら感じていたというが、おそらく当時の男性は太いウエストの女性を「田舎女みたい」だと考えたに違いない。このような男性の視線の存在こそ、女性の行動を縛っていたのである。

男性が直接に女性を抑圧するというのではなく、男性の視線が女性の行動を制約していたことは、もっと意識されていいことだと思う。そして、男性的な視線が支配的な前近代社会においては、女性もその男性の視線を共有していた。そのため、聡明な女性ほど、その視線を受け入れ、むしろ積極的に男性の視線に沿って行動していたと考えられる。タイト・レイシングを主張したのは、たとえば娘を思う母親や女教師だったのである。

ところが、フェミニズムを生んだ近代社会では、男性の視線に抵抗する女性が出現する。山崎ゆき子氏の「まなざしの行方」（『神奈川県立外語短期大学紀要』総合篇第二一号、一九九九年）では、アンドレ・マルローの小説『人間の条件』に登場するキヨとメイ、フェラルとヴァレリーという二組の男女のまなざしを軸に二十世紀の男女の姿が考察される。氏によれば、「男性のまなざしは、自らの意識によって大きく規定され、願望や欲望を反映しているということ、さらに、このまなざしの奥には、『支配・統治する視線』が隠されて」おり、一方「女性のまなざしは、抗議や抵抗の意識を反映し極めて冷静かつ意志的なもの」だと言う。以下、氏の結論部分を引用しよう。

これは男性が相変わらず十九世紀以来のブルジョア的価値体系を引きずっているということと共に、女性の側における、前世紀的な支配され見られる存在であることに抗議し、男性と対等の、自由で自立した存在でありたい、という意識の変化が現れたものである。欲望・支配の対象として注がれるまなざしを、女性は、もはや素直にあるいは無邪気に受け入れることなどできなくなったのである。従って、両者の間には意識のずれが存在し、当然のことながら、それを反映するまなざしも位相が異なり、すれ違うことになる。

近代社会、特に教育を受ける女性が増加し、女性の意識が大きく変化した十九世紀末から、男女関係は複雑なものになり、もはや以前のような男女関係が成り立ちがたくなったのである。そのため、「十九世紀までの文学であれば頻繁に見られた、惹かれ合う者同士あるいは愛し合う者同士の愛情のこもったまなざしの交錯が見られ」なくなる、と山崎氏は言う。

このように、現在から過去の男女関係を振り返ると、多くの点において支配―従属関係が透けて見えるであろう。しかし、前近代社会の男女がそれを意識していたとは思えず、またそれを苦痛に思っていたかどうかもわからない。まなざしのすれ違いは、山崎氏の言うように、男性と対等でありたいと願う女性の出現した近代社会が生んだきわめて歴史的な事象だと思われる。したがって、「男女」関係史の研究には、現在から過去の男女関係のあり方を断罪することよりも、それぞれの歴史的な背景の中で理解していくことこそ求められているように思う。

本書に所収された荻迫喜代子氏の「江戸時代の食文化」では、『女大学』の「夜は遅くいね、昼は寝ずして家の中の事に心を用ひ」という一節を引用して「奥の仕事に働き疲れ、しかも表では武士の妻としての体面を保って行く彼女たちは、どの階級の女達よりも悲しい存在であったと思われる」と言う。

これを同時代的に見ると、彼女たちは睡眠時間を削って家政に尽くすことを当然の義務と感じていたであろうし、武士の妻としての体面を保つことは彼女たちの願いでもあっただろう。そして、それは決してむなしい努力ではなかった。荻迫氏が引用した下級武士の日記である『柏崎日記』を読むと、病気で臥っている妻のお菊のために、町方からもらったサバ二本を、一本は身おろしし、一本はみそ漬けにする夫渡辺勝之助の姿が見える。夫もまた、そのように尽くす妻をいたわっているのである。勝之助は子供の教育にも熱心で、江戸時代の多くの夫婦が、封建的な家というよりも近代的な家族を守っていこうとしていることがわかる。いわば、夫婦の視線が同じ方向を向いているある意味で幸福な時代なのである。このような江戸時代における夫婦の姿、あるいは男女の姿をありのままに、いわば等身大に描いていくことは現在の研究段階で重要な課題だと思われる。

本書所収の中野節子氏の「仮名草子に見る女性の家族と仕事」は、その意味で近世の夫婦関係のあり方をよく示していると思われる。氏によれば、「夫婦の親密さが、当時の人々の価値観において」たいへん大きな部分を占めており、「夫への従属性」というのは、男性が求める女性らしさをあらわす情緒的雰囲気に心身ともに沿わせるものであった。そして、「男の方でも女性を愛したいという気持ちは濃く、先の夫婦の情愛の深さも考え合わせれば、女性の夫への従属性はこの点でも報われていた」とするのである。これはまさに『柏崎日記』の世界であり、深いところで「夫への従属性」の意味を問うており、非常に説得的である。

女訓書については、本書(〈藤原セレクション〉『女と男の時空』第⑦巻)所収の高橋昌彦氏「上杉鷹山の女子教訓」では、夥しい数の女訓書があったことに対して、「そこに存在していたのは、決して男たちの思い通りに振る舞うような女たちではなく、これでもかと言うほど数多くの女訓書を与えなければならないくらい、逞しくしたたかな女性たちであったということを忘れてはならないのだ」と強調されている。女性の実態は言われる通りであると思われるが、むしろ女訓書というのは、女性を不幸にしないために作られた男性からの助言という性格が強い。従って、現在から見るとたいへん不当な言説に満ちているが、結局は「夫婦の親密さ」を実現するための実用書だったのではないだろうか。

筆者は、最近江戸時代の犯罪記録を調べて男女関係を概観したが、わずかな金のために新婚早々夫を殺した女性や、愛人がいるために婿養子に来た夫がうとましくなり、毒殺しようとした女性の姿が印象的であった(『江戸のお白州』文春新書、二〇〇〇年)。

圧倒的多数の独身男性を抱える江戸の庶民社会は、それほど男尊女卑の観念にとらわれたものではなかったと思われる。しかし、経済的自立をする条件がなかったために不幸に陥る女性が目立ったことも事実である。たとえば離別した夫に刺された女性がいる。彼女が離婚したのは小藩の徒士《かち》であった夫の給料が、あまりに少ないため、父親が彼女を強制的に離婚させたのだった。ところがその父親はすぐに亡くなってしまい、生活のため再婚した彼女は、逆上した元の夫に刺されたのである。

もしも彼女に一人でも生きていける経済的条件があったなら、生活のための再婚などすることもなかっただろう。これは、妾となった女性にも言えることである。なぜ妾になる女性がいるかと言えば、それが生活のための奉公だったからである。結婚するだけの家庭的な条件がなければ、苦界に身を落とすか妾になるぐらいしか収入を得る手段はなかったのである。

ある年齢に達すれば当然に嫁に行くものとする意識は、それ以外には生活の道がない社会的条件が大きかった。そしてそのような中で見合い結婚が行われるようになると、男性の視線を意識して容貌の美に価値を置くようになる。この構造は恋愛結婚が主流になった現代社会でも続いているが、一方で能力のある女性は教師などの職に就くことによって生活の手段を手にいれることができるようになって変化してきた。

最近、「パラサイト・シングル」という存在がクローズアップされている。親に寄生（パラサイト）し、独身のままでいる若者のことである。これは、親に寄生しているのはもちろんのことであるが、親に寄生するだけでなく自分でも働き、自分の収入ではファッションや海外旅行や趣味を楽しみ、生活費の多くの部分を親に依存するということである。そして、その多くは、女性を含意している。

これはある意味で当然のことである。従来、主に経済的な条件から意に沿わなくても結婚という道を選ばなければならなかった女性が、結婚しなくても生活していけるようになったのである。簡単に結婚しようとしないのも当たり前であろう。ドメスティック・バイオレンスを報告する事例でもわかるように、男性の一部は女性にとって害しかもたらさない。また善良ではあっても女性に好まれない男性もいる。そういう人々を除外すれば、結婚したいと思う男女のバランスは崩壊してしまう。

従来は、経済的な条件やそれを基盤にした社会的な合意や風潮によって、ある時期になれば結婚することがとりも直さず一人前ということであり、またそうしなければ生活も困難であった。それが崩壊しつつある現在、「男女」関係は新しい段階に入っていると言えよう。女性を「支配・統治する視線」で見る男性がいつまでも生き続けられるとは思えない。このような中で、江戸時代の「男女」関係史も、に入らざるを得ないであろう。それは、近代から現在に至る「男女」関係のあり方を相対化する試みでもそのたたき台として、様々な論点を提出している本書は現在でも十分な価値を有していると思う。

（藤原セレクション『女と男の時空』⑧『『女と男の時空』を読んで」、二〇〇〇年、藤原書店）

女性表象と文化的自画像形成の政治学

池田　忍

人がかくも女性表象の造形に心を砕き、そのイメージに眼を奪われ、深く囚われてきたことについて考え続けている。歴史において、さまざまな宗教や思想体系、社会組織が形成される際に、女と男の二分割は前提とされ、二つの性の差異には意味が与え続けられてきた。二つの性の間の非対称な権力関係に基づき差異を作り出し、拡大し、固定化する役割を担ってきたのが表象である。ことに視覚表象は、さまざまな複製メディアの発達によってますます影響力を増していることを認めざるをえないであろう。ジェンダーの視点に立つ表象研究は既存の学問領域を超えて着実に成果を上げている。

しかし、女性表象をめぐる状況は一層複雑である。それらが今日の日本社会においてどのような意味を伝える場に置かれているのか、個々の造形が私たちに何を語りかけているのか、注意深く観察し、批判的に検証して議論を呼び起こしていかなければならない。なぜならば、「美」の聖域に囲い込まれながら大量に流布する女性表象は、見る者の欲望を刺激し続ける資本主義社会の商品として、受動的な視覚の快楽に身を委ねる消費者に提供されているからである。これらの女性表象こそが、家父長制社会のジェンダーを構築し、その規範を男女それぞれに与え、とりわけ男たちによる女性たちの性の統御と搾取の体制を維持する役割を担ってきた。『女のイマージュ』(藤原書店)や若桑みどり氏の近著『象徴としての女性像』(筑摩書房)などを読めば、女性表象の政治性を思い知らされる。

若桑氏の女性表象の読解は、日本におけるこの問題を考える際にも示唆的である。男性支配的な文化においては、女性の身体が、ある特定の共同体に所属する男性たちの心性の統合をもたらしてきたという指摘である。日本の女性表象は、それを見る/所有する男たちの階級的な、あるいは民族的なアイデンティティ(自己認識)を生産する自画像形成の作用の中心にいつも置かれてきた。そして興味深く思われることは、おそらく西洋の場合とは少し違って、その作用の結果、女性の身体は完全に権力を持つ男性によって「他者化」されることはない。女性像/女性性を係留点として彼らの自己同定が行われるからだ。だからこそ、日本文化はその核心に「女性性」を持つといった主張が繰り返されてきたとも言える。その一方で、表象においては、男性主体を女性像/女性性から周到に少しばかり引き離す仕掛けが用意される場合が多い。

発行されたばかりの二千円札に、紫式部の肖像画と「源氏物語絵巻」の中の男性像(源氏とその息子である天皇)が利用されているのは実に象徴的に思われるのである。

(『機』二〇〇〇年九月号、藤原書店)

和服から洋服へ

奥田暁子

日本の近代は政治・経済のみならず人々の生活のあらゆる面に変革をもたらしたが、服装の面でも大きな転換期となった。

和服が私たちの日常から姿を消して久しい。いまではふだん着として和服を着ている女性などほとんど皆無といってもいいだろう。

先日見た「乳泉村の子」という中国映画は、中国残留日本人孤児をテーマにした感動的な作品であったが、一つだけ違和感を持ったのは、栗原小巻扮する六〇代の日本人女性が戦後四〇年近くたったというのに和服姿を通していたことである。

和服から洋服への転換はまず男性から始まった。男の洋装は早くも明治初期に始まり、明治中期にはすでに一般的になっていたようである。女性の場合はそれよりはるかに遅れて、最初は女学生の制服から、そして徐々に成人女性に浸透していった。今和次郎が一九二五（大正一四）年に銀座の街頭で調査したときには、洋装の女性は一〇〇人に一人の割合しかいなかったが、その五年後には一〇〇人中三五人になっていたというから、おそらく昭和の初めが分岐点になったのだろう。

女性の洋装化が男性に比べて遅れたのにはさまざまな理由が考えられるが、なによりも教育者を初めとする男たちの反対が大きかったからである。活動的な洋服がひいては女性の自由を拡大し、男性の支配が及ばなくなることを恐れたのではないだろうか。

文明開化や鹿鳴館文化では定着しなかった洋装がこの時期に女性の衣生活に浸透するようになった一つの原因は関東大震災だと言われている。また、ちょうどこの時期が資本主義の発展期と重なり、徐々にその数を増やしてきた「職業婦人」が効率の点から洋服を着用し始めたことも大きい。第一次大戦後西欧社会で年々スカート丈が短くなり、それが外国映画を通して影響を与えたことも見逃せない。

そして初めは都市の中産階層に留まっていた洋装が一挙に全国へと拡大したのは第二次大戦中であった。国粋主義にこりかたまっていた軍や各界の指導者たちも女性の銃後の力を必要としたから、活動的でない和服を強要することはできなかったのだろう。

労働着には適さない現在の和服の型は江戸時代に定着したようだが、幅の広い帯、長い袖、保温性のない裾などは、見る人の眼を楽しませたとしても、着る人の身体的要求を考慮したとは思えない。だから一度洋服の快感を味わった女性たちは、男たちの非難にも耳をかさなかった。思想よりも効率や快感が優先されたわけである。

私たちは個人の好みや美を抜きにして服装を語ることはできない。しかし服装は広い意味での政治的機能を果たすことも忘れてはならない。服装と女性の生き方との相関関係を明らかにすることも女性史の課題の一つである。

（『機』一九九三年一一月号、藤原書店）

イマージュ

近代日本における女性の国民化と皇后の表象

若桑みどり

1　日本の近代化と皇后の役割

明治維新後、万国対峙の国際関係のなかで近代国家を確立する必要に迫られたとき、江戸期の妾制度、側室制度を否認し、男女両性の新しい近代的関係を編成することが求められた。これが近代的な一夫一婦制度である。この確立のためには日本における伝統的な男女関係が根本的に改変される必要があった。支配層は法律、教育、言説によってこの方策を実施するが、民間に広く流布し浸透させるには文化的表象がもっとも影響力があった。一方では近代的な個人の確立と自由、恋愛結婚と公娼制度、妾制度の廃止を求める啓蒙思想家が活躍するが、他方においては家父長制度の近代的再編成を意図する支配階層による、両性関係、家族制度のみせかけの改変と基本的不平等の温存の両義的な戦略が展開される。幕末明治期において生産された女性像はこの間の複雑な葛藤を反映している。

旧来日本美術の近代化という文脈で語られてきた明治期の女性像を明治期における両性の関係性の再編をめぐる戦略と葛藤の表象として分析することが必要であろう。そのことはまた明治における日本の近代化の限界と旧体制とそのイデオロギーの残存を明らかにすることとなる。

近代国家建設にあたって、幕藩体制の家族制度を支える不平等な性の制度と慣習は是非とも是正される必要があった。すでに多くの先行研究が述べているように、近代国家の必須条件として政治的には立憲制度、国民議会の制度化、経済的には資本主義の確立が急務であったが、社会的には近代的市民社会の構築が不可欠であった。市民社会の骨格は一夫一婦制度にもとづく近代的家族の構築にある。したがって、上にのべたように、過去の両性関係は後進性の目に見えた温床であった。とりわけ、天皇をめぐる女性関係の場合、宮中の後宮に群生する女官や複数の側室の存在は近代的な君主像に相応しくないものであった。したがって、天皇の正妻としての皇后の存在を卓越化することは、ひとつにはアジア的一夫多妻制度を端的に示す後宮の女性たちに囲まれた天皇というイメージを払拭し、天皇と皇后を近代市民的一夫一婦制のモデルとするために、またひとつには日本の性文化のなかで専ら性的従属者として意味づけられてきた女性の身体と精神を近代化し国民化を推進するために、なんとしても必要なことであった。

実際に政府は明治四（一八七一）年七月十四日の廃藩置県の六日後に宮廷改革を行い、公家出身の侍従を罷免し、八月一日には、女官罷免を断行した。この改革は天皇を取り巻く女官を整理し、天皇の身辺と宮廷における男性支配を確保すること、また、奥向きの決定権をもすべて女官から奪い、皇后の手に集約させること、すなわち皇后「ご一手」の支配を確立することにあった。この時期、岩倉具視、大久保利道らは欧米視察中であったので、吉井友実はこの「快挙」を書面で報告し、「……此の節百年の害を御除き相成り……右後変革いらいは、皇后よほど御奮発にて、御上御服等まで御手みずから御始末あそばされ候」と書いた（飛鳥井雅道『明治大帝』筑摩書房、一九八九年、一四〇頁）。後宮の女官を宮廷から追放し、皇后みずからが奥向きを支配し、天皇を親しく世話したということである。この宮廷改革は天皇の正妻であり、国民の「母」である皇后という女性一人を卓越化することにおおいに役だった。そうでなければ国民は天皇に正式な妻が一人しかいないということを理解できなかっただろう。それがいかに形式的であったとしても、国民には一夫一婦制と、家庭における夫と妻の役割が天皇、皇后を通して示される必要があった。

また大正三（一九一四）年崩御の際に作成された文集中の皇后賛辞は、天皇の遂行した維新をいかに皇后が援助したかについて述べ、かつその「受け持ち範囲」がなんであったかについて語っている。「陛下はただに明治維新の偉業を解されたばかりでなく、御自身がまた御勢力範囲において偉業を御画策あらせられたのである。それまでお側の女官方は頑然として、旧習を墨守していた、当時の女子教育なるものも、まだ新時代の皇后を作るべく殆ど不可能であった、然るに陛下は断然意を決して今後の婦人を現代式に教育する使命を女子に託されたのである」として、皇后が女性の近代化を推進する役割を負っていたことが示されている。[1] また日本の中上流の女子教育を組織化し、その推進者とされたのはまさに皇后であって、同じく大正三年の皇后賛美の追憶記には「陛下の御奨励のもとに、日本の女子教育が盛んに行はれて、国内一般に普及するやうになり、日本の進運の最も著しい点として女子の新しい天分が茲に展開されて来たのである。支那では女子は今尚ほ奴隷のくびきの下に呻吟しているのに引き替えて日本では其の個性が発揮せられて、女子も将来の勢力の一つのやうに見なさるに至ったのも、之れ亦新時代の皇后とならせられた、陛下の御坤徳の然らしむる所であったと謂はねばならぬ[2]」と女性の近代化において「遅れた支那」との差異を強調している。さらに皇后が後援する華族女学校の目的は「日本将来の貴婦人、貴顕紳士の妻……今後の国民の賢母を養成、新時代の教育と欧州文明の知識」であって、「陛下が率先奨励にならなかったなら

ばとても急には実現されなかった」としていわゆる「良妻賢母」の鑑であり、推進者としての皇后を称揚している。(3)

皇后は、以上のように妻、母としての近代的市民的価値の模範であると同時に、その教育の推進者であるばかりでなく、すべての「美徳」の普及者でもあった。その顕著な例が専ら皇后の特技として宣伝された御製歌とその普及である。前記引用の『昭憲皇太后』伝記には、皇后に対し、明治八(一八七五)年に侍講元田永孚がベンジャミン・フランクリンの克己自制のために掲げた十二徳を進講したところ、皇后は「いたく感動あそばされ、十二徳の節々をお詠になって元田侍講に示されました。それがいつか民間にまで伝って女学校の教科書などにのせられたのです」とある。(4)その十二徳とは節制、清潔、勤労、沈黙、確志、誠実、温和、謙虚、順序、節倹、寧静、公義である。現在(二〇〇〇年)六〇代半ば以上の女性で(つまり戦前戦中に女学校で学んだ年代で)、これらの御製和歌を知らない女性はいないであろう。フランクリンはプロテスタントで、ウエーバーが『プロテスタントの倫理と資本主義の精神』でまさしくその倫理を実践した典型的な人物であるとあげていた人物であったことを考えると、この事実は非常に面白い。

実際、一八六八年二月八日(慶応四年一月十五日)に明治維新政府が成立し、王政復古の国書を各国公使に渡して天皇を中心とする国家の成立を宣言したあと、二月十三日に幕府が締結した条約遵守を通告するため各国公使を拝謁し外国政府の正式承認を求めたとき、日本は国際社会への登場を果たしたのだが、それは万国公法、国際法を守る主体となったことを意味した。万国と対等の文明国となり、国民国家を形成するための条件として、早川紀代氏は「近代的な法体系の確立」と、「欧米と同じ風俗・道徳の遵守」をあげている。(5)氏は、明治政府が近代国家建設にあたって、国際的な市民モラルを導入することに腐心したが、その核心は、官・民双方に一夫一婦制を確立しようとすることであったことを詳細に跡づけているが、加えて、明治の諸改革のなかでも、日本社会に根付いた性の土壌の故にこの一夫一婦制確立の過程がきわめて困難であり、最終的には「一夫一婦制度が流産」したことを示した。氏はこの経過のなかに日本家父長制の非近代性を指摘している。

氏によれば明治六年から十年(一八七三〜七七年)の新聞投書欄にみる民衆の両性観は、恋愛結婚主張、妾・公娼制度反対の啓蒙派、国家独立論と結婚家族論、さらに皇室の永遠性の確保のために妾制度廃止に反対する論議が交錯していたことを指摘している。この論議のなかで、妾制度つまり一夫多妻の制度的追認を是とする議論が、あげて天皇の万世一系の護持を根拠としていたことは見逃すことのできない事実であろう。早川氏は明治二十二(一八八九)年制定の「皇室典範」が、「万世一系各国無類の国体」を護持する立憲政体の創設にあたり、「国家の機軸としての皇室」の確立のため庶子による皇位継承権規定をおこなったことを重視し、「無窮の国体」を保証する究極の武器としての天皇侍妃制を決定したことによって、事実上、近代的一夫一婦制は「流産」したと述べている。(6) 実に、同年に発布された帝国憲法第一条が「大日本帝国ハ万世一系ノ天皇之ヲ統治ス」とあるのだから、この天皇侍妃制の保証を得てはじめて帝国憲法の根幹が定まったといっても過言ではない。この際に女帝も法的に否定されたのであるから、早川氏が「明治は家父長制を確立した」とみるのは正しい。いうまでもないことだが、ジェンダー的にみれば、万世一系思想は、男性の精子のみを繁殖の「常数」として見、女性の卵子を「変数」としてみる思想であって、数千年来の家父長制を支えた非対称的な両性の性的、文化的構造を作り上げてきた男根中心的理念である。

明治二十年の親族相続法においては、近代的夫婦妻子中心の規定が行われたにもかかわらず、皇室典範制定以後の一八九七（明治三十）年民法では、明治二十年親族相続法を大きく変更し、家長権、戸主権を強化、「一家の廃絶を嫌い祖先祭祀の永遠を行う」戸主家族制を決定、家長権と夫権の行使による庶子認知を可能とした。これによって一夫一婦制は法的に崩壊した。これは天皇の万世一系を保証する侍妃制を民間に拡大したものである。これについて早川氏は「皇后と国民の妻の性は冒瀆されている」と批判している。[7]当然、側室とのあいだに多くの皇子、皇女を設けた明治天皇と、実子のなかった皇后について国民があれこれ忖度することを防ぐ必要があり、皇后逝去の際の伝記中には再三にわたって「皇后は嫉妬心のない方であった」ことが強調されている。側室を寵愛する明治天皇への嫉妬心をみじんももたなかったという皇后の姿が、「陛下は実に我が国の女性を幾百年の久しき間導き来たった女大学の権化とも申し上げべき御方でございまして……一体女性の人は如何に賢明だとか利発だとか申しましても、嫉妬とか猜疑とかいふ忌まはしい分子が、多少含まれていないものはないのですが、陛下は之等女性の特有性といふものは微塵もなかった……あれは婦人の亀鑑であり、良妻賢母の典型であります」と述べられている。[8]一夫多妻を受容するための一般の女性むけ「女大学」の模範としても皇后の「美徳」がしきりに強調されていたことがわかる。

2　理想の国民的女性像――神功皇后

以上に概略を述べたように、近代国家を造成中の明治初期において求められる女性像は、新旧両方面からの要請を含んだ複雑、両義的なものだったとはいえ、共通する基本は、江戸の女性像を特徴づけている性的隷属性を脱色した女性像であることと、国家主義と天皇制の確認または栄光化を表象する女性像であることであった。この要請からみて、明治維新期に数多く神功皇后像が生み出されたことは必然であったといえるだろう。この女性は神となった（住吉神社に合祀された）神聖な皇后であり、三韓征服という偉大な国家的事績を遂行し国威を発揚したばかりでなく、天皇である男子を出産し養育した女性でもあったからである。

神功皇后が最初に「国家的」シンボルとして登場したのは、明治六（一八七三）年八月二十三日に発行された紙幣十円券裏面（表面は雅楽図または天の岩戸開きの図）の神功皇后三韓征伐である。表面を天の岩戸と解釈すれば、国家が最初の紙幣として選んだ人物は天皇の聖祖である天照大神と、仲哀天皇の妃、応神天皇の母である神功皇后であったということになる。植村竣氏は、アメリカのナショナルバンクに発注されたこの紙幣の意匠について、「［アメリカの紙幣には］アメリカ建国にいたるまでのさまざまな歴史的出来事、建国当時の英雄たちが描かれて、国論を二分して五年間にわたった南北戦争直後の対立した国民感情を、再び建国の精神を呼び戻して統一しようという意図も働いていたといえる。これは日本の実状にもぴったりとあてはまるものであったので、同じような歴史画が、同じような技法で新しい紙幣に用いられたのであろう」と述べている。[9] 紙幣に国民国家の歴史意識を強調する意匠を描くことは欧米からの影響であり、その際に、天照大神を選択したのは、天皇親政のイデオロギーが国家神道とむすびついており、天照大神以来の聖性の継承や祭政一致をとおして神権的権威性が天皇に付されることが基本的な政策であったからである。これについては安丸良夫氏の『近代天皇像の形成』（岩波書店、一九九二年）のほか、同氏の『神々の明治維新』（岩波新書、一九七九年）が基本的研究であることはいうまでもない。また、この当時、神話のもつ意味が民間にも普及していたことについて酒部洋氏は、多くの府藩県に出された告諭書に注目し、「天子様と申上奉るは、天照大神様の御子孫にましまして、此世の始まりより日本の御主にて」という主旨の克諭書を挙げている。[10]

西欧ではギシリヤ・ローマ以来、貨幣の表には王、皇帝の肖像を鋳造するのが普通であったが、植村氏は、天皇の肖像ではおそれ多いという理由からそれがあきらめられ、「妥協の産物として、明治天皇のかわりに神功皇后の肖像を使用することになった」と説明している。[11] 明治五（一八七二）年に貨幣鋳造について天皇肖像が建議されたが、宮廷内部の反発によって不許可になった。[12] 明治八（一八七五）年写真師内田九一が複写の目的で天皇写真の種版の下げ渡しを願い出たがこれも不許可となり、「天皇写真売買禁止」が発令された。[13] したがって、天皇像が回避されたために皇后像が選択されたということは充分理由の一つに考えられる。いったん選択された神功績皇后像は明治十四年から十六年（一八八一〜八三年）のあいだに十円、五円、一円、五十銭、二十銭五種類のうち、円単位の紙幣に描かれ、代表的なものではキヨッソーネによる明治十六年九月発行の改造紙幣十円券表面がある。このように繰り返し登場したところをみるとそれは単に天皇の代替であるという単純なことではないであろう。何故神功皇后その人が選ばれなければならなかったかということについてはもっと深い理由があったにちがいない。

日本で最初の本格的な肖像紙幣「神功皇后札」採用の経緯は、明治十（一八七七）年四月十三日の大蔵卿大隈重信から右大臣岩倉具視あての「改造紙幣雛形ノ儀ニ付伺」に記載されている。[14] この上申書には、神功皇后の肖像を紙幣に採用する理由として、「皇国紙幣のかんようは……日本紀神功皇后摂政ノ時ニ当タリ三韓ヨリ金銀ヲ貢納スルノ明文之有候間、金銀ノ貴重スヘキヲ了知スルノ徴証ト被考候」とある。この資料に基づいて植村氏はこの皇后の事跡にある海外からの貢納というものが当時の征韓論、対外拡張論にかなったものとみるが、酒部氏は、「女性の地位が以前よりも向上した戦後においても、未だに紙幣に女性像が採択されていないというのに、明治時代に、しかも日本で最初の本格的な人物の肖像入り紙幣に女性である皇后が採用されたのにはしかるべき理由があったとみるべき」としている。その理由の第一は、「古事記」における皇后の子である応神天皇の歴史的位置が、日本史において画期的な文明開化を記した時期とされており、その天皇の母が重要視されたが、明治も文明開化期であり、古代の文明時代の母を近代の文明の母と関連させたからである。また第二は明治元年に冊立された新皇后を国家的存在として権威化する必要性があったとする見解である。

結論的に言えば神功皇后は、大隈重信文書にあるように金銀価値の重視、植村氏のいう明治の対外政策の反映という理由のほかに、明治維新初期の国体確立と皇后冊立の双方の宣伝として選択されたのであって、天皇に代替するにどの皇后であってもよいというのならば、悲田院や施薬院などをつくった光明皇后のほうがふさわしい。事実池田忍氏によれば明治末期頃からは光明皇后の像が増加してくるということであるから、明治初期において紙幣に選ばれたのが神功皇后であったということには、この時期に固有の政治的な意味があったとみるべきであろう。そのためには、記紀における神功皇后の歴史的意味と、彼女と昭憲皇太后の格別の密接性をあきらかにする必要がある。

前田晴人氏は『神功皇后伝説の誕生』（大和書房、一九九八年）において、記紀編纂の意図の「すぐれて強い政治的目的」について論じ、天武天皇統治の日本国の始源と天皇統治の正統性、壬申の乱以後の国家体制の強化とその権力の強大さと神聖の宣伝がその目的であったが、そこには天武天皇の韓観と世界意識が表象されたとする。[15]

天智天皇二年（六六三年）に百済滅亡の危機に際して派遣した倭軍が、百済の白村江で唐の水軍と戦って大敗を喫していたが、その後新羅が唐の朝鮮への干渉を排除する動きに出て、日本との緊密な外交関係をつくるため、しばしば使節を派遣してきていた。天武はこうした新羅の国際的な弱みにつけこみ強圧的な態度をとり、記紀には天武を中心とする倭国の国際意識が反映された。日本書記継体六年十二月条には、百済国が任那四県の割譲を要求してきたが、時の権力者であった大伴金村がこの要求を認めようとすると、同僚の物部アラカヒの妻が諫めていった「夫れ住吉大神、初めて海表の金銀の国、高麗、百済、新羅・任那を以て、胎中誉田天皇に授記けまつれり。……もし削きて他に賜はば、本の区域に違ひなむ」。この胎中天皇とは神功皇后の子である。つまり、この妻は、神功皇后の時代に大神が定めた秩序を変えるべきではないと諫言したのである。前田氏が指摘するように、ここで重要なことは、百済を始めとする朝鮮半島の国々が、神功皇后の世に「海表の番屏」と定まったとする歴史認識が記紀に記されていることであり、「朝鮮の国々を『海表の番屏』とする見方はまさに神功皇后伝説を支えとして肥大化した[16]」。すなわち、「倭国から日本国への国号の転換も天武天皇の時期に達成、大国日本の国是を支える役割が神功伝説であった[17]」。

記紀における応神天皇の位置であるが、応神天皇は「古事記」の中巻最後の天皇として位置付けられている。中巻から下巻への、換言すれば葦原中国という聖国土から人間界への舞台の転換の境界に応神が出現すると前田氏は分析する。神武天皇は古事記上巻から中巻への橋渡し、皇祖天神の血肉を葦原中国に伝えたという役割であり、応神は、天神御子から天皇への橋渡しであり、高天原を根源とする皇祖天神の血肉を下巻の最初の天皇仁徳に伝える役割を担ったとする。それは現神人である天武天皇にとってとりわけ重要な歴史の要であった。応神の重要性を示すものは、応神の出生の異常性、胎中天皇という神秘的な異称であって、結局この二人は母と子の神であったと前田氏は考える。[18]

ここで問題になるのは皇后と住吉神社の神々との関係である。「古事記」の仲哀記には、皇后の名は息長帯比売命であるが、この「帯タラシ」とは、西山氏によれば神から出た天皇の血統のことで、そこから古代においては天皇の別名を「タラシ」と呼んだということだが、浅学の筆者はその間の検証をまだおこなっていない。[19]「古事記」によれば神功皇后は「神を帰せ」る巫女であって、「西の方に国あり。金銀を本と為て、目の輝く種々の珍しき宝、多に其の国にあり」と託宣をくだすが、天皇は西には海しかないと託宣を否定、建内宿禰にすすめられて琴を弾いたがそのまま死ぬ。宿禰が恐れて神に訊くと、神は「神の胎内の男子」がこの国の主だという託宣をくだす。その神とは天照大神、底筒男、中筒男、上筒男＝住吉大神の三柱のことを指していたと通釈は解釈している。[20]このことは、応神天皇は皇后と神との聖婚によって授かったものであることを示唆しているにちがいない。まさしく神によってみごもった聖母である。ちなみに、「日本書記」巻九の行には、皇后が死去した天皇をまつった齊宮が小山田邑というところにあるが、これを聖母邸とよび「その遺跡に皇后をまつりて聖母宮と崇め奉りしなり」とある。

天皇死後、皇后は託宣にしたがって船を出し、新羅、百済を征服し、新羅の国主の門に杖を立て住吉大神の荒御魂を国護りの神としてまつって帰った。この帰国の際にも荒れる海や浪に遭遇するが、航海の神に守護されて無事帰国し、海辺で応神天皇を産む。皇后が後に合祀された住吉神宮の三柱（ツツノヲの名をもつ）住吉大神は、天照大神に先んじて生成した天神で「大津の先の港に鎮座させて往来する船がやすらかに海を渡ること」を祈った神であり、王権の管理下にあった船、港、外交使節の守護神、航海の守護神であった。[21]

このように神功皇后と其の子応神は、天神と天皇の直系を結ぶ歴史の結節点を占め、天皇の歴史が書き換えられる節目に置かれた存在であったということ、皇后の産んだ子が神の子であったということ、またその神を胎内に宿した皇后が三韓を支配下に置き、日本の国際的な支配的位置を決定したということによって、天皇制国家の歴史再確認の上で重要な意味をもって再生したのだと考えられる。とりわけ神功の決めた対外政策は、ペリー来航以来、欧米先進国に脅かされた日本の国体と威信を確認するにふさわしい表象だったということが言える。このことは嘉永五（一八五二）年の吉田松陰の書簡からも推察される。松陰は嘉永四年水戸を訪れて国学を研究した後、皇国史に覚醒し、嘉永五年来原良三に宛てた書簡で、「古聖天子蛮夷を摂取するの雄略」に接し、「高麗、新羅を摂服して使を百済、任那に駆けりしこと」を思い、ロシヤ、列強に抗すべしと書いた。西山氏は、「神功の偉業は明治維新の原動力の一つ」とまで書いている。(22)

筆者は見解の正当性を論じているのではなく、国体護持の思想の持ち主によって神功皇后伝説がいかに消費されたかを問題にしているのである。そのことは、戦中戦前の教科書のなかで神功皇后がどのように使用されているかをみれば一層明白であろう。大正九（一九二〇）年の尋常小学国史上巻にはこう書かれている。「かくて、これより朝鮮は、天皇の御影になびきしたがひ、……又第十五代応神天皇の御代に、王仁といふ者など百済より来たりて学問を伝へ、機織、鍛冶などの職人もおひおひ渡り来たりて、わが国のますます開けしは、全く神功皇后の御てがらに基づきしなり」(23)。酒部氏が述べたようにここでは、明治の文明開化が古代の文明開化と類比されているとみてよいであろう。また、この皇后像には、赤十字活動や看護慰問に重点をおいた後期の皇后表象に適合する光明皇后には求めることのできない観念、すなわち、「国家的母性（戦士の母）」という、国策上もっとも重要な女性規範が埋め込まれていたことも見逃すことはできない。

3　昭憲皇太后の肖像

皇后が図像化された初期の例は錦絵である。錦絵を通観すると、明治十年から三十年（一八七七〜九七年）にいたるまでの間に皇后の図像が決定的に変化したのがわかる。つまり、錦絵を瞥見しただけで皇后のイメージが「近代化した」ことが端的に理解できるのである。明治十二（一八七九）年の豊原国周作「奉楽天覧」では、天皇、皇后とも古式の姿で描かれ、皇后は十二単衣である。描き手が浮世絵画家であったこともあって、その容貌も浮世絵の花魁などとことなるところはない。天皇の容貌もまた白塗り細面の役者絵のような没個性の美男である。

それが明治二十（一八八七）年の、やはり同じ画家の絵「高貴肖像」では、天皇皇后が向き合って座す構図はまったく同じだが、天皇は肋骨型の装飾のついた大元帥服の洋装となり、顔容も男性的な意志の堅固な人格にみえるように描かれている一方、皇后のほうは前作と同じ衣裳、同じ顔かたちである。ここでは皇后がひとり近代化から取り残されているといってよい。というよりもあえて天皇は近代を、皇后は伝統を表象している。

しかし明治二十二（一八八九）年「憲法発布式之図」（楊州周延）では、玉座の前に立って憲法を受け取る天皇の右手に皇后は完璧なヴィクトリア朝風の洋装で堂々と立ち、近代的な女王の役割を果たしているように描かれている。この決定的な変化は、その前年二十一年にキヨッソーネが昭憲皇太后の肖像を描き、これを丸木利陽が撮影し、明治天皇肖像と同様に写真として国民に流布したことと関係があるであろう。この肖像によって近代的な皇后のイメージが定まったのである。この肖像は絵はがきその他で普及し、国民のあいだで大人気を博した。明治二十二年の憲法発布の錦絵以降定型となった、凛とした洋装と容貌の皇后像はキヨッソーネの肖像が成立した影響を受けていると考えられる。

皇后の近代的な肖像を成立させるにはただ彼女を洋装にすればよかったのではなく、西洋の画家が示した近代的女王像の模範が不可欠であった。というのは、明治二十（一八八七）年の「皇后宮御製唱歌」（豊原国周）でも皇后は洋装しているが、その身体も顔も浮世絵の様式を出ていないためにきわめてグロテスクな作品になっているからである。ちなみにこの錦絵は華族女学校の学生に皇后がその御製和歌を教えている場面である。ここから近代的な皇后像へと飛躍するには、身体を立体的に把握する技術が必要であったばかりでなく、威厳ある女性という、かつて江戸が知らなかった理念像を創出する必要があった。そのためにはかつてトスカーナ大公妃など貴顕の肖像画を翻刻したことのあるキヨッソーネが、西洋のテクニックとともに品位と尊厳のある女王という図像伝統を導入してみせる必要があった。

この結果キヨッソーネが仕上げ、国民のあいだに流布した「昭憲皇太后像」は、この時世界でもっとも範とすべきイギリス帝国の女王ヴィクトリアの図像に接近したとしてもそれは偶然ではない。豪華な調度の置かれた宮殿内で、ローブ・デコルテの正装を着け、手袋をはめ、髪を高く結ってかぶりものを被って立つ姿は国際的に認知された女王の図像である。さらに、皇太后の肖像の画面左に置かれたおそらく白い薔薇は、ロイヤル・ローズと呼ばれたヴィクトリア女王の象徴物《アトリビュート》でもあって、ウインターハルターが描いた一八三六年の肖像画では女王は左手を伸ばして薔薇をとろうとしており、ハインリッヒ・フォン・アンジェリ作の晩年の「喪に服すヴィクトリア女王」（ロイヤル・コレクション）の画面にも白い薔薇が描かれている。[24]

チェックランドが書いた『明治日本とイギリス』によると、岩倉使節団は一八七二年秋イギリスでヴィクトリア女王に謁見しており、女王のスコットランドの居城ホリルードハウスを見学している[25]。彼等は当然女王の形姿や肖像というものがどのようなものでなければならないかを実見したであろう。

明治四十四（一九一一）年、皇太子とその子供たちを中央においた天皇家の家族団欒を描いた「日本寿豊之図」（作者不詳）では、皇后、皇太子妃とも華麗な洋装でしかも凛とした容貌で描かれている。この家族団欒図は、一八四五年の「ヴィクトリア女王家族図」（彩色リトグラフィエール・センター・フォー・ブリティッシュ・アート蔵）をはじめ西欧王族の家庭的団欒図と同工異曲である。これは王族の集団肖像画としてはきわめて政治的な意味で流行したものであって、国民のもつ中産階級的理想家族像を演出し、国家の市民的価値を代表すること、また、子孫の繁栄を示して血統の存続を印象づけることを目的とするものであった。モッセは、近代最強のイデオロギーとしてナショナリズムと市民的価値観の二つを挙げているが、国民国家の王妃の表象はその典型的なものだと指摘した。「王妃はその家庭と結びついて表象される。……それは権力あるいは権威ではなく生活様式によってなしとげられた勝利であり」、「中産階級が達成した勝利の特徴を示す」。なぜなら、「家庭生活こそ市民的価値の中心的要素であったからだ」。このようにモッセは、王妃の家庭的表象において「ナショナリズムと市民的価値は結びつき、女性の控えめで受け身的な役割が正当化された」と分析している[26]。

日本の天皇一家もいち早くこのイギリス、プロイセンなどのプロテスタント系王族の図像を取り入れたものと思われる。丹波恒夫氏が、この錦絵のなかに描かれた王子王女たちが民間で流行していた紫袴を履いていることを指摘し、「宮中ではおおむね緋の袴が用いられたのであるが、ここにえがかれたご服装は庶民的な感じをあたえて、したしみの深い絵になっている」と評していることは興味深い。[27]

しかしながら、明治国家にとって望ましい近代化された女性図像は、ただ西欧的な市民的価値にのみあるのではない。ナショナリズムは必ず自国の起源神話にその根拠を求める。上述したモッセの研究のなかで筆者の興味をもっとも惹くのはプロイセンの王妃ルイーゼに対して国民が創出した理想的表象に関する部分である。[28] モッセはナポレオン戦争に敗北したプロイセンの国家的危機の時代において、国民を愛国心と再生へと鼓舞する象徴としてルイーゼ王妃の聖母的な記念碑が各地に建立されたことを指摘して、何故国民が王妃の表象に愛着したかを分析している。彼によれば、国民的シンボルとしての女王は、「国家の連続性と不易の守護者であり、道徳の守護者、私的、公的秩序の看視者、母親」であった。[29]

モッセが西欧の国民国家における王妃の象徴的役割について述べたことは、そのまま明治の皇后にもあてはめることができる。大正三（一九一四）年皇太后大喪の際に出版された皇太后伝記には、近代国家の皇后としていかに皇太后が多岐にわたる偉業をなしたかが列挙されているが、そこには養蚕、農桑、救済、慈善、女子教育、戦場慰問、手芸、人形愛好など、国家的母性と女性性役割が典型的に提示されている。[30] その記述のなかには、皇后がいかなる絵画を好んだかがしるされている。例えば、明治六（一八七三）年廃刀令の朝に皇太后がヤマトタケルの掛け軸を掛けさせたとある。[31] また、同書には「神功皇后の往事を思出さるる御壮挙」なる一文がある。[32] それによると、皇后は明治二十一（一八八八）年一月二十三日に近戸（神戸？）で海陸両軍の攻防演習を見たのち軍艦に乗って帰港した。この日は非常に寒かったが、皇后は「御女性のかよわい御身にましましながら、鯨の吠える荒海の、山のやうなうねりに鑑ゆるぐを、物ともせられいで、少しの御障りもなく、御平然として渡らせられたことは、実に驚嘆の外はなき次第で、神功皇后の三韓征伐に向はせられた時も、このやうであったかと、思ひ出されて、誠に畏き次第でありました」とある。このように皇后の壮挙が神功皇后に擬せられているばかりでなく、同書にある「外国人の見たる皇后」のセクションに稿を寄せたマルク・ウリスなる外国人は、皇后の怜悧、神々しきお姿を賛美し、「太古日本の歴史の始めのページに神功皇后と称する一人の偉なる女性があった。此の皇后も物語によって偉い人格として伝えられ、日本人には大和民族の魂の権化として映じている」と神功皇后と昭憲皇后を並び称している。(33) さらに皇后はとりわけ羽衣の昇天した三保の松原の景勝を愛で、「沼津のご用邸からは三保の松原清見潟、薩たの山、麓が一望の裡に眺むる絶景」を楽しみ、そこで食事を取り、富士と海の歌をここで詠んだと書かれている。(34)

以上のような言説を考慮にいれると、理想とされる皇后の役割には、殖産興業、国民子女教育、良妻賢母概念の普及などの現実的な国策援助という役割の他に、天皇制国家の神話的歴史の喚起者、「国家の連続と不易の守護者」としての象徴的役割が課せられていたと考えられる。皇后の表象は洋装した近代的な肖像によって事足りるのではなく、彼女によって母なる祖国、その不易性が表象されるのでなければならない。

4　国民国家と女王の肖像の役割

すでに述べたように、ジョージ・モッセは『ナショナリズムとセクシュアリティー』において、プロイセンのルイーゼ王妃の図像を中心に、近代国民国家が女王にいかなる表象を託したかについて鋭い考察を行った。道徳の擁護者、秩序(私的、公的)の看視者、伝統的秩序の守護者、美徳の体現、国民の連続性と不易性の守護者であり、その市民的価値観(市民的美徳)の権化としての女王像は、モッセによれば、西欧の近代国家に共通するシンボルであった。一八九九年の『ベルリナー・イルストリールテ（ベルリン画報）』の人気投票では、十九世紀のもっとも意義深い女性の第一位はルイーゼ王妃、第二位はヴィクトリア女王だったそうだ。[35] この理由についてモッセは、女王が国民的シンボルとなったのは、さまざまな危機に翻弄される国家において、女性は安寧秩序を具現していたからだと考察する。つまり、激動の男性世界において、女性は「郷愁を湛える伝統の管理人として、伝統的役割に同化」していた。女王または王妃が家族とともに、または母性として表象されることは、国民の家庭における妻の役割を、即ち、平穏と秩序を護る母としての役割を示す模範となったばかりでなく、家庭のなかに国家を目に見えるかたちで侵入させることに役だったのである。父親（王、皇帝、天皇）による規律化、上から強制された価値を、母親（王妃）は下から、内部すなわち家庭から支える。現代の激変する公的世界、これが父＝天皇の世界であり、これは各家庭の父によって担われる。いっぽう、変わらざる美徳、永遠の営為、過去との連続性、理想の家庭、母性を象徴するのが母＝王妃である。

国民国家の国民はこのような女王の象徴を得てはじめてみずからの身体的私的営為が国家に包摂されていることを悟る。国家が家庭に浸透し、父＝天皇が要請するナショナリズムの精神が、私的世界において完成されるのである。モッセの指摘のなかで注目すべきことは、ナチもまた第二次大戦中に国家が危機に瀕したときに「王妃ルイーゼに立ち戻った」ということである。なぜなら「男らしい活力を賛美するアルノ・ブレーカーの古典的な戦士像や選手像が公共建築に据えられていたが、儀礼化された大衆集会は『家庭生活の幸福を指し示す要素を欠落させていた』からである」。[36]

女王や王妃のいない国家では、周知のようにマリアンヌのような象徴の女性像が民心を統合していた。

また、女王のいるイギリス、ドイツにもブリタニアやゲルマニアという象徴の女性像が併存していた。プロイセンの国民や、第二次大戦中のドイツ民衆が伝統的なゲルマニア像よりもルイーゼ王妃のほうを好んだのは、「ゲルマニア」がこどもを産まなかったからである。[37]「多くの伝統的シンボルが息を吹き返した一方で、国民的シンボルとしてのゲルマーニアが第三帝国では事実上打ち捨てられたことは注目に値する。公的なシンボルとしてのゲルマーニアの機能は市民社会とは何ら直接的な関係がなかったからである。ゲルマーニアは自分の家族をもっておらず、国家に捧げる子供も産まなかったので、ドイツ女性の模範とはなれなかった。代わって、プロイセン女王ルイーゼが蘇った。主題としては、家族が擬人化されておらず国民全体を意味した純潔のゲルマーニアよりも、『プロイセンの聖母』の方が第三帝国にふわさしいことがあきらかになった[38]」。

この場合、王妃ルイーゼが国民の偶像たり得たのは、彼女がたえず聖母マリアとの図像的な関連性をもって表象されていたことと関係して考察しなければならない。女王は市民的価値の守護者であるばかりではなく、不易の、つまり国民の過去と現在をつなぐ「永遠の女性」でなければならないのである。モッセはこの国民的シンボルとなりうる女性像の性格を「時空を超えた古典的性格」をもっとしている。「国民を具現した女性像は永遠の力を表象していた。それが纏った古代の鎧兜と中世の衣裳において、視線は過去にむけられていた。前工業化時代を映した女性シンボルが連想させたのは、近代性に対比された一種の道徳的厳格さや純真無垢さであった。すなわち悪徳の温床としての大都市の対極にある牧歌的な永遠の楽園のイメージだった[39]」。ここでは、王妃が工業に対比する農業と関連づけられること、変わるものではなく、変わらないものの象徴であることが示唆されている。このことは日本の皇后が養蚕と手作りの手芸に特別に関連づけられたことを説明している。また皇后はその支配する前期工業的世界において、変わらない日本を象徴することができたのである。

王妃ルイーゼはプロイセン国王フリードリッヒ・ヴィルヘルム二世の妻であり、フリードリッヒ・ヴィルヘルム三世の母であるという王位の継承性を実現し、ナポレオンを向こうに回した救国の活動によってプロイセンのマドンナとなった。これは神功皇后に課せられた役割と同じである。生身の昭憲皇太后は、国土の永遠性、皇系の無窮性、神国日本の神話的古代との伝承性を強調する「永遠の女性」像、すなわち、神功皇后、羽衣天女、騎龍観音などの象徴的女性像と合体して、はじめて明治近代国家の国民的女性シンボルとなりえたのである。

注

（1）男爵千家尊福謹修『昭憲皇太后』頌徳會、大正三（一九一四）年、二九一頁。
（2）同書、二九四頁。
（3）島本久恵『明治の女性たち』筑摩書房、一九六六年、片野真左子「良妻賢母主義の源流」『女たちの近代』柏書房、一九七九年参照。
（4）前掲『昭憲皇太后』、一三五頁。
（5）早川紀代『近代天皇制国家とジェンダー』青木書店、一九九八年、一五頁。
（6）早川、前掲書、九五—一三五頁。
（7）同書、五頁。
（8）前掲『昭憲皇太后』、一二三頁。
（9）植村竣『紙幣肖像の歴史』東京美術選書、一九八九年、五三頁。

(10) 酒部洋「紙幣の肖像から見た日本の近現代史」一九九八年度千葉大学文学部史学科卒業論文。『日本近代思想大系』2「天皇と華族」岩波書店、一九九〇年、三〇―三一頁。

(11) 植村、前掲書、八〇頁。

(12) 多木浩二『天皇の肖像』岩波新書、一九八八年、一〇一―一〇三頁。

(13)『近代日本思想大系　2』「天皇と華族」三八―四一頁「天皇写真売買禁止令」。

(14) 明治十年二月公文録・大蔵省之部。明治美術学会・財団法人印刷局朝陽会編『お雇い外国人キヨッソーネ研究』（中央公論美術出版、一九九九年）所収、植村峻「大蔵省印刷局におけるキヨッソーネの業績」五五頁。

(15) 前田晴人『神功皇后伝説の誕生』大和書房、一九九八年、一六頁。

(16) 前田、前掲書、二〇頁。

(17) 同書、二〇頁。

(18) 同書、一六〇頁。

(19) 西山徳「神功皇后と神道」『神功皇后』皇學館大学出版部、一九七二年、五八五頁。

(20) 飯田武郷『日本書記通釈　3』大鐙閣、一九二三年、一八三〇頁。

(21) 前田、前掲書、五七―五九頁。

(22) 西山、前掲論文、五八五頁。

(23) 山口康助「神功皇后と歴史教育」『神功皇后』皇學館大学出版部、六八一―二頁。Sally A. Hastings／時実早苗「皇后の新しい衣服と日本女性、一八六八―一九一二」『日米女性ジャーナル』No.26、一九九九年、三―一三頁。

(24) Margaret Homans, *Royal Representations - Queen Victoria and British Culture 1837-1876*, The University of Chicago Press, 1998, pl. 5.

(25) オリーブ・チェックランド、杉山忠平・玉置紀夫訳『明治日本とイギリス』法政大学出版局、一九九六年、一三七頁、久米邦武「特例全権大使米欧回覧実記」参照。

(26) ジョージ・モッセ、佐藤卓巳、佐藤八寿子訳『ナショナリズムとセクシュアリティー』柏書房、一九九六年、一二二頁。
(27) 丹波恒夫『錦絵にみる明治天皇と明治時代』一九六六年、朝日新聞社、一九三頁。
(28) モッセ、前掲書、一二四頁以下。
(29) モッセ、前掲書、一二七—一三一頁。
(30) 千家尊福監修「昭憲皇太后」頌徳會、大正三年。
(31) 同書、一三〇—一三一頁。
(32) 同書、一四三—四頁。
(33) 同書、二八九頁。
(34) 同書、二二〇—二二一頁。
(35) モッセ、前掲書、一二二頁。
(36) モッセ、前掲書、一九八頁。
(37) モッセ、前掲書、一九八頁。
(38) モッセ、前掲書、一九八—二〇〇頁。
(39) モッセ、前掲書、一二六頁。

(藤原セレクション『女と男の時空』⑨「『女と男の時空』を読んで」、二〇〇〇年、藤原書店)

グラフィックデザイナー・写真家。『写真集ＧＡＴＩ　チベット文化圏　チベット・ブータン・ネパール』(藤原書店)他。

福井憲彦　ふくい・のりひこ　1946年生。西洋史学。『新しい歴史学とは何か』(講談社)『時間と習俗の社会史』(筑摩書房)『世紀末とベルエポックの文化』(山川出版社)他。

福田光子　ふくだ・みつこ　1928年生。図書館学。編著『女と男の時空Ⅳ　近世』(藤原書店)他。

ミシェル・ペロー　Michelle Perrot　1928年生。19世紀史・女性史。『ストライキ下の労働者』『カール・マルクスの娘たちの手紙』編著『女性史は可能か』監修『女の歴史』他。

松岡悦子　まつおか・えつこ　1954年生。文化人類学。『出産の文化人類学』(海鳴社)。

南川高志　みなみかわ・たかし　1955年生。西洋史学。『ローマ皇帝とその時代』(創文社)『ローマ五賢帝』(講談社)他。

宮坂靖子　みやさか・やすこ　1960年生。家族社会学・ジェンダー論。共著『〈教育〉誕生と終焉』(藤原書店)『現代家族の社会学』(有斐閣)『生活文化を学ぶ人のために』(世界思想社)他。

宮崎ふみ子　みやざき・ふみこ　1948年生。日本史。論文「民衆宗教のルーツをもとめて――富士講」他。

宮迫千鶴　みやさこ・ちづる　1947年生。画家・エッセイスト・評論家。『海と森の言葉』(岩波書店)『かぼちゃの生活』(立風書房)他。

宮田登　みやた・のぼる　1936-2000年。民俗学。『ミロク信仰の研究』『都市民俗学の課題』(未来社)『終末観の民俗学』(青土社)『日和見』(平凡社)他。

持田明子　もちだ・あきこ　1941年生。フランス文学。構成・訳『ジョルジュ・サンドからの手紙』訳『往復書簡サンド=フロベール』『サンド　政治と論争』(以上藤原書店)他。

柳美代子　やなぎ・みよこ　1948年生。住環境学。共著『共同研究・町家』(鹿島出版会)『住まいを考える』(創言社)他。

山本ひろ子　やまもと・ひろこ　1946年生。日本思想史。『異神』(平凡社)『中世神話』『大荒神頌』(岩波書店)『変成譜』(春秋社)他。

山本博文　やまもと・ひろふみ　1957年生。歴史学。『幕藩制の成立と近世の国制』『鎖国と解禁の時代』(以上校倉書房)『江戸お留守居役の日記』(読売新聞社)他。

吉原健一郎　よしはら・けんいちろう　1938年生。歴史学。『江戸の情報屋』(日本放送出版協会)『落書というメディア』(教育出版)他。

若桑みどり　わかくわ・みどり　1935年生。西洋美術史。『戦争がつくる女性像』(筑摩書房)『薔薇のイコノロジー』(青土社)『女性画家列伝』(岩波新書)他。

脇田晴子　わきた・はるこ　1934年生。日本中世史。『日本中世商業発達史の研究』(御茶の水書房)『日本中世都市論』『日本中世女性史の研究』(以上東京大学出版会)他。

比較文化・女性文化史。『遊女の文化史』(中央公論社)『「色」と「愛」の比較文化史』(岩波書店)他。

三枝和子　さえぐさ・かずこ　1929年生。作家。『処刑が行なわれている』(審美社)『鬼どもの夜は深い』(新潮社)『薬子の京』(講談社)他。

佐佐木幸綱　ささき・ゆきつな　1938年生。歌人・日本文学研究。『佐佐木幸綱の世界』(全16巻, 河出書房新社) 歌集『呑牛』(本阿弥書店)『作歌の現場』(角川書店)他。

佐藤賢一　さとう・けんいち　1968年生。小説家。『ジャガーになった男』『王妃の離婚』(直木賞受賞)『カルチェ・ラタン』(以上集英社)『双頭の鷲』(新潮社)他。

志賀亮一　しが・りょういち　1947年生。現代フランス文学・ヨーロッパ女性史。訳書『女性史は可能か』『女のイマージュ』『女の歴史』(全五巻, 以上藤原書店)他。

杉村和子　すぎむら・かずこ　1928年生。西洋史。論文「フロラ・トリスタンの『ユニオン・ウーヴリエール』について」「労働者の新聞『ラトリエ』紙」他。

鈴鹿千代乃　すずか・ちよの　1945年生。古代文学・民俗学。『神道民俗学の源流』(国書刊行会)論文「欠史八代の意義」「殯宮と皇后」「舎利と米」他。

関和彦　せき・かずひこ　1946年生。日本古代史。『新・古代出雲史』(藤原書店)『古代農民忍羽を訪ねて』(中央公論社)『卑弥呼』(三省堂)他。

高橋昌彦　たかはし・まさひこ　1960年生。日本近世文学。解説『昔昔春秋・含餳紀事』(太平書屋) 論文「寛政期の豊後日田漢詩壇」他。

高山宏　たかやま・ひろし　1947年生。英文学・翻訳家。『カステロフィリア』(作品社)『綺想の饗宴』(青土社)『奇想天外・英文学講義』(講談社)他。

田沼眞弓　たぬま・まゆみ　1952年生。神道学・比較文化学。『神道と日本仏教』(ぺりかん社) 論文「女性祭祀の伝統」「漢代皇帝の葬礼の変遷」他。

田端泰子　たばた・やすこ　1941年生。日本中世社会経済史・日本女性史。『中世村落の構造と領主制』(法政大学出版局)『日本中世の女性』(吉川弘文館)他。

鶴見和子　つるみ・かずこ　1918年生。社会学。『鶴見和子曼荼羅』(全9巻)『南方熊楠・萃点の思想』(以上藤原書店)『南方熊楠』(講談社)『内発的発展論の展開』(筑摩書房)他。

ジョルジュ・デュビィ　George Deby　1919-96年。アカデミー・フランセーズ会員。歴史家。『西暦1000年』『戦士と農民』監修『女の歴史』『フランス農村の歴史』他。

永畑道子　ながはた・みちこ　1930年生。作家。『夢のかけ橋　晶子と武郎有情』『華の乱』(以上新評論)『わが道は常に吹雪けり』『雙蝶　透谷の自殺』『三井家の女たち』(以上藤原書店)他。

中村桂子　なかむら・けいこ　1936年生。ＪＴ生命誌研究館副館長。『自己創出する生命』(哲学書房)『科学技術時代の子どもたち』(岩波書店)他。

波平恵美子　なみひら・えみこ　1942年生。文化人類学。『医療人類学入門』(朝日新聞社)『いのちの文化人類学』(新潮社)他。

西宮紘　にしのみや・こう　1941年生。日本精神文化史。『空海　火輪の時空』『鬼神の世紀』(以上工作社)『多時空論』(藤原書店)他。

比嘉道子　ひが・みちこ　1944年生。女性史。論文「美から蛮風へ——針突からの〈解放〉と近代沖縄の女たち」他。

樋口覚　ひぐち・さとる　1948年長野県生。文芸評論家。『一九四六年の大岡昇平』(新潮社)『三絃の誘惑』(人文書院)『日本人の帽子』(講談社)他。

久田博幸　ひさだ・ひろゆき　1948年生。

●執筆者・訳者紹介（50音順）

浅野美和子　あさの・みわこ　1934年生。日本近世女性史。『女教祖の誕生』（藤原書店）共著『尾西市史通史編　上下』論文「出雲お国像と民衆意識」他。

阿部泰郎　あべ・やすろう　1953年生。中世宗教文芸。『湯屋の皇后』（名古屋大学出版会）『守覚法親王と仁和寺御流の文献学的研究』（勉誠社）他。

網野善彦　あみの・よしひこ　1928年生。日本中世史・日本海民史。『中世東寺と東寺領荘園』（東京大学出版会）『異形の王権』（平凡社）『日本社会の歴史』（岩波書店）『「日本」とは何か』（講談社）他。

池田忍　いけだ・しのぶ　1958年生。日本美術史・ジェンダー史。『日本絵画の女性像』（筑摩書房）共著『女？日本？美？——新たなジェンダー批評に向けて』（慶應義塾大学出版会）他。

伊東聖子　いとう・せいこ　1932年生。キリスト教神学・作家。『田沢稲舟』（東洋書院）『新宿物語』（三一書房）歌集『透視』『睡蓮曼荼羅』他。

遠藤織枝　えんどう・おりえ　1938年生。日本語教育・社会言語学。『気になる言葉　日本語再検討』（南雲堂）『中国の女文字』（三一書房）『女のことばの文化史』（学陽書房）他。

岡野治子　おかの・はるこ　1941年生。宗教学・倫理学。『神道における女性の地位』（ハラソヴィッツ社）『宗教のなかの女性史』（青弓社）他。

岡部伊都子　おかべ・いつこ　1923年生。随筆家。『岡部伊都子集』（全５巻，岩波書店）『思いこもる品々』『京色のなかで』（以上藤原書店）他。

奥田暁子　おくだ・あきこ　1938年生。女性史研究・翻訳。編著『女たちは書いてきた』（径書房）『マイノリティとしての女性史』（三一書房）他。

門玲子　かど・れいこ　1931年生。作家・女性史研究。『江馬細香　化政期の女流詩人』（ＢＯＣ出版）『江戸女流文学の発見』（藤原書店）他。

川崎賢子　かわさき・けんこ　1953年生。評論家（日本文学，演劇）。『少女日和』（青弓社）『蘭の季節』（深夜叢書社）『彼等の昭和』（白水社）他。

川村邦光　かわむら・くにみつ　1950年生。民俗文化論。『幻視する近代空間』『巫女の民俗学』（青弓社）『オトメの身体』（紀伊國屋書店）『セクシュアリティの近代』（講談社）他。

沓掛良彦　くつかけ・よしひこ　1941年生。西洋古典文学。『サッフォー・詩と生涯』（平凡社）『讃酒詩話』（岩波書店）『詩林逍遙』（大修館書店）他。

栗原麻子　くりはら・あさこ　1968年生。古代ギリシア史。論文「紀元前415年のアンドキデス」「獲得されるものとしての親族関係」他。

河野信子　こうの・のぶこ　1927年生。女性史家。『シモーヌ・ヴェーユと現代』『近代女性精神史』（以上大和書房）『家族幻想』（新評論）『高群逸枝』（リブロポート）他。

小林千草　こばやし・ちぐさ　1946年生。日本語学・言語文化学。『中世のことばと資料』（武蔵野書院）千草子として『室町を歩いた女たち』（小学館）他。

五味文彦　ごみ・ふみひこ　1946年生。歴史学。『院政期社会の研究』（山川書店）『明月記の史料学』（青史出版）『増補　吾妻鏡の方法』（吉川弘文館）他。

アラン・コルバン　Alain Corbin　1936年生。19世紀史。『娼婦』『レジャーの誕生』『浜辺の誕生』『記録を残さなかった男の歴史』他。

佐伯順子　さえき・じゅんこ　1961年生。

歴史《れきし》の中《なか》のジェンダー

2001年6月30日　初版第１刷発行©

著　者　網野善彦 他

発行者　藤原良雄

発行所　株式会社 藤原書店

〒162-0041　東京都新宿区早稲田鶴巻町523
電　話　03（5272）0301
ＦＡＸ　03（5272）0450
振　替　00160-4-17013

印刷・平河工業社　製本・河上製本

落丁本・乱丁本はお取替えいたします
定価はカバーに表示してあります

Printed in Japan
ISBN4-89434-235-9

「表象の歴史」の決定版

『女の歴史』別巻1

女のイマージュ

（図像が語る女の歴史）

G・デュビィ編
杉村和子・志賀亮一訳

『女の歴史』への入門書としての、カラービジュアル版。「表象」の歴史。古代から現代までの「女性像」の変遷を描ききる。男性の領域だった視覚芸術で女性が表現された様態と、女性がそのイマージュに反応した様を活写。

Ａ４変型上製　一九二頁　**九七〇九円**
（一九九四年四月刊）
◇4-938661-91-8

IMAGES DE FEMMES
sous la direction de Georges DUBY

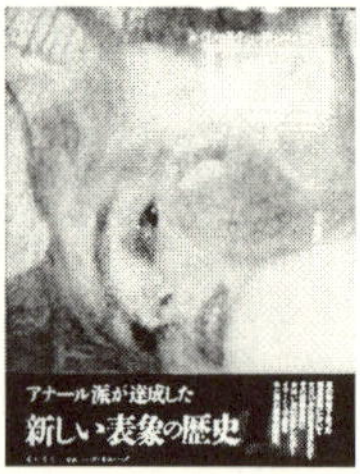

女と男の歴史はなぜ重要か

『女の歴史』別巻2

「女の歴史」を批判する

G・デュビィ、M・ペロー編
小倉和子訳

「女性と歴史」をめぐる根源的な問題系を明らかにする、『女の歴史』（全五巻）の徹底的な「批判」。あらゆる根本問題を孕み、全ての学の真価が問われる場としての「女の歴史」はどうあるべきかを示した、完結記念シンポジウム記録。**シャルチエ、ランシエール**他。

Ａ５上製　二六四頁　**二九〇〇円**
（一九九六年五月刊）
◇4-89434-040-2

FEMMES ET HISTOIRE
Georges DUBY et Michelle PERROT Éd.

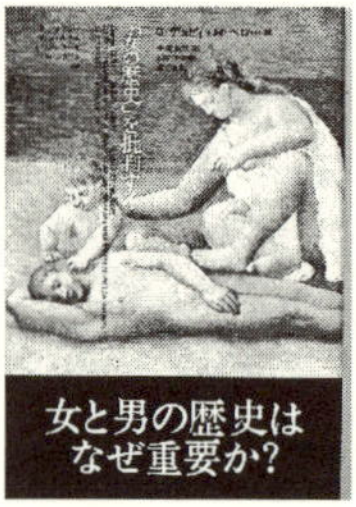

全五巻のダイジェスト版

『女の歴史』への誘い

G・デュビィ、M・ペロー他

ブルデュー、ウォーラーステイン、コルバン、シャルチエら、現代社会科学の巨匠と最先端が活写する『女の歴史』の領域横断性。全分野の「知」が合流する、いま最もラディカルな「知の焦点」（女と男の関係の歴史）を簡潔に一望する「女の歴史」の道案内。

Ａ５並製　一四四頁　**九七一円**
（一九九四年七月刊）
◇4-938661-97-7

女性学入門

新版

女性史は可能か

M・ペロー編
杉村和子・志賀亮一監訳

女性たちの「歴史」「文化」「エクリチュール」「記憶」「権力」……とは？ 女性史をめぐる様々な問題を、〝男女両性間の関係〟を中心軸にすえ、これまでの歴史的視点の本質的転換を迫る初の試み。

【新版特別寄稿】A・コルバン、M・ペロー

四六並製　四五〇頁　**三六〇〇円**
（一九九二年五月／二〇〇一年四月刊）
◇4-89434-227-8

UNE HISTOIRE DES FEMMES EST-ELLE POSSIBLE?
sous la direction de Michelle PERROT

VI 魂《こころ》の巻――水俣・アニミズム・エコロジー　　**解説・中村桂子**
Minamata : An Approach to Animism and Ecology
四六上製　544頁　**4800円**（1998年2月刊）◇4-89434-094-1
水俣の衝撃が導いたアニミズムの世界観が、地域・種・性・世代を越えた共生の道を開く。最先端科学とアニミズムが手を結ぶ、鶴見思想の核心。
月報　**石牟礼道子　土本典昭　羽田澄子　清成忠男**

VII 華の巻――わが生き相《すがた》　　**解説・岡部伊都子**
Autobiographical Sketches
四六上製　528頁　**6800円**（1998年11月刊）◇4-89434-114-X
きもの、おどり、短歌などの「道楽」が、生の根源で「学問」と結びつき、人生の最終局面で驚くべき開花をみせる。
月報　**西川潤　西山松之助　三輪公忠　高坂制立　林佳恵　C・F・ミュラー**

VIII 歌の巻――「虹」から「回生」へ　　**解説・佐佐木幸綱**
Collected Poems
四六上製　408頁　**4800円**（1997年10月刊）◇4-89434-082-8
脳出血で倒れた夜、歌が迸り出た――自然と人間、死者と生者の境界線上にたち、新たに思想的飛躍を遂げた著者の全てが凝縮された珠玉の短歌集。
月報　**大岡信　谷川健一　永畑道子　上田敏**

IX 環の巻――内発的発展論によるパラダイム転換　　**解説・川勝平太**
A Theory of Endogenous Development : Toward a Paradigm Change for the Future
四六上製　592頁　**6800円**（1999年1月刊）◇4-89434-121-2
学問的到達点「内発的発展論」と、南方熊楠の画期的読解による「南方曼陀羅」論とが遂に結合、「パラダイム転換」を目指す著者の全体像を描く。
〔附〕　年譜　全著作目録　総索引
月報　**朱通華　平松守彦　石黒ひで　川田侃　綿貫礼子　鶴見俊輔**

人間・鶴見和子の魅力に迫る

鶴見和子の世界

R・P・ドーア、石牟礼道子、河合隼雄、中村桂子、鶴見俊輔ほか

学問／道楽の壁を超え、国内はおろか国際的舞台でも出会う人すべてを魅了してきた鶴見和子の魅力とは何か。国内外の著名人六三人がその謎を描き出す珠玉の鶴見和子論。〈主な執筆者〉**赤坂憲雄、宮田登、川勝平太、堤清二、大岡信、澤地久枝、道浦母都子ほか。**

四六上製函入　三六八頁　**三八〇〇円**（一九九九年一〇月刊）◇4-89434-152-2

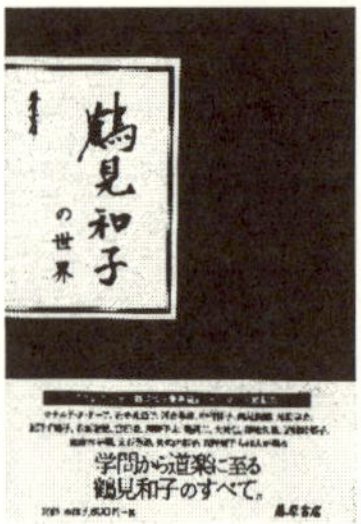

『回生』に続く待望の第三歌集

歌集 花道

鶴見和子

「短歌は究極の思想表現の方法である。」――脳出血で倒れ、半世紀ぶりに復活した歌を編んだ歌集『回生』から三年、きもの・おどりなど生涯を貫く文化的素養と、国境を超えて展開されてきた学問的蓄積が、リハビリテーション生活の中で見事に結合。

菊判上製　一三六頁　**二八〇〇円**　◇4-89434-165-4